国家社会科学基金项目
项目名称：数字经济驱动全民健身智慧化转型的实现机制与路径研究
项目编号：22BTY066

中国马拉松赛事发展演化特征与动力机制研究

李国强◎著

燕山大学出版社

·秦皇岛·

图书在版编目（CIP）数据

中国马拉松赛事发展演化特征与动力机制研究/李国强著. —秦皇岛：燕山大学出版社，2023.8

ISBN 978-7-5761-0533-9

Ⅰ.①中… Ⅱ.①李… Ⅲ.①马拉松跑－运动竞赛－研究－中国 Ⅳ.①G822.87

中国国家版本馆 CIP 数据核字（2023）第 113967 号

中国马拉松赛事发展演化特征与动力机制研究
ZHONGGUO MALASONG SAISHI FAZHAN YANHUA TEZHENG YU DONGLI JIZHI YANJIU
李国强 著

出 版 人：陈 玉			
责任编辑：刘馨泽		策划编辑：刘馨泽	
责任印制：吴 波		封面设计：刘馨泽	
出版发行：燕山大学出版社		电　　话：0335-8387555	
地　　址：河北省秦皇岛市河北大街西段 438 号		邮政编码：066004	
印　　刷：涿州市殷润文化传播有限公司		经　　销：全国新华书店	
开　　本：710 mm×1000 mm　1/16		印　　张：13.5	
版　　次：2023 年 8 月第 1 版		印　　次：2023 年 8 月第 1 次印刷	
书　　号：ISBN 978-7-5761-0533-9		字　　数：210 千字	
定　　价：56.00 元			

版权所有　侵权必究

如发生印刷、装订质量问题，读者可与出版社联系调换

联系电话：0335-8387718

前　言

马拉松赛事作为新时代全民健身的重要载体之一，在中国改革开放后历经了 40 余年的发展，受惠于中国体育事业改革政策和发展成果，已从乏人问津到多城竞逐，形成了蔚为壮观的全民健身热潮。但随之而来的诸多问题也日益凸显，许多城市仅对马拉松赛事形式进行简单模仿与盲目复制，赛事产品缺乏特色和创新，赛事同质化和模式化严重。因此，本书在中国马拉松赛事对"量的供给"与"质的提升"双重诉求的背景下，对中国马拉松赛事发展演化特征进行深入剖析，进而发现问题并分析成因，对中国马拉松赛事发展政策和规划的制定提供借鉴和参考。此外，本书从深层次解析了中国马拉松赛事发展的动力机制，设计了中国马拉松赛事创新发展的实践路径，对于促进中国马拉松赛事健康发展、推动中国马拉松赛事产业供给侧结构性改革具有重要的实践价值。

本书首先界定了马拉松赛事发展的相关概念，梳理了马拉松赛事发展的理论基础、研究动态和研究范式。其次，从时间和空间维度审视了中国马拉松赛事发展的全过程，系统分析了中国马拉松赛事发展的演化特征，并对马拉松赛事的发展趋势进行了探讨。再次，阐释了中国马拉松赛事发展的动力因素，并从多元的学科视角出发，构建了中国马拉松赛事发展动力评价指标体系，在全面进行理论分析的基础上，构建了中国马拉松赛事发展动力机制模型，对中国马拉松赛事发展动力机制理论模型进行了实证分析。同时选取研究案例，对中国马拉松赛事发展动力机制进行了验证分析，并对马拉松赛事发展动力机制的运行状况进行了评价分析，验证了中国马拉松赛事发展动力的影响因素和动力要素运行机制的变化特征。最后，对中国马拉松赛事发展过程中出现的问题进行了深入剖析，并提出了中国马拉松赛事创新发展的实践路径。

本书的出版得到了国家社会科学基金和燕山大学博士培养基金的大力支持。编写工作得到了许多专家学者的大力支持，在此表示衷心的感谢。另外，在此特向本书编写过程中参考的相关文献资料的作者一并表示感谢，你们的研究与著述，极大地丰富了本书的内容。希望通过对本书的阅读，能够对马拉松赛事理论研究人员和实践工作者有所帮助，希望读者阅读本书后有所获益，这是笔者最希望的。

本书在编写过程中难免在理论和相关问题的阐述上存在疏漏和错误，恳请广大读者不吝赐教。

李国强

2023 年 3 月

目　录

第一章　绪论 ··· 1
　　第一节　马拉松赛事发展概述 ································ 2
　　第二节　马拉松赛事基本理论 ································ 12
　　第三节　马拉松赛事研究动态 ································ 20
　　第四节　马拉松赛事研究范式 ································ 27

第二章　中国马拉松赛事发展时空演化特征 ················ 33
　　第一节　中国马拉松赛事发展时间演化特征 ·············· 33
　　第二节　中国马拉松赛事发展空间演化特征 ·············· 47
　　第三节　中国马拉松赛事的发展趋势 ······················· 56

第三章　中国马拉松赛事发展动力因素 ······················ 60
　　第一节　政府提供支持的动因 ································ 60
　　第二节　社会环境改善的动因 ································ 64
　　第三节　社会经济发展的动因 ································ 69
　　第四节　体育事业发展的动因 ································ 75

第四章　中国马拉松赛事发展动力机制理论模型构建 ····· 82
　　第一节　动力机制理论模型指标体系的初选 ·············· 82
　　第二节　动力机制理论模型指标体系的遴选 ·············· 84
　　第三节　动力机制理论模型指标体系的权重 ·············· 87

  第四节　动力机制理论模型的确定 …………………………… 88

第五章　中国马拉松赛事发展动力机制实证研究……………… 91
  第一节　指标数据的收集与处理 …………………………… 91
  第二节　时间维度实证研究 ………………………………… 94
  第三节　空间维度实证研究 ………………………………… 105

第六章　中国马拉松赛事发展动力机制案例分析……………… 113
  第一节　时间维度案例分析 ………………………………… 113
  第二节　空间维度案例分析 ………………………………… 124

第七章　中国马拉松赛事发展动力机制优化与完善……………… 137
  第一节　时间维度发展动力机制完善与优化 ……………… 137
  第二节　空间维度发展动力机制完善与优化 ……………… 141

第八章　中国马拉松赛事发展问题与路径……………………… 148
  第一节　中国马拉松赛事发展问题审视 …………………… 148
  第二节　中国马拉松赛事创新发展路径 …………………… 161

参考文献 ……………………………………………………………… 179

附录 …………………………………………………………………… 184
  附录1：《我国马拉松赛事发展动力评价指标体系构建》专家咨询
    问卷（第一轮）……………………………………… 184
  附录2：《我国马拉松赛事发展动力评价指标体系构建》专家咨询
    问卷（第二轮）……………………………………… 188
  附录3：《我国马拉松赛事发展动力评价指标体系构建》专家咨询
    问卷（第三轮）……………………………………… 191
  附录4：2014—2019年我国马拉松赛事发展动力三级指标动力

　　　　指数 ·· 194
附录 5：不同热点区马拉松赛事发展动力三级指标动力指数 ········ 200
附录 6：北京市近五年马拉松赛事发展动力评价指标统计结果 ······ 205

第一章 绪　　论

党的二十大报告提出："广泛开展全民健身活动，加强青少年体育工作，促进群众体育和竞技体育全面发展，加快建设体育强国。"体育强则中国强，国运兴则体育兴，全民健康是国家现代化的重要标志。随着我国综合国力的增强和社会经济的快速发展，人们对日常生活及身体健康的要求标准也越来越高。近些年，为促进全民健身向更高水平发展，能更好地满足人民群众的健身需求，坚持以人为本，以增强人民体质、提高健康水平为根本目标，各级政府相继出台了一系列政策促进体育产业的发展。

马拉松赛事近年来在我国呈现井喷式发展，成为推动全民健身、弘扬体育文化、建设健康中国的重要平台，也成为带动全民健身、发展体育产业、推动体育领域供给侧结构性改革的重要引擎。马拉松赛事作为展示社会经济发展和贯彻全民健身国家战略的载体，作为宣传城市形象和树立健康理念的重要平台，已成为宣传社会主义核心价值观的桥梁与纽带。历经40多年的发展，受惠于我国体育事业改革政策和发展成果，马拉松赛事在我国呈现从无到有、从东部到西部、从竞技性到群众性、从几场到几千场的爆发式发展，并渗透到社会经济、文化、生活等诸多领域。

随着供给侧结构性改革的不断深入，以及国家"一带一路"倡议的不断推进和健康中国战略的逐步实施，以马拉松运动产业供给侧结构性改革为主线，以满足群众马拉松消费需求为导向，以资源要素优化配置、产业潜力深度挖掘为抓手，推动马拉松运动产业规范化、市场化、国际化运作与发展，实现全民健身和全民健康深度融合，为经济发展新常态下培育经济发展新动能、拓展经济发展新空间提供有力支撑和持续动力。同时，中国马拉松赛事的发展仍面临一系列困难与挑战：供给总量不足；产业体系有待进一步健全；产业管理体制不尽完善、运行机制不够顺畅；市场潜力未充分释放；产品创新不足，赛事同质化和运营能力参差不齐。

　　近些年，马拉松赛事在不断吸引大众眼球的同时，也引起众多马拉松赛事组织管理者、研究者的关注。为何马拉松这项传承千百年的运动，在中国改革开放后的多年间都一直默默无闻，又为何在短短的几年时间里枝繁叶茂，掀起了一股群众性的马拉松热潮。国内外专家、学者从马拉松训练和竞赛、赛事数量与大众参与、赛事组织与管理、马拉松与城市发展关系等角度出发已取得了一定的研究成果。但由于种种原因，迄今仍然缺乏对中国马拉松赛事进行全面的整理、分析和进一步研究，更是缺乏从系统性和整体性出发对中国马拉松赛事的发展演化特征进行多侧面、综合性的阐述，因此，这是一个亟待开发和研究的领域。同时，已经进入"赛事井喷期"的中国马拉松赛事发展的动力因素是什么？如何构建马拉松赛事发展动力因素之间耦合共生所形成的动力机制？如何设计马拉松赛事发展的创新实践路径？这些已成为现阶段摆在我们面前急需解决的重要问题。

第一节　马拉松赛事发展概述

一、马拉松赛事相关概念

1. 马拉松赛事

　　马拉松（Marathon）赛事简称为马拉松，1924年，巴黎奥运会正式沿用42.195千米作为马拉松的距离，这一距离也被国际田联确定为马拉松跑标准距离。目前，全程马拉松比赛一直在沿用42.195千米这一距离，并已经得到了世界人民的认可。目前国际上普遍将马拉松分为全程马拉松、半程马拉松和四分马拉松三种。以全程马拉松比赛最为普及，一般提及马拉松，即指全程马拉松。随着经济的快速发展以及社会需求的多元化，马拉松赛事又出现了多种类型。目前国内的马拉松赛事从资源载体上大致可以分以下六类：第一类是城市马拉松，该类别赛事数量最多，往往以城市冠名；第二类是山地马拉松，该类赛事一般以马拉松越野赛居多；第三类是水体马拉松，该类赛事主要以湖泊、江河等水体资源为载体；第四类为古镇马拉松，该类赛事以著名的古镇为载体；第五类为草原马拉松，该类赛事以草原为载体；第六类为沙漠马拉松，该类赛事以沙漠、戈壁为载体。本书所研究的马拉松赛事包含以上以资源为载体的六类马拉松赛事。

2. 马拉松运动产业

马拉松运动产业是指提供马拉松及相关运动（主要包括42.195千米的长距离跑步运动，以及由马拉松运动派生出来的所有在室内外进行的长距离跑步、行走等）产品与服务的一系列经济活动。作为健身休闲产业的重要组成部分，马拉松运动产业近年来在我国呈现井喷式发展，成为推动全民健身、弘扬体育文化、建设健康中国的重要平台，也成为发展体育产业、推动体育领域供给侧结构性改革的重要引擎，有效带动了健身、休闲、娱乐、旅游以及设施装备等相关产业的发展。

中国马拉松运动产业基础日益坚实，产业形态逐渐完备，产业覆盖面、社会参与度、市场认可度均得到不断提升。同时，中国马拉松运动产业发展仍面临着一些困难与挑战。随着供给侧结构性改革的不断深入、国家"一带一路"倡议的不断推进和健康中国战略的逐步实施，我国马拉松运动产业迎来了重大发展机遇。马拉松运动消费呈现多层次、丰富化的发展趋势，产业链联动效应愈发明显。大力推动马拉松运动产业发展，促进其与科技、文化、传媒、会展、培训、医疗、保险、旅游、互联网等相关产业的深度融合发展，必将引领健身休闲产业向纵深发展，助力我国体育产业发展和经济结构的转型升级。

3. 演化特征

"演化"一词是从生态学科中引申而来的，"演化"原意是将捆绑在一起的事物或物体充分地打开或施展开，也可以指万物的萌芽与生长、变化与发展的整个过程。在《现代汉语词典》中的解释为自然界的变化。演化是指一种事物经过时间变化成另一种事物。在中国台湾地区的辞典里，演化则被定义为生物物种为了因应时空的嬗变，而在形态和与行为上与远祖有所差异的现象。美国学者 Feistel 认为，演化是一种不可逆的历史过程，该过程包括了一个由一系列自组织步骤组成的无限序列，每一步都由一个临界涨落触发……并导致一个初始稳定态趋于不稳定。该学者将演化具体区分为两方面内容：一是新增层次的产生，即整体结构的演化；二是跨越层次的相互关系或新层次结构关系的形成，即整体功能的演化。国外一些哲学家又认为，演化是按照时间维度进行发展的，以事物的过去为出发点，以事物的现在为着眼点，以事物的目标为导向，使事物不断地发展进化。本书所关注的演化问题，是指历时较久的发展变化，包括事物由简单到复杂、由低级到高级的逐渐的发展变化，具体是指中国马拉松赛事在时间和空间维度上的发展进程，以及在这一进程中所表现出来的变化和规律性特征。

特征是对一个事物或客体抽象概括性描述的总称。对某一事物或客体本身可以从不同的角度概括出多种形式的众多特征，人们将这一事物或客体的众多特征进行分析总结，并抽象出某个概念，这个概念是对事物本身的高度概括，便称为事物的特征。特征从属性上分为本质特征和区别特征，在不同专业领域中，根据学科特征和学科属性的不同，对某个事物或客体的众多特性侧重也有所不同。在某个专业领域中，反映该专业根本特性的特征，称为本质特征。因此，本质特征是因概念所属专业领域而异的，是对不同专业领域的不同侧重点进行的有效描述。而区别特征与本质特征又存在差异，区别特征反映的是此事物区别于其他事物的特征，这种特征是事物本身所独有的，是与其他事物有区别的特征属性。本书中的特征是指客体的本质特征，是对客体描述结果的高度概括。具体来讲，是对中国马拉松赛事这一客体，在时间和空间维度上进行的高度概括。

4.动力机制

从物理学角度解释，动力是指可使机械运转做功的力量，如水力、风力、电力、热力等。从社会角度解释，动力指推动事物发展的和谐因素，表现为对社会发展中的各要素进行调配，通过对要素的结构和功能进行优化，以及对规模和速度进行调整，使之更好地运作和周转，推动社会的不断进步和发展，使社会符合事物发展的客观规律，从而实现均衡、有序的发展目标。

机制一词原指机器的构造和动作原理，在生物学和医学中，研究一种生物的功能时，就是对有关生物结构组成部分的内在工作方式和相互关系进行研究，用来阐明一种生物功能的机制。在任何一个系统中，机制都对系统具有基础性和根本性的作用。如果系统中各要素的运转处于良性有序的发展时，系统就表现为良好的运行状态，甚至可使系统从无序状态发展到更高一级的有序状态；如果系统中各要素运转处于恶性、无序发展时，系统就表现为无序的运行状态，甚至可使系统从无序状态发展到更无序的混乱状态。

所谓动力机制是系统各要素根据各种动力原理，按照动力形式和传导路径进行传导的过程。其本质就是各动力要素之间相互联系、相互作用发生效应的过程和规律，表现为驱动系统发展和演化的力量结构体系及其运行规律。完善的动力机制是系统得以持续、健康发展的保证。如果系统内部各要素之间发生不确定的变化，系统的动力机制就会起到调剂作用，能自动地迅速作出反应，调整原定的策略和措施，实现优化目标。

本书对马拉松赛事发展动力机制的研究重点，在于明确马拉松赛事发展所处的内部与外部环境的现实状态，分析马拉松赛事发展动力各相关要素，以及组成部分之间相互影响、相互作用的动力作用原理。

二、马拉松赛事起源

马拉松赛事的产生起源于一场战役，因波斯人和雅典人在距离雅典城不远的马拉松海边展开的一场著名的战役而得名。公元前5世纪下半叶，地处西亚而且实力雄厚的波斯帝国向当时弱小的希腊发动了大规模的侵略战争。在这次战争中，波斯帝国的军队凭借强大的实力，将战争快速地推进到希腊首都雅典附近的马拉松镇。马拉松镇距离雅典40多千米，而且地处海边，是雅典的门户。在这场战争中，在马拉松镇上雅典人调动了所有可利用的人力和物力，完全依靠自己的力量，积极准备抗击侵略者。他们以顽强抵抗的精神，依靠地理环境优势和人民的凝聚力，最终在马拉松镇上战胜了强大的波斯帝国，保卫了马拉松镇，更保卫了首都雅典。为了把这一胜利的消息尽早地传达给正在焦急等待的雅典人民，军队指挥官派遣斐迪皮德斯（Pheidippides）跑回雅典城，向雅典人民报告胜利的消息。斐迪皮德斯在激烈的战场上刚刚战斗过，还没得到喘息休息的机会，就带着这份使命，在战争胜利消息的鼓舞下，竭尽全力向雅典的方向奔跑。当他把战争胜利的消息传递到雅典的时候，就倒地长眠了。马拉松战役是希腊人民为获得独立和自由而进行的一次经典战役，为纪念这次战役，更为纪念给雅典人民传递胜利消息而精疲力竭倒下的战士斐迪皮德斯的壮举，在1896年举行现代首届奥林匹克运动会时，顾拜旦采纳了历史学家布莱尔的建议，设立了从马拉松镇到雅典城的长跑项目，全程40千米左右，并命名为"马拉松"。由此，马拉松项目被设为该届奥运会的正式比赛项目，一直延传至今。随后的几届奥林匹克运动会上马拉松比赛距离多次出现变化，直到1924年的奥运会，国际田联正式确定马拉松跑标准距离为42.195千米，如表1-1所示。目前，全世界的全程马拉松比赛一直在沿用42.195千米这一距离，并已经得到世界人民的认可。半程马拉松起源于英国，第一届半程马拉松比赛于1921年在英国里奇蒙公园举行，当时的比赛距离为13.1英里，约等于今天的国际标准距离21.0975千米。由于马拉松比赛在公路上进行，赛道情况不同，因而有很长的一段时期没有设立"世界纪录"，而只有"世界最佳成绩"作为跑手的成绩记录。直到2004年，国际田联正式采用马拉松世界纪录，告别只有世界最好成绩的时代。

表1-1 最初几届马拉松比赛距离

年份	1896	1900	1904	1906	1908	1912	1920	1924
距离/千米	40.000	40.260	40.000	41.860	42.195	40.200	42.750	42.195

三、马拉松赛事发展

1. 马拉松赛事在国外的发展

1896年，第一届奥运会马拉松赛展示了民族精神与体育竞赛相互交融的精神，诠释了竞技体育的顽强拼搏、永不服输的独特魅力。这次奥运会一共有17人参加比赛，其中有13名为希腊运动员，最终夺冠的是雅典运动员。第一届奥运会上举行的马拉松项目比赛，虽然比赛规模小，但是在很多国家引起了很大的反响。在1897年4月19日，波士顿举办了世界范围内的首届城市马拉松比赛，虽然比赛规模也比较小，但是在社会上的反响是巨大的，对于后来马拉松赛事的普及和发展起到了推动作用。1970年，纽约举办了马拉松赛，其声誉仅次于波士顿马拉松赛。20世纪70年代，芝加哥举办了马拉松赛，芝加哥马拉松赛自1997年始，连续三年创造出惊人成绩，名声大振。1974年10月13日，柏林举办了马拉松比赛，直到现在依然是德国规模最大的马拉松赛事，赛事主体为全程马拉松比赛。1981年4月，伦敦举办了马拉松赛。之后，伦敦会在每年的4月下旬举行马拉松比赛，伦敦也成为历史上产生世界最好成绩最多的城市之一。2007年2月，东京举办了马拉松赛，这是一场大规模的城市马拉松赛，东京马拉松在2013年被纳入世界马拉松六大满贯赛事，是6个大满贯赛事中最年轻的赛事。

1896年的首届奥运会，马拉松比赛才成为世界正式比赛项目。1981年之前的所有马拉松比赛都为男子马拉松赛。女子马拉松赛事开展较晚，直到1981年，国际田联才把女子马拉松赛跑列为正式比赛项目，并从第23届（1984年）奥运会起增加了女子马拉松赛项目。

1912年第5届奥运会期间，国际业余田径联合会正式成立，简称"国际田联"，这一联合会的成立，对马拉松运动的发展起到了积极的推动作用。1977年，增设了世界杯田径赛。1985年，两年一度的世界马拉松赛诞生。1987年，世界田径锦标赛上设立了马拉松赛事，这些赛事的设立，很大程度上促进了马拉松运动的发展。

19世纪末到20世纪中期，马拉松赛事在世界范围内得到了大规模的发展，许多大城市纷纷举办马拉松赛，其中著名的有纽约、芝加哥、波士顿、伦敦、东京等。20世纪70年代开始全世界范围内掀起了承办城市马拉松的浪潮，如柏林马拉松、巴黎马拉松等。世界各大城市马拉松赛兴起的热潮，使得马拉松运动在全球范围内普及开展，进一步推动了马拉松运动的发展。

进入21世纪后，马拉松运动在全世界范围内迅速发展，被广泛普及，特别是在经济发展状况良好的国家和地区，普及程度更高，几乎所有的国际大都市都有自己的马拉松赛。据初步统计，目前，全世界每年有 1 000 多个城市举办马拉松赛。2004 年 1 月，马拉松项目告别只有"世界最好成绩"的时代，开始拥有自己运动项目的世界纪录。肯尼亚选手特盖特在 2003 年 9 月第 30 届柏林马拉松赛上创造了 2 小时 04 分 55 秒的男子马拉松的第一个世界纪录。截至 2023 年 3 月，男子马拉松世界纪录保持者是肯尼亚长跑名将基普乔格，其在 2022 年 9 月的柏林国际马拉松比赛中创造了 2 小时 01 分 09 秒的男子马拉松世界纪录。女子马拉松运动员拉德克里夫在 2003 年 4 月的伦敦马拉松赛上创造了首个女子马拉松世界纪录，成绩为 2 小时 15 分 25 秒。目前女子马拉松世界纪录是由拉德克利夫在 2023 年 9 月的柏林马拉松上创造的，成绩为 2 小时 11 分 53 秒。

世界马拉松大满贯（WMM）是 2006 年设立的世界顶级马拉松巡回赛，包含 6 个年度城市马拉松赛：波士顿马拉松、纽约马拉松、柏林马拉松、芝加哥马拉松、伦敦马拉松、东京马拉松。世界马拉松大满贯是指全球最重要的 6 场马拉松赛事，每年吸引着来自世界各地的众多选手参加，拥有非常高的赛事品质和知名度。2022 年 7 月 28 日，澳大利亚田径协会表示，悉尼马拉松已正式成为世界马拉松大满贯的候选赛事，如果能够顺利通过评估，悉尼马拉松将于 2025 年正式加入。

波士顿马拉松是由波士顿田径协会主办，于每年 4 月的第三个星期一，也就是当地的爱国者日举办的马拉松比赛，比赛最早举办于 1897 年，是世界上最古老的马拉松比赛之一。至今已经成功举办了 120 届。第 1 届举办的时候，参加人数仅为 15 人，之后花了 72 年才发展到 1 000 人参加。波士顿马拉松的纪录是由杰弗瑞·穆泰在 2021 年创造的 2 小时 03 分 02 秒。

纽约马拉松创办于 1970 年，在每年 11 月初举办，是世界上参加人数最多的马拉松赛事，参赛者最多时超过 10 万人。纽约马拉松通过纽约大吊桥时连桥身都会震动，场面非常壮观。没有哪一个马拉松可以像纽约马拉松那样吸引如此众多的来自世界各地的跑手，这个城市独特的魅力、比赛壮观的氛围，以及塞满赛道两旁的令人不可思议的观众使得越来越多的人加入这个赛事中。纽约马拉松男子赛纪录由肯尼亚的杰弗瑞·穆泰创造，成绩为 2 小时

05分06秒，创造时间是2011年。女子赛纪录是由肯尼亚的玛格丽特·奥科尤在2003年创造的2小时22分31秒。

柏林马拉松创办于1974年，于每年的9月下旬举办。作为德国规模最大的马拉松赛事，赛事主体为全程马拉松比赛，它既是IAAF金标赛事、AIMS认证赛事，也是世界上跑得最快的马拉松。柏林马拉松接受来自全世界的专业运动员、业余选手、轮椅选手和轮滑选手的报名。柏林马拉松以其平坦快速的赛道而著称，曾多次创下男子和女子马拉松世界纪录。在2014年9月28日的柏林马拉松比赛中，肯尼亚选手丹尼斯·基米托以2小时02分57秒的成绩刷新了世界纪录，成为历史上第一位跑进2小时03分大关的男子马拉松选手。在2022年柏林马拉松上，作为两届奥运会冠军、9届大满贯冠军、马拉松世界纪录保持者——37岁的基普乔格发挥极其出色，以2小时01分09秒的成绩夺冠，打破了4年前同样在这里由他自己创造的2小时01分39秒的男子马拉松世界纪录。

芝加哥马拉松创办于1977年，于每年10月份举办。在美国伊利诺伊州库克县芝加哥市举办的城市马拉松是IAAF金标赛事、AIMS认证赛事，起点和终点均设置在市中心的格兰特公园内，赛道有多半是在芝加哥的摩天大楼中穿行。芝加哥马拉松的赛事规模限制在45 000人，接受全世界跑者（业余跑者、残障运动员、精英运动员）的报名，只要运动员能在6小时30分内完赛都可报名，抽签名额与中签率高于WMM的其他赛事。如今的赛道纪录是丹尼斯·基梅托在2013年跑出的2小时03分45秒。在此之后，芝加哥马拉松的男子冠军成绩再也没有打破过2小时04分的大关，2016年冠军吉鲁伊的成绩甚至只有2小时11分23秒。

伦敦马拉松诞生于1981年，每年4月下旬举行，有超过3万人参赛。宽阔的场地、景色优美的路线、热情的观众、排山般的欢呼，再加上有条不紊的秩序管理和几乎完美的组织工作，这一切无疑深深吸引着那些马拉松资深跑手。伦敦马拉松不同于其他赛事，伦敦马拉松是一个慈善马拉松，大约2/3的跑者都是通过慈善捐款的方式获得参赛资格，创办以来已经募到7亿多英镑的善款。目前，伦敦马拉松赛道男子纪录属于肯尼亚的凯尔文·基普图姆。在2023年的伦敦马拉松比赛中，23岁的肯尼亚小将凯尔文·基普图姆以2小时 01 分 25 秒夺冠，这一成绩位居马拉松历史第二位，与基普乔格的世界纪录（2 小时 01 分 09 秒）只相差 16 秒。这是基普图姆职业生涯中的第二场马拉松赛，他的首马成绩是 2 小时 01 分 53 秒。2019 年，基普乔格在伦敦马拉松跑出 2 小时 02 分 37 秒的赛道纪录。而男、女混合参赛的纪录为拉德克利夫的 2 小时 15 分 25 秒（2003 年），纯女子纪录是凯特尼在 2017 年跑的 2 小时 17 分 01 秒。

东京马拉松创办于 2007 年，在 2013 年被纳入世界马拉松大满贯赛事，是世界 6 个大满贯赛事中最年轻的赛事，于每年的 2 月下旬举办，7 小时的关门时间，也让东京马拉松成为一场千姿百态的化装游行盛会。东京马拉松赛当天，在路线沿途的各个地方设置了众多的活动会场，举办各种节目庆祝盛大的"东京大马拉松节"，支持参赛选手。2022 年 3 月，基普乔格以 2 小时 02 分 40 秒夺冠，打破东京马拉松赛会纪录。

2. 马拉松赛事在国内的发展

中国马拉松赛事起步较晚，在 1959 年首届全运会上马拉松成为正式的比赛项目。北京于 1981 年举办国际马拉松全程赛事，本次马拉松是由中国田径协会主办，经国家体育总局批准，并经国际田联备案的中国最高水平的马拉松赛，北京也是我国首次举办全程马拉松赛事的城市。初创时的北京国际马拉松赛还显得颇为稚嫩，参加人数规模比较小，影响力非常有限。尽管如此，北京国际马拉松赛的举办依然具有开创性的意义，这是城市马拉松在中国的首次尝试，也是中国大型体育赛事进行商业化、市场化运作的典范。随后大连、杭州、上海、厦门也相继举办了国际马拉松赛事。即便如此，我国的城市马拉松赛事发展仍比较缓慢，普及程度相对很低，其发展规模和质量与欧洲国家相比，甚至是与韩国和日本相比都有很大的差距。

马拉松赛终究要突破竞技体育狭小的藩篱，走向社会、走向大众，成为城市盛大的节日。1998 年，北京国际马拉松赛开始发生转变：参赛人群变了，从只接纳专业选手改为向全社会开放；关门时间从原来的 3 小时延至 5 小时；项目设置变了，增设半程、10 千米、迷你马拉松等项目。这些改变立刻带来了连锁反应，当年的比赛报名人数一举达到 19 000 多人。同时，为了提高世界知名度和商业运作水平，2010年北京国际马拉松赛正式更名为北京马拉松。在北京马拉松赛的领跑下，大连、上海等地的马拉松赛也逐步摆脱了竞技的单色调，有越来越多的业余跑步爱好者参与马拉松赛事。而随着中国城市马拉松赛开始接纳业余长跑爱好者，马拉松参赛队伍日渐壮大，与日渐增多的赛事形成良性互动。尤其是2003年创办的厦门国际马拉松赛，起步虽晚，却起点颇高，几年运转下来，渐与北京马拉松赛形成南北呼应、春秋交替之势。2019年5月，世界马拉松大满贯联盟、中国田径协会、成都市人民政府、万达集团共同在北京召开新闻发布会，宣布成都马拉松成为世界马拉松大满贯联盟（WMM）的候选赛事，并正式启动2019年成都马拉松。作为中国首个被提名世界马拉松大满贯的候选赛事，成都马拉松对中国马拉松的未来发展格局带来深远影响，大幅提升了成都市的国际影响力。

2014年10月，国务院印发46号文件《关于加快发展体育产业促进体育消费的若干意见》从多方面明确指出，将把全民健身上升为国家战略，把体育产业作为绿色、朝阳产业扶持。该文件明确规定取消商业性和群众性体育赛事活动审批，通过市场机制积极引入社会资本承办赛事。中国体育产业将进入飞速发展的快车道。在国家大力发展体育产业的背景下，马拉松赛事作为黄金赛事项目正得到前所未有的重视。《全民健身计划（2021—2025年）》明确提出，要发挥全民健身的多元功能，营造全民参与体育健身的氛围，将马拉松赛事作为全民健身的主舞台，充分发挥其在全民健身中的独特价值。在2015年年初，国家体育总局全面取消对马拉松赛事的审批，鼓励并动员社会各界力量共同推进中国马拉松赛事的发展。自全民健身国家战略一系列政策出台后，中国的体育产业和全民健身事业迎来历史发展良机，马拉松赛事将进入非常火爆发展的"马拉松周期"。所谓"马拉松周期"就是指当一个国家的人均GDP超过5 000美元之后，人们的闲暇生活将进入运动休闲模式，马拉松赛事恰好顺应时代的要求，为城市发展和人们健身提供广泛的舞台，呈现出爆发性增长的趋势。早在20世纪40年代，欧美等发达国家就已经进入全民参与马拉松赛事的阶段，如今，马拉松赛事在我国开始不断地发展复制与创新，正成为社会的主流时尚。

进入21世纪，中国马拉松赛事如雨后春笋般不断增多，快速发展。近些年在中国田径协会注册的马拉松赛事逐年增多,参赛人数也持续增长。中国田径协会公布的报告显示:2011 年马拉松比赛场次 32 场,参赛人数 43 万人次;2012 年马拉松比赛场次 34 场,参赛人数 50 万人次;2013 年马拉松比赛场次 51 场,参赛人数 75 万人次;2014 年马拉松比赛场次 53 场,参赛人数 90 万人次;2015 年马拉松比赛场次 114 场,参赛人数 130 万人次;2016 年马拉松比赛场次 323 场,参赛人数 280 万人次;2017 年马拉松比赛场次 800 场,参赛人数 500 万人次;2018 年马拉松比赛场次 1 000 多场,参赛人数 800 万人次;2019 年马拉松比赛场次 1 200 多场,参赛人数 1 000 万人次。中国马拉松赛事已经处在"赛事井喷期",其从有到无、从乏人问津到多城竞逐,见证了城市的变迁和时代的进步。中国马拉松赛事是城市与体育、体育与时代协同发展的反映,其发展脉络与改革开放进程及城市意识的苏醒相伴而生。在国家大力发展体育产业和大健康产业的背景下,马拉松运动作为贯彻全民健身国家战略、实现健康中国目标的重要载体,已成为大众强身健体、产业发展、城市形象宣传、社会文明与和谐发展的重要途径。在全民健身理念日益深入人心的有利条件下,马拉松运动一定会有更大的发展,更加美好的前景。我国的马拉松赛事将成为全民健身和社会发展的重要体育赛事平台,为体育强国战略的实施发挥独特作用,为实现我国体育产业发展目标提供极大的动力支持。

第二节 马拉松赛事基本理论

一、系统科学理论

20 世纪 20 年代,著名的奥地利科学家贝塔朗菲先生在生物领域中有机体系统的概念基础上首次提出了系统理论的思想。随后,系统理论的研究领域不断扩展,从有机体系统范畴逐渐转向各个学科,甚至对整个社会发展和人类进步具有普遍指导意义。进入 20 世纪 40 年代以后,由于多学科的相互融合、渗透,自然科学与社会科学等学科之间或各单学科之间都形成了具有高度概括性的系统思想体系,如系统论、控制论和信息论等理论体系。1976年,著名的萨缪尔教授经过长期的研究,在系统论思想的基础上形成了控制论的理论体系,并在同年出版了《控制论》,《控制论》的出版标志着系统论思想的建立。在1976年的系统论年会上,萨缪尔教授提出将系统论、控制论和信息论作为一个指导自然科学和社会科学研究与发展的综合性学科。在随后的十几年里,系统论、信息论和控制论在各个专业领域里被广泛重视,尤其在电子信息和现代通信中取得了累累硕果。同时,也推动了该学科体系的不断发展,如耗散结构论、协同学、自组织论、突变论等理论的提出都是在系统论、信息论和控制论的理论体系下发展而来的。当今耗散结构论、协同学、自组织论、突变论等理论思想和方法论问题,已经引起许多学者的重视,并进行了大量研究,在各个领域中取得了良好的成果。

目前,大多研究者认为,系统是指由若干相互联系、相互作用和相互转化的多种要素所构成的具有一定目标,并具有一定功能的有机整体。系统中每个要素都有其独特的整体性功能,当系统的要素数量足够多,要素之间的差异越来越大,不能够按照某种属性进行整合,但能够按照某种属性划分不同的部分时,便形成若干子系统,每个子系统都由自身的结构组成,这种结构就会表现出相应的功能,结构和功能叠加在一起,就形成了大系统的结构与功能。

中国马拉松赛事是一个大型综合赛事,影响马拉松赛事的发展因素,从内部看,包括赛事数量、参赛规模、赛事类型、参赛形式、组织管理水平和赛事服务水平等多种因素;从外部看,包括城市基础设施建设、经济发展水平、全民健身开展情况、文化与教育资源和自然资源等因素。因此,马拉松赛事的发展是一个大型的系统,涉及社会发展的方方面面,研究中国马拉松赛事发展的动力机制问题,就需要系统科学理论作理论基础。

二、社会运行理论

社会运行是指社会有机体自身的运动、变化和发展,表现为社会多种要素和多层次子系统之间的交互作用以及其多方面功能的发挥。社会各行业、各领域的和谐共生与快速发展，都离不开有序的社会制度和体制来约束与规范其健康发展，这些因素综合作用到一起就表现出良好的社会运行机制。因此，社会运行机制在指导和规范社会有规律运动的过程中给这种运动规律的结构和功能施加影响，并有效地整合社会各种影响因素。这种社会运行机制一旦形成，就会矫正和规避社会不健康因素，使社会结构获得平衡有序的发展。按照社会运行机制的等次，可将其分为一级、二级、三级、四级等，社会运行机制是有层次和结构的有机体，这种机制有机整体不仅表现为社会运行中所遵循的规律或所形成的模式，还表现为企业与社会相互作用的稳定模式。

社会运行大体上包括纵向和横向两个方面的表现方式。一是纵向运行，即社会的变迁与发展，社会系统在其前后相继的纵向运行中表现出了如下一些基本关系：第一，继承关系，即后来的社会接受了过去社会所留下的遗产。人类社会今天之所以能形成如此灿烂的文化，在很大程度上是由于继承了数千年以至数万年的历史成果。当然，继承关系是没有价值趋向的，即所继承的不一定都是好的东西。历史上的一些糟粕，也常常被后来的社会系统或某些子系统所继承。第二，变异的关系，社会纵向运行虽然继承了过去的东西，但它不是一成不变的照搬，而是随时修改、变化。社会的变异有多种表现：有些仅在原来基础上发生微小的变化，如人的形体的变化；而另一些则是巨大的变化，甚至是根本的变革与创新，如社会由无阶级社会进入阶级社会、文字等精神文化的创造、蒸汽机等物质文化的发明。当然，无论怎样的创新，我们总可以从原来的社会系统中找到它的根源或根据。第三，中断的关系。在社会纵向运行中，有很多东西被历史发展所抛弃。有些是因条件变化了，后来已无存在的必要；但另一些是至今仍有存在价值的，却因种种变故，出现了发展的中断，如我国历史上一些古方、古法、古书、古典的失传等。

二是社会横向运行。与社会纵向运行一样，社会横向运行也表现出了一些基本关系：第一，交叉与渗透的关系。社会是一个整体，社会各要素、各系统的区分是相对的，而不是绝对的。在现实生活中，它们是交织在一起的，你中有我，我中有你。例如，政府本是政治系统的重要因素，但它又同时承担着经济功能、文化功能、思想功能。第二，制约的关系，即社会某些要素、子系统的功能的发挥会限制和约束另一些要素与子系统的发展。如经济的不发达常限制了文化、思想的发展；法制系统的健全，约束了违法行为的发展；现代人口理论的发展限制了无计划人口再生产状况的发展。第三，促进的关系，与制约关系相反，它指一个系统功能的发挥对另一系统起推波助澜的作用。例如，物质文明与精神文明的发展就是相互促进的。第四，转化的关系，即一种要素转变为另一种要素，一个系统的问题转变为另一系统的问题。例如，一对同事，通过接触，建立了感情，便可能发展为具有血缘关系的家庭。总之，无论纵向运行还是横向运行，社会诸要素与诸系统都表现出了相互联系、相互影响、相互作用的特点。

动力机制的良性运行就是要通过建构和设计社会各种机制，实现特定的目标和功能，如保障机制、激励机制、控制机制、整合机制等，促进社会朝着健康有序的状态发展，不断地优化社会系统，进而实现最佳的运行状态。具体来讲，社会运行的根本动力源就是社会需要，而社会需要又可以从不同的角度表现为人的生存需要、发展需要、客观需要、主观需要，以及个人需要、集体需要、国家需要等。在社会基本结构各要素有效运行作保障的前提下，实现其特有的社会功能和社会价值。本书主要借助社会运行机制体系中的社会运行动力机制理论，研究中国马拉松赛事发展的动力机制。中国马拉松赛事发展动力的根源可以解释为通过对马拉松赛事的设计与举办，以及群众的广泛参与，在社会中形成良好的健身氛围和精神文化生活，同时促进社会进步和经济发展，使社会朝着健康有序的状态发展。

三、价值认同理论

西方学者对"认同"从不同角度给予了不同解释。心理学领域认为，一个成熟的心理认同是随着社会的发展而不断发生变化的，这种发展变化以自己所在的社会组织为基础。个体在这个组织中追求并实现自我意识和自我价值，并与其他人形成统一的人生目标和理想。从社会学领域来看，认同是指社会群体中的成员对社会发展中的问题和相关见解，通过互相影响，个体潜意识地向别人模仿，不断内化为一致的意识和行为，是一个人向目标团体价值和观念不断靠拢的过程，这样才会形成团体的凝聚力和向心力。这种认同表现为社会成员平均具有的意识与行为的总和。无疑，我国的许多专家、学者借鉴了西方学者的价值认同理论的研究成果，开阔了我国社会学领域的研究思路和视野。我国学者对价值认同的研究是在世界经济与文化全球化背景下开始的，当时人们把全球化中的价值观冲突与价值认同混淆在一起，我国学者提出了价值认同的内涵，认为价值认同就是在社会组织框架内，人们通过交流与沟通对某种事物和观点达成一致，使这种被人们认可的价值得到共享，再通过社会协调机制不断地加以完善和修正，最终在社会共同体中形成共同的价值体系。我国的学者还从马克思主义立场出发，认为价值认同是人们在自己的社会实践活动中能够以某种共同的价值观念，如道德、信念、行为等作为标准，以某种原则为目标，从社会领域的各个方面来规范自己的意识和行动，并自觉内化为自己的价值取向。

因此，国内外学者针对价值认同主要提出了两种不同的看法：一种观点认为，价值认同是自身以某种共同的价值观念作为标准规范自己的行动，实现对事物价值的认可和共享；另一种观点认为，价值认同是个体或团体对社会价值的适应过程，表现为社会成员要自觉接受社会机制标准和规范，并内化为价值动力。个体或组织良性健康的价值认同，能对我们的学习、工作和生活产生积极的影响，对社会精神文明建设、行为规范的养成、小康社会的建设、经济社会的发展都会起到积极的推动作用。

马拉松赛事的价值在于促进社会发展和人的身心健康发展。参加马拉松比赛是一种积极主动的生活方式，在比赛过程中考验一个人的意志品质和体能状态，对个体的心理承受能力和身体的运动能力给予肯定，能够实现自身的全面发展和实现价值认同。同时，个体参加马拉松比赛，不仅是在认同体育锻炼的价值，也是在接受马拉松文化，认同比赛规则和行为规范，并以参加马拉松比赛来丰富自己的精神文化生活。

四、力学理论

力学是研究物体机械运动规律的一门学科。力是物体间的相互机械运动，我们可以通过力的大小、方向和作用点来改变物体的运动状态。力学理论告诉我们：物体之间的作用力是一个错综复杂、形式多样的自然客观实在，力是改变物体运动的根本原因，通过外部效应来改变物体的运动状态。近些年，很多国内外学者通过实践研究来探讨力的作用规律，在自然科学和社会科学中都做了很多有益的尝试，通过建立各种力学模型，探讨事物本质的规律性，来揭示自然界事物间力的作用方式和规律性特征。在工程技术中经常遇到的力有重力、引力、弹力、阻力、摩擦力等。系统中各种力的表现形式相互作用、相互影响、相互联系，综合作用在一起。在多种力的表现形式及力的要素共同发挥作用时，并不是简单的量的相加，而是以力的方向性为条件的矢量之和。国内外很多学者在运用力的原理研究社会科学相关问题时，常常将力的外在表现形式分为支持力、拉动力、推动力、约束力等。这些力相互作用、相互影响，如果这些力的表现形式处于良性互动时，就可以加强动力效果，反之，就削弱了动力效果。

理论力学（theoretical mechanics）是研究物体机械运动的基本规律的学科。它是力学的一个分支，也是一般力学各分支学科的基础。理论力学通常分为三个部分：静力学、运动学与动力学。静力学研究作用于物体上的力系的简化理论及力系平衡条件；运动学只从几何角度研究物体机械运动特性，而不涉及物体的受力；动力学则研究物体机械运动与受力的关系，也是理论力学的核心内容。理论力学的研究方法是从一些由经验或实验归纳出的反映客观规律的基本公理或定律出发，经过数学演绎得出物体机械运动在一般情况下的规律及具体问题中的特征。理论力学中的物体主要指质点、刚体及刚体系，当物体的变形不能被忽略时，则成为变形体力学（如材料力学、弹性力学等）的讨论对象。静力学与动力学是工程力学的主要部分。理论力学建立科学抽象的力学模型（如质点、刚体等）。静力学和动力学都联系运动的物理原因——力，合称为动理学。有些文献把 kinetics 和 dynamics 看成同义词而混用，二者都可译为动力学，或把其中之一译为运动力学。此外，把运动学和动力学合并起来，将理论力学分成静力学和动力学两部分。理论力学把一些基本概念和反映理想物体运动基本规律的公理、定律作为研究的出发点。例如：静力学可由五条静力学公理演绎而成；动力学是以牛顿运动定律、万有引力定律为研究基础的。理论力学广泛采用数学工具进行数学演绎，从而导出各种以数学形式表达的普遍定理和结论。静力学（statics）是研究作用于物体上力系的平衡条件的力学分支学科。力系指作用在物体上的一群力。平衡指物体相对惯性参考系保持静止或作等速直线运动。在静力学中，将与地球固结的参考系取作惯性参考系，可满足一般工程所需的精度要求。静力学研究的主要问题有三个：一是物体的受力分析，即分析物体共受几个力以及各力的作用点及方向；二是力系的简化，即用一个简单的力系等效地替换一个复杂的力系；三是力系的平衡条件，即力系与零力系等效的条件，此平衡条件用方程的形式表示时，称为力系的平衡方程。动力学（dynamics）是研究物体机械运动与受力之间的关系的学科，力学的分支。自然界与工程中存在大量的动力学问题。研究动力学问题时，应首先进行分析、简化，抽象成物理模型，再建立动力学方程，即物理模型的受力与运动之间的关系，这个过程称为动力学建模，简称建模。动力学问题通常有两种提法：一是已知系统的运动规律，求作用于系统的力；二是已知系统的受力，求系统的运动规律。有时也有二者的混合提法。

中国马拉松赛事发展动力机制的研究可以从力学理论原理获得启示。把中国马拉松赛事发展动力类比为物理学中的力学作用加以研究。对于中国马拉松赛事来讲，系统内外有众多影响要素，这些要素相互促进、相互影响、相互制约，协同促进马拉松赛事的发展。通过对力学理论的简要分析可以发现，马拉松赛事的发展也受到支持力、拉动力、推动力、约束力等力的表现形式的影响与制约，这些力的不同表现形式在马拉松发展的不同时空阶段表现出不同的作用效果。

五、政府绩效评价理论

20世纪初，美国纽约的一些公共部门开始实施绩效评价和绩效管理，绩效管理开始应用于行政部门。20世纪80年代以来，西方一些发达国家的政府部门开始引入政府绩效管理理论，并在实践管理中广泛运用和开展该理论。在国内，在学习西方经验的基础上，我国的理论研究部门和政府部门均作了一些大胆的尝试，并取得了一系列的成果，对我国政府行政改革与发展起到了积极的作用。随着政府行政改革的不断深入，我国也开始借鉴和吸收西方的政府绩效管理理论，如政府与市场关系理论、政府组织理论、政府与社会关系等理论，并将其管理方法和管理体系引入我国政府绩效管理评价之中。

政府绩效评价，就是政府的决策和管理行为对社会发展、经济增长、文化繁荣、环境改善等方面的效果或绩效，通过政府自身或第三方机构来综合测量和评价，以判断政府在一定时期内所取得的社会效应和经济效应。政府绩效评价的主要目的在于用有效的评价体系和方法，来规范政府的行为，加强政府自身责任监督和政策落实，提高政府工作效率，这是规范行政行为、提高行政效能的一项重要制度和有效方法。政府绩效评价作为新公共管理理论的重要组成部分，对于政府提高工作绩效、提高政府执政能力、规避在工作过程中的失策、促进政府与广大人民群众的沟通等方面具有重要的意义。同时，对于政府主导的建设小康社会、提高人民生活水平、促进社会发展等都有积极的意义和实践价值。具体来讲，政府会用绩效评价来约束自身的行为，在一些项目和方案决策的选择和落实上，尤其是事关老百姓生计大问题的决策上，会以人民为本，更多地考虑人民的利益。目前对政府绩效的评估从评估标准上看，分为两种：一种是对政府活动及其结果的评估，另一种是对政府能力的评估。对政府活动及其结果的评估可以是合规评估、效果评估、经济性评估、成本-效益评估、配置效率评估以及公平性评估。目前大多数政府绩效评估属于此类。其评估主体主要是政府或政府委托的组织。从性质上讲，这类评估大多属于一种内部评估，是政府部门为提高自身的效率和责任而进行的自律式评估。这种评估对加强政府管理、明确管理职责是必要的。这种评估最大的困难在于难以为所有政府部门的绩效评估提供统一的标准，因而政府部门之间的比较是非常困难的，这就意味着难以将预算拨款与政府绩效联结起来，从而使绩效评估作为提高政府效率手段的作用大打折扣。与上述绩效评估相比，对政府管理能力的评估目前还很少被采用。

中国马拉松赛事，尤其是城市马拉松赛事是在当地政府的积极主办下的综合赛事，对于推动城市建设、塑造城市形象、提升城市知名度、推进全民健身、提升城市活力、拉动城市经济发展、改善软硬件环境、推动对外开放等方面具有积极的影响。对于政府来讲，马拉松赛事是提高政府执政能力、树立良好政府形象的有利平台。因此，要从政府绩效评价理论出发，充分结合当地的气候环境优势和地理条件、基础设施建设和群众体育基础等因素积极举办马拉松赛事。

第三节 马拉松赛事研究动态

一、国外研究动态

在 SpringerLink 外文期刊全文数据库，输入关键词"Marathon"，检索到近十年相关论文 800 多篇，研究成果大多集中在三个方面：一是关于马拉松运动对人体机能的影响的研究；二是关于马拉松运动训练方面的研究；三是关于马拉松运动与社会发展关系的研究。

1. 关于马拉松运动对人体机能的影响的研究

关于马拉松运动对人体机能的影响的研究，具有代表性的有：A. Santos-Lozano（2015）研究了年龄对马拉松比赛成绩的影响，认为青年人和老年人参加马拉松比赛，其马拉松成绩具有显著差异。T. M. Eijsvogels（2015）对马拉松比赛后心脏肌钙蛋白释放量进行了研究，认为马拉松比赛后会增加心肌肌钙蛋白含量。B. J. Krabak（2014）对马拉松运动员的损伤和疾病的评估、治疗方法进行了研究。Matthias（2013）对男女两性在城市马拉松长跑中的性能差异进行了研究。1982 年，柏林圣劳伦斯医院对经常参加马拉松赛事的运动员的脑部受损状况进行了研究，研究表明马拉松运动后"脑型肌酸磷酸激酶（CPK-BB）"的血内水平增高。

2. 关于马拉松运动训练方面的研究

关于马拉松运动训练方面的研究，具有代表性的有：J. R. Karp（2007）对美国奥运会马拉松运动的训练特点进行了研究。M. A. Zingg（2013），对参与长度超过 200 千米的超级马拉松运动员年龄组性能差异进行了研究。佩赫京·吉洪诺夫（2011）认为，运动员在比赛中获得胜利，除了要具备先天的运动素质外，还需要后天的、科学的系统训练，同时还要结合每名运动员的特点选择合适的训练手段和训练方法。安德斯·汉森（2013）对马拉松运动员的科学营养策略与比赛成绩之间的关系进行了研究。山地启司、小西照泰等（2016）认为，赛跑运动员加入了团队，就有希望获胜和发挥出自己的最好水平，在集体中，能够保持取胜自信心，也更利于保持比赛节奏、合理分配体能。

3. 关于马拉松运动与社会发展关系的研究

关于马拉松赛事与社会发展关系的研究，主要集中在两方面：一是马拉松赛事对旅游和经济的影响；二是马拉松赛事的价值及影响因素。马拉松赛事对经济方面的影响已形成一个固定的研究模式。Kelli 以"Marathons"为题对当年美国举办的马拉松赛事的参赛情况、举办数量、市场化运行和比赛组织与管理等内容进行了翔实的论证和分析。并对马拉松赛事对城市建设、经济发展和旅游产业的影响进行了深入的研究和探讨。J. Sutton（2019）分析了波士顿马拉松爆炸事件中，信息的传递内容、方式和机构等问题，并对波士顿马拉松爆炸事件的响应进行了分析。A. A. CorinaIvan（2013）认为，马拉松比赛作为一种社会现象，比赛数量和比赛场次会逐年增长。M. Foulds（2019）认为，马拉松运动在衡量个人综合素质和社会功能方面具有重要的意义，并认为马拉松运动的功能随着社会的发展而变化。J. C. Olberding（2019）认为，主办城市举办马拉松赛事对社会经济产业、居民自豪感具有积极的影响，还认为，举办马拉松赛事还需要社会网络和政策等因素的支持。

二、国内研究动态

1. 马拉松赛事发展现状

通过搜索中国学术期刊全文数据库，以"马拉松运动""马拉松赛事"为关键词，共搜索到2000—2022年相关论文170篇，其中学术期刊120篇，学位论文 50 篇。从文献分布来看，关于中国马拉松赛事开展现状以及对马拉松赛事与城市发展之间关系的研究内容所占比重较大，如表 1-2 所示。对这些文献整理分析，发现关于马拉松赛事发展研究的成果主要集中在以下三大类。

表 1-2 马拉松赛事发展文献统计

类型	学术期刊			学位论文		
主题	马拉松训练与比赛	马拉松赛事运营	马拉松开展现状	马拉松与城市发展	马拉松与经济发展	马拉松开展现状
篇数	15	30	75	23	15	12

其一，马拉松赛事开展方面的研究。嵇洁、叶宇（2015）对中国马拉松赛事发展现状进行了的研究，研究认为，近些年，马拉松运动无论在参赛人数和举办数量上，还是在促进经济效应与社会发展方面都显示出积极的意义。韦霞、张俊斌（2014）对我国城市马拉松赛发展进行了分析，研究认为，当前中国马拉松赛事举办集中度较高，赛事的内容设置与相关活动逐年增多，市场化的运作方式使马拉松赛事逐渐与国际接轨，一些精品国际级马拉松赛事不断出现；但同时也要看到，中国马拉松赛事发展进程中在组织管理和服务保障等方面还存在很多问题，亟待改善。王丽莉（2019）从要素禀赋视角分析了中国马拉松赛事的现状，研究认为，中国马拉松赛事具有分布不均衡、阶段性发展、比赛时间和比赛项目的设置上存在不足、国际级赛事整体比例偏高等要素禀赋特征。

其二，马拉松赛事与城市发展关系的研究。陈尔洁（2018）研究了中国马拉松赛事对城市发展的影响，从经济、社会和生态三个维度系统分析了中国马拉松赛事与城市发展之间的相互作用关系，研究认为，城市通过举办马拉松赛事可以更好地促进城市各个方面的建设。袁凤喜（2017）对马拉松运动和城市发展的耦合关系进行了研究，研究采用文献资料法，详述了马拉松从一个地名到马拉松赛，再到被纳入奥运会项目，马拉松赛对促进城市发展起到了重要的推动作用，提升了马拉松举办城市的凝聚力。祝良（2019）对我国城市马拉松与城市发展关系进行了研究，重点分析了我国城市马拉松与城市发展的关系。研究认为：一是城市政治、经济、文化三大领域的发展促进了城市马拉松发展；二是城市举办马拉松赛事可以推动城市基础设施建设，同时对于促进城市经济发展、社会文化的形成都具有重要的意义；三是马拉松赛事的举办在促进城市发展的同时，也给城市的发展带来负面的影响，该如何消除这些不利的因素，是马拉松赛事持续健康发展的关键所在。孙泽野（2018）分析了中国郑开国际马拉松赛对城市发展影响的研究，对中国郑开国际马拉松赛自举办以来郑州、开封两座城市发展的实际状况进行调查研究。研究结果发现，中国郑开国际马拉松赛事的举办，在促进群众体育和竞技体育事业发展的同时，极大地促进了城市经济的发展，加快了社会精神文明建设的步伐。

其三，马拉松赛事运营的研究。张强（2017）对郑开国际马拉松赛的品牌培育进行了研究。研究认为，对马拉松赛事合理的发展定位是其成为国家知名赛事的关键，精准的赛事品牌运营测量是提高赛事认知度的重要因素，建立完善的品牌营销机构是赛事得以健康发展的关键环节。乐仁油、王丹虹（2019）对厦门国际马拉松赛市场化运作的现状及发展对策进行了研究。该研究运用比较分析法和实地调研等多种研究方法，以厦门国际马拉松赛事为例，对马拉松赛事包装、宣传等市场化运作的各个环节进行了系统分析和论述。张守元（2017）对厦门国际马拉松商业化运作的现状及发展对策进行了研究。该研究系统分析了案例马拉松赛事的商业化运行进程和模式的发展情况，研究了马拉松赛事商业化运行的影响因素。结合国外马拉松赛事运营的成功案例和厦门市城市发展特点，对厦门国家马拉松赛事的市场化运营方案提出了建设性意见。

2. 马拉松赛事发展影响因素

通过搜索中国学术期刊全文数据库，以"马拉松"为关键词进行一次检索，再以"影响因素"为关键词进行二次检索，共搜索到相关论文13篇，其中学术论文10篇，学位论文3篇。文献分布主要集中研究两方面内容：一是影响参赛者参加马拉松运动的因素分析；二是影响马拉松赛事发展的因素分析。

其一，影响参赛者参加马拉松运动的因素的研究，具有代表性的有：李海霞（2015）从赛事消费者支出与未来参赛意愿的角度，验证了性别、年龄、国籍、职业、教育程度以及收入水平对不同的上海国际马拉松赛参赛者的本体支出、非本体支出，以及未来参赛意愿的影响。张东军、曾丽娟（2017）分析了影响体育专业大学生参加马拉松运动的因素，研究了影响高校体育专业大学生参加马拉松运动的内部因素和外部因素，并提出促进体育专业大学生参加马拉松运动的对策和建议，为今后高校有针对性地安排大学生参加马拉松运动提供借鉴。方佳（2016）以上海国际马拉松赛事为案例，运用文献资料法、问卷调查和数理统计法等研究方法，从人口学特征角度出发，对不同人口信息对马拉松赛事的认知构成进行了差异性分析。

其二，影响马拉松赛事发展因素的研究，具有代表性的有：张晓琳（2022）对我国城市马拉松赛社会效应进行了分析与研究，研究得知城市马拉松赛对举办城市产生了积极深远的影响，表现在有力地推动了城市的现代化进程同时提升了城市的知名度，产生了可观的经济效益与深远的文化影响，推动了体育事业的全面发展。杨梅（2020）对影响我国女子马拉松项目发展因素进行了调查与分析，运用文献资料、问卷调查、专家访谈等方法，建立了影响我国女子马拉松项目发展的因素模型，并进行了检验与分析，结果表明，影响该项目发展的因素是多方面的，训练、人力资源和经济类因素是主要影响因素。

3. 体育发展动力

搜索中国学术期刊全文数据库，以"体育"为关键词进行一次检索，再以"动力"为关键词进行二次检索，共搜索到相关论文125篇，从文献分布来看，研究主要集中在三方面：一是竞技体育发展动力的研究；二是群众体育发展动力的研究；三是体育赛事动力的研究。

其一，竞技体育发展动力的研究。苗治文等（2013）认为，在我国竞技体育取得辉煌成就的进程中，举国体制对我国竞技体育的发展起到重要的保障作用，社会经济发展水平及和谐的社会发展环境对于竞技体育的发展起到服务作用，文化和教育水平对我国竞技体育的发展起到重要的支持作用。刘思聪（2018）运用系统动力学理论对我国竞技体育系统中各影响要素之间的动力关系进行了系统分析和论述，从体育赛事发展指数、体育企业的参与指数角度，建立了我国竞技体育系统发展动力模型。周文军（2019）采用文献资料法、访谈法、问卷调查法等研究方法，应用运动训练学、教育学、组织行为学、管理学、系统学和可持续发展原理对普通高校高水平运动队发展动力进行了研究。

其二，群众体育发展动力的研究。孙伏友、侯洁（2013）运用系统动力学理论与方法，构建出我国经常参加体育锻炼人口系统模型。研究认为，我国群众体育健身意识的提高、体育健身行为的不断增强受多种因素的影响和制约，是多种要素协同发展的结果。尤其是增加体育事业的投入和增设体育场地设施，刺激居民的体育消费，是我国群众体育不断发展的动力源泉。武恩钧（2016）运用系统动力学方法，在探究影响我国健身体育旅游公共服务发展动力机制、构建主要因素的基础上，提出实施健身体育旅游目的地促销策略。张世威等（2017）在分析我国城乡群众体育发展现状的基础上，找到了促进我国城乡群众体育发展的动力因素，即良好的政府决策和政策效能、良好的组织与管理、良好的硬件设施项目资源和公民观念。刘庆青（2017）认为，农村社区体育发展的动力要素主要有政府调控力、科技促进力、文化推动力、经济保障力。

其三，体育赛事动力的研究。许春蕾（2020）认为，体育赛事生产要素的高投入使得区域间的合作发展成为一个不可回避的话题。区域体育赛事产业合作也将是优化区域资源配置、提升区域竞争力的必然选择。推力以及拉力这两股力量的共同作用形成了区域体育赛事合作的动力机制，基于上述动力，区域间还需着力从构筑资源流动平台、建立利益协调机制等方式实现合作。刘裕平（2012）以大众体育赛事为研究对象，通过调查大众体育赛事组织者和管理者，以系统动力学为理论基础，对晋江市大众体育赛事的演化发展动力影响因素进行系统研究，并建立了系统动力模型。袁守龙（2014）运用系统动力学理论，对体育赛事的系统结构进行解析，在此基础上构建了体育赛事发展动力系统动力模型，同时结合皮划艇项目进行了案例分析。

4. 马拉松赛事发展动力

搜索中国学术期刊全文数据库，以"马拉松"为关键词进行一次检索，再以"动力"为关键词进行二次检索，共搜索到相关论文4篇。李峰（2015）以"马拉松热"现象为研究对象，研究发现，群众体育事业的发展是促进马拉松赛事大规模发展的基础，城市建设水平和区域经济发展状况是马拉松赛事发展的源泉。李亚男、鲁莺（2013）从系统论和自组织论角度出发，对扬州半程马拉松赛事自组织发展的动力进行了分析。叶珠峰（2013）认为，马拉松赛事的激增，是社会发展的必然要求。郑轶等（2012）认为，中国马拉松赛事如此迅猛地发展，驱动城市马拉松发展的动力是多方面的，这些动力还处于不断的探索阶段。

综合国内外学者研究成果可以看出：国外学者针对马拉松赛事的研究大多集中在马拉松运动对人体机能的影响、马拉松运动训练和比赛、马拉松赛事发展、举办马拉松赛事的价值等方面，关于马拉松赛事发展演化特征还没有深入地探索和研究，尤其是马拉松赛事发展动力问题还很少见报道。国内学者针对中国马拉松赛事的研究主要集中在马拉松赛事的开展现状、马拉松赛事与城市的发展关系、马拉松赛事的影响因素等方面。尽管某些方面已经有了较为深入的阐述，如马拉松赛事与城市发展关系、马拉松赛事的影响因素，已经体现了中国马拉松赛事发展动力机制的雏形，但尚不够成熟和完善。有少数学者在体育领域里对竞技体育和群众体育赛事等方面的发展动力机制进行了研究，为本书的研究提供了有价值的参考，但这些研究仍处于初级阶段，存在系统研究少、定量研究不多、方法运用狭窄、借助案例研究少、深入探讨不够等问题。更缺乏站在经济、社会层面构建大型体育赛事，尤其是对中国马拉松赛事发展动力机制的研究。

国内外学者针对马拉松赛事发展特征与动力机制的研究还存在如下问题：

第一，系统性研究不足。马拉松赛事是一个具有综合属性的赛事，涉及社会发展领域较广，举办马拉松赛事是一个系统工程。因此，必须用系统、科学的观点来对其进行研究。然而，当前对马拉松赛事发展与动力机制的系统性研究成果较少，有的思想观点只是零碎地散落在一些文章中间。一些观点甚至仅仅是提出而已，没有经过严格的论证。

第二，研究深度不够。马拉松赛事发展动力是一个复杂的系统，但目前的研究多集中于对马拉松赛事发展现状、与城市发展关系以及影响因素等方面，缺乏对马拉松赛事发展的基本特征的梳理；对马拉松赛事发展动力机制更缺乏系统研究，只提出了命题与方向，尚没有深入剖析，也没有构建具有可操作性的马拉松赛事发展动力机制系统模型。

第三，研究的实践应用性不强。马拉松赛事发展动力机制研究，不仅仅是提出一个观点或思想，更重要的是用提出的观点或思想对现实进行解释，进而对实践进行指导。这对理论研究的深度提出了较高的要求。当前，尽管一些学者对竞技体育以及群众体育赛事的研究提出了一些逻辑体系较严密的观点，但仍然不够。如何应用这些成果对不同城市马拉松发展动力机制进行分析，如何利用实践对这些理论进行验证是需要进一步研究和思考的问题。

第四，研究范围过于偏狭。必须要深入马拉松赛事发展动力机制系统中的每一个子系统，甚至每一个因子中。这就要求必须对马拉松赛事发展动力机制系统的方方面面进行广泛的研究，从不同侧面揭示马拉松赛事发展的动因。然而，当前对马拉松赛事影响因素的研究仍然仅仅注重于赛事本身，更多是考虑内在因素，如赛事参与者、赛事组织与管理等，没有更多考虑赛事发展的外部动力因素，如基础设施、区域经济、资源环境、区域文化、群众体育、竞技体育、相关政策、产业发展等因素。

第五，定性研究方法居多。长期以来，国内外学者针对竞技体育、群众体育赛事等方面动力机制的研究方法单一，大多停留在定性研究阶段。根据调查，在所查阅的体育发展动力研究的相关的100余篇文献中，仅有10余篇采用了定量研究方法，由此可见，定量研究方法在大型体育赛事，尤其是马拉松赛事发展动力机制的定量应用性研究还十分缺乏。

第四节 马拉松赛事研究范式

一、定性研究范式

定性研究（qualitative research）是社会科学领域的一种基本研究范式，也称质化研究，是科学研究的重要步骤和方法之一，也是研究者用来定义问题或处理问题的途径。定性研究是指通过发掘问题、理解事件现象、分析人类的行为与观点以及回答提问来获取敏锐的洞察力，目的是深入研究对象的具体特征或行为，进一步探讨特征或行为产生的原因。如果说定量研究解决"是什么"的问题，那么定性研究解决的就是"为什么"的问题。定性研究通过分析无序信息探寻某个主题的"为什么"，而不是"怎么办"，这些信息包括各类信息，如历史记录、会谈记录脚本和录音、注释、反馈表、照片以及视频等。与定量研究不同，它并不仅仅依靠统计数据或数字来得出结论，也有像"扎根理论""人种学"等正式的研究方法。

1. 文献资料法

通过 CNKI 中国知网全文数据库和 SpringerLink 外文期刊全文数据库查阅中外关于马拉松赛事方面的研究成果，通过输入"马拉松""马拉松发展""马拉松发展动力""Marathon"等关键词，检索到相关研究成果 1 000 多篇，通过对题目和摘要进行筛选，共下载有价值的相关研究成果 100 余篇。研究成果为本书奠定了坚实的研究基础，并提供了重要参考价值。进入百度检索、中国马拉松官方网站和各地区马拉松赛事官方网站查阅了 1981 年以来的马拉松赛事发展相关的文献资料，包括时间维度和空间维度上马拉松赛事发展数量、参赛规模、赛事类型等数据信息。

2. 专家访谈法

中国马拉松赛事发展演化特征与动力机制主要包含两大部分内容：一是中国马拉松赛事发展演化特征；二是构建马拉松赛事发展动力评价指标体系。其中包括对中国马拉松赛事发展度量指标选取情况；马拉松赛事发展动力评价指标体系的构建问题；不同时间和空间维度上马拉松赛事发展动力机制问题；选择样本进行案例研究问题；对马拉松赛事发展动力机制优化与完善等相关问题。通过当面访谈和电话访谈的形式获取专家对这些问题的意见和看法。专家访谈结果为本书的研究提供了重要的参考依据和指导意义。访谈专家主要包括高校教师和马拉松赛事组织与管理者。

3. 问卷调查法

中国马拉松赛事发展动力机制问题，需要构建一套科学完善并具有可行与可操作性的，用以评价中国马拉松赛事发展动力的评价指标体系。在已有研究成果上，查阅大量文献资料，本书构建了中国马拉松赛事发展动力初选评价指标体系，将该评价指标体系编制成调查问卷（详见附录1），采用"德尔菲法"进行专家问卷调查，构建最终的评价指标体系。"德尔菲法"又称多轮专家咨询法，是研究者就某个问题对专家群体进行"背对背"的多轮意见咨询与修改，直到专家的意见趋于一致的一种问卷调查方法。根据"德尔菲法"的研究要求，对中国马拉松赛事发展动力初选评价指标体系进行三轮问卷调查。第一轮调查通过现场发放与现场回收的方式，对马拉松赛事组织管理者以及部分高校从事体育赛事研究的专家学者进行咨询调查。根据第一轮专家对指标筛选的建议和意见，对相关指标进行调整和修正后，制成专家调查问卷，再请相关专家进行第二轮指标筛选。根据第二轮专家对指标筛选的建议和意见，对相关指标进行调整和修正后，制成专家调查问卷，再请相关专家进行第三轮指标筛选。在第三轮问卷调查中，在请专家赋分的同时，要求专家对问卷的效度和信度进行检验。效度检验结果为：有87%的专家认为问卷所设计的一级指标、二级指标、三级指标合理可靠，说明专家对问卷的设计比较满意，问卷具有较高的有效性。采用Cronbach's Alpha（克隆巴赫系数）对评价指标体系进行信度检验，检验结果表明各级评价指标分级信度系数Cronbach's Alpha均在0.70以上，综合信度系数Cronbach's Alpha为0.765，说明中国马拉松赛事发展动力评价指标体系具有较高的内部一致性系数，具有较高的可信度。

二、定量研究范式

定量研究（study on measurement，quantitative research）是与定性研究相对的概念，要考察和研究事物的量，就得用数学的工具对事物进行数量的分析，这就叫定量研究，也称量化研究，是社会科学领域的一种基本研究范式，也是科学研究的重要步骤和方法之一。定量研究是指确定事物某方面量的规定性的科学研究，就是将问题与现象用数量来表示，进而分析、考验、解释，从而获得意义的研究方法和过程。定量，就是以数字化符号为基础去测量。定量研究通过对研究对象的特征按某种标准作量的比较来测定对象特征数值，或求出某些因素间的量的变化规律。由于其目的是对事物及其运动的量的属性作出回答，故名定量研究。定量研究与科学实验研究是密切相关的，可以说科学上的定量化是伴随着实验法产生的。在社会学研究中，最常用的定量研究方法就是社会统计法。它在收集、整理和分析资料方面有一套完整的方法。社会统计法不仅可以通过各种统计数字描述一个社会现象和揭示社会现象间的关系，也可以推断局部和总体的关系。

1. 百分位数

百分位数是将一组数据按大小顺序排列后，用 99 个点将数据 100 等分，处于各分位点位置上的数，用 P_k 来表示。百分位数法是制作等级评价标准常用的方法，适用于所有分布形态（正态或偏态）的数据。本书对中国马拉松赛事数量和发展规模的阶段性划分、地区马拉松赛事数量的热点区划分、马拉松赛事发展动力的等级划分均用百分位数法来完成，具体计算各百分位数运用 SPSS 17.7 软件协助完成。

2. 全局空间自相关指数

从地理空间视角出发，借鉴区域经济差异研究中采用的全局空间自相关分析方法，分析区域马拉松赛事发展演化的时空特征。为反映空间邻接或空间临近的区域单元的相似程度，引入度量地区马拉松赛事全局空间自相关的全局指数（Moran's I 指数），该指数是度量全局空间自相关统计最常用的方法。该方法统一采用邻接标准定义空间权重矩阵，即当地区 i 和地区 j 具有公共边界时，w_{ij}=1；否则，w_{ij}=0。同时，对全局空间自相关分析的结果进行 Z 值显著性检验。数据的计算由 ArcGis 10.0 软件完成。

Moran's I 指数的取值范围为 [-1，1]，大于 0 表示正空间自相关，小于 0 表示负空间自相关，等于 0 表示空间不相关，Moran's I 的绝对值越大，表示空间相关性越强。同时，用统计量 Z 来检验 n 个地区是否存在全局空间自相关关系，当 Z 值为正且显著时，表示存在正的空间自相关，也就是说相似的观察值（高值或低值）趋于空间集聚；当 Z 值为负且显著时，表示存在负的空间自相关，相似的观察值趋于分散分布；当 Z 值为零时，观察值呈独立随机分布。

3.NICH（相对发展率）指数

相对发展率能够较好地测度各地区在一定时期内相对大区域的发展速度，表示某地区某一时期马拉松赛事数量的变化与同一时期整个区域马拉松赛事数量变化的比值，即衡量地区马拉松赛事发展的指标，公式如下：

$$NICH = \frac{Y_{2i} - Y_{1i}}{Y_2 - Y_1}$$

式中，Y_{2i} 和 Y_{1i} 分别表示该地区在研究末期和初期的马拉松赛事数量，Y_2 和 Y_1 分别表示整个区域在研究末期和初期的马拉松赛事数量。

4. 相关关系

灰色关联分析是对一个系统发展变化态势的定量描述和比较的方法，来分析各个因素对于结果的影响程度，其核心是按照一定规则确立随时间变化的母序列，把各个评估对象随时间的变化作为子序列，求各个子序列与母序列的相关程度，依照相关性大小得出结论。灰色关联分析方法对于样本含量的适用性较广，既适用于对小样本数据的处理，也适用于对大样本数据的分析。灰色关联分析，就是通过计算灰色关联度来探索因素间主次和优劣关系，进而探讨子系统之间的规律特征。本书以时间维度和空间维度，将马拉松赛事发展综合指数作为母序列，将马拉松赛事发展动力评价指标作为子序列进行灰色关联分析。

相关分析就是对总体中确实具有联系的标志进行分析，是描述客观事物相互关系的密切程度和相关方向，并用适当的统计指标表示出来的过程。按影响因素的多少分为单相关和复相关，如果研究的是一个结果标志同某一因素标志相关，就称单相关；如果分析若干因素标志对结果标志的影响，称为

复相关。由相关分析可知，简单相关系数 r 的取值范围为 [-1，1]，复相关系数的取值范围是 [0，1]，变量间的相关程度通常界定范围为：$0.7 \leq |r| < 1$，变量间呈高度相关；$0.4 \leq |r| < 0.7$，变量间呈中度相关；$0.3 \leq |r| < 0.4$，变量间呈低度相关；$|r| < 0.3$，变量间不相关。本书在时间维度和空间维度上，对中国马拉松赛事发展动力综合指数与评价指标之间进行相关分析，涉及多个变量对一个结果的复相关，同时也涉及两变量之间的单相关。

5. 单因素方差分析

单因素方差分析是检验一个影响因素对因变量多个水平分组均值之间的差异性。在进行组间比较的同时，如果组间均值具有显著性差异，还要通过多重比较也称事后比较，对若干水平组中的哪些组的均值存在显著性差异。单因素方法分析有其适用性的前提条件：一是样本来源于正态性总体；二是样本方差应为齐性。本书在时间维度和空间维度上，采用单因素方差分析法，对中国马拉松赛事发展动力影响因素、动力要素和综合动力值的差异性进行分析。

第二章 中国马拉松赛事发展时空演化特征

第一节 中国马拉松赛事发展时间演化特征

一、参赛人员特征

1. 女性比例逐年增大

由于马拉松赛事在我国最近几年才得到大规模的发展，因此马拉松参赛者基本信息在最近几年才有详细的统计和记录。其中，北京国际马拉松比赛，办赛时间最长，在国内影响力也最大，代表了中国马拉松赛事的发展水平和发展方向。因此，在对中国马拉松赛事参赛者特征进行分析时，只选取了近四年的北京马拉松比赛参赛者的相关信息进行统计分析。据统计，北京马拉松女性全程完赛比例逐年提升，从2013年的12.0%提高到2015年的17.2%和2016年的16.6%，平均比例为14.4%。这说明：一方面，随着近几年的跑步热，有更多的女性朋友开始跑步，并尝试参加比赛；另一方面，女子选手报名参加北京马拉松被抽中的概率更高，组委会鼓励女性跑者参赛。2015年世界六大满贯马拉松赛事女性全程完赛占比为35%，相比较而言，北京马拉松女性全程完赛比例还非常低。但我们也应该看到我国有越来越多的女性参与到路跑中来。2015中国马拉松报告数据显示，2015年女性群体参与马拉松赛事的比例为33%，而2014年的这一数字为26.5%。2015中国跑者调查报告显示，对来自全国31个省（自治区、直辖市）及港澳台地区的10 263份有效问卷统计分析后发现，男性比例为70.9%，女性则为29.1%，女性的比例大约占 1/3。近几年北京马拉松完赛与性别情况见表 2-1 和表 2-2。这些数据充分说明中国马拉松赛事女性参与的比例越来越大。

2. 完赛率逐年提升

从表 2-1 可以看到，近几年，北京马拉松比赛全程完成人数比例呈逐年递增趋势：从 2013 年的 64.4% 到 2022 年的 97.8%。2018 年世界六大满贯马拉松赛事平均完赛率为 88.3%，数据见表 2-2。从完赛率角度来讲，我国马拉松赛事比世界大满贯马拉松赛事的完赛率更高，这进一步说明，近些年中国马拉松赛事完赛率维持在较高水平上。从全国整体上看，2014 年中国马拉松年会公布的数据显示，2013 年共有 20 549 人报名参加全马，总完赛人数 14 010 人，完赛率为 68.2%；2014 年我国实际参加马拉松全程赛事总人次为 8.9 万，总完赛人次 7.7 万，全国全程马拉松完赛率约为 86.2%；2019 年参加全程马拉松的有 330 万人，完赛人数为 295 万人，完赛率为 89.4%。如果按照实际参加马拉松全程赛事总人次计算，数据还会略高一些。但也可以充分表明，我国的马拉松赛事完赛率呈逐年提升趋势。

表 2-1 近几年北京马拉松完赛与性别情况

	通过起点人数	全程完成人数	完赛率	完赛男性及比例	完赛女性及比例
2013	13 288	8 558	64.4%	7 532（88.0%）	1 026（12.0%）
2014	20 208	15 399	76.2%	13 571（88.1%）	1 828（11.9%）
2015	29 773	26 294	88.2%	21 778（82.8%）	4 516（17.2）
2016	30 302	28 957	95.9%	23 921（82.6%）	5 036（16.6%）
2017	29 700	28 365	95.5%	22 891（80.7%）	5 546（19.3%）
2018	29 115	28 235	96.9%	23 317（82.6%）	4 918（17.4%）
2019	30 031	29 491	98.2%	23 596（80%）	5 895（20%）
2022	15 351	15 011	97.8%	11 813（76.7%）	3 198（21.3%）

表 2-2 2018 年世界马拉松大满贯赛事参赛情况

	通过起点人数	完成全程人数	完赛率	男性及比例	女性及比例
东京马拉松	35 310	34 049	96.4%	26 831（78.8%）	7 218（21.2%）
波士顿马拉松	27 167	26 598	97.9%	14 508（54.5%）	12 090（45.5%）
伦敦马拉松	43 749	37 604	85.9%	23 226（61.8%）	14 378（38.2%）
柏林马拉松	47 492	36 768	77.4%	27 858（75.8%）	8 910（24.2%）
芝加哥马拉松	46 033	37 438	81.3%	20 185（58.1%）	17 253（41.9%）
纽约马拉松	54 375	49 461	90.9%	28 789（58.6%）	20 672（41.4%）

3. 参赛者年轻化

随着越来越多的人参与马拉松这项体育运动，国内马拉松赛事也呈现出了更加年轻化的趋势。目前，我国马拉松赛事跑者中"90后""00后"的占比超过80%，成为赛事主力军。与之对应的是，国内马拉松赛事也在进行着年轻化改革，设置更多适合年轻人参与的项目，不断提升赛事的观赏性和参与度。业内人士指出，马拉松运动是一项较为健康、绿色的体育运动项目，适合长期坚持。随着更多年轻人参与到马拉松运动中来，国内马拉松赛事也呈现出了年轻化的趋势。2019年，中国马拉松赛事中14岁及以下选手的占比为21%。尤其是在2019年，全国共有8个城市举办了16场8岁以下儿童参赛的赛事。而目前中国田协注册的马拉松赛事中，儿童组选手占比最高的为上海国际田径俱乐部挑战赛（一站），该比赛不仅有年龄最小的选手参赛，还有一名8岁的女孩获得了全国冠军。此外，也有不少青少年选手通过业余马拉松比赛获得了不少成绩。

从北京马拉松全程参赛者的年龄特征看，马拉松参赛者的年龄有逐年年轻化的发展趋势。据资料统计，2017年完赛选手平均年龄是42岁，而2018年完赛选手平均年龄为40岁，2019年完赛选手平均年龄为37岁。从这三年的对比可以明显看出趋势变化：2017年40～50岁是主力军，甚至50～60岁的选手也占据极高比例，而到了2018年和2019年参赛选手主要集中在20～30岁和30～40岁这两档上，具体数据见表2-3。分析其中的原因：并不是中老年人跑得少了，而是越来越多的年轻人爱上跑步这项运动，年轻跑者人数涨幅极大，马拉松赛事也从之前的无人问津向一票难求过渡。曾经报了名就可以参赛的时代一去不复返，现在有许多赛事需要排队摇号，由此出现了中国马拉松赛事参赛者年轻化趋势。

表2-3 北京马拉松全程完赛参赛者年龄分布情况

		2017		2018		2019	
		人数	比例	人数	比例	人数	比例
20～30岁	男子	2 141	25.0%	6 241	23.74%	4 966	17.15%
	女子	239	2.7%	1 546	5.88%	1 239	4.28%
30～40岁	男子	1 672	19.5%	8 076	30.71%	9 469	32.70%
	女子	247	2.8%	1 566	5.96%	1 936	6.69%

(续表)

		2017		2018		2019	
		人数	比例	人数	比例	人数	比例
40～50岁	男子	2 222	25.9%	5 367	20.41%	6 886	23.78%
	女子	366	4.2%	1 108	4.21%	1 427	4.93%
50岁以上	男子	1 497	17.5%	2 094	7.96%	2 600	8.98%
	女子	174	2.0%	296	1.13%	389	1.34%

4. 参赛者成绩逐年提高

2019年，中国选手在马拉松项目上的表现亮眼。共有15名中国选手跑进了奥运标准（3小时15分）。2020年中国选手在各项马拉松赛事中共收获了45枚金牌。在半程马拉松项目中，中国选手斩获19枚金牌，在迷你马拉松项目中斩获9枚金牌。这也是自2018年以来，中国选手在该项目上收获的最好成绩。在2021年的东京奥运会的马拉松项目中，中国选手取得了2金2银1铜的成绩。在2021年北京马拉松上，中国选手拿下了男子冠军、女子冠军和男女混合冠军。

对北京马拉松赛事全程参赛者的比赛成绩分析可知。参赛者的比赛成绩逐年提升。2017年主要成绩分布在4～5.5h这个区间，而2018年北马男子选手整体水平提升一大截，虽然4.5～5h人数最多，但3.5～4.5h之间完赛选手大幅增加，与5～6h人数也旗鼓相当，在最新大众跑者等级评定中，3.5～4h的全马成绩已经是高水平的业余跑者了。2019年，男性选手平均完赛时间为4:34:25，女性选手平均完赛成绩为4:58:253。相比2018年的各时间段，2019年北马完赛人数增长最多的集中在4～5h区间，见表2-4。

表2-4 北京马拉松全程完赛参赛者完成时间情况

		2017		2018		2019	
		人数	比例	人数	比例	人数	比例
3.5h以内	男子	1 014	6.58%	1 481	6.08%	1 731	6.36%
	女子	49	0.32%	52	0.21%	53	0.19%
3.5～4h	男子	2 241	14.55%	3 163	12.98%	3 620	13.30%
	女子	169	1.10%	278	1.14%	315	1.16%
4～4.5h	男子	2 897	18.81%	3 989	16.37%	4 880	17.93%
	女子	319	2.07%	571	2.34%	686	2.52%

(续表)

		2017		2018		2019	
		人数	比例	人数	比例	人数	比例
4.5～5h	男子	3 185	20.68%	4 423	18.15%	5 193	19.08%
	女子	481	3.12%	886	3.64%	1 089	4.00%
5～5.5h	男子	2 452	15.92%	3 585	14.71%	4 021	14.77%
	女子	438	2.84%	948	3.89%	1 141	4.19%
5.5～6h	男子	1 782	11.57%	3 725	15.29%	3 274	12.03%
	女子	372	2.42%	1 262	5.18%	1 215	4.46%

二、赛事类型特征

随着中国马拉松赛事数量和规模的发展，马拉松赛事类型也从单一化向多样化方向发展。按照赛事距离，马拉松赛事除了传统的全程马拉松、半马以及四分马之外，还在此基础上衍生出多种距离类型的路跑项目，如5千米、50千米、100千米、200千米、不等距离接力跑等马拉松赛事。按照赛事场地，中国马拉松赛事在萌芽期、初建期和巩固期，都是以城市公路马拉松为主。而到了发展期和激增期，除了传统上的城市公路马拉松外，又衍生出众多创新式的马拉松赛事类型，如山地马拉松、水体马拉松、古镇马拉松、草原马拉松、沙漠马拉松等类型的马拉松赛事，这些马拉松赛事多以地形特色为主，极大地展现出我国地貌多样、风景秀丽的特点。按照参赛形式，中国马拉松赛事在萌芽期、初建期、巩固期和发展期都是以单人参赛的形式为主，而到了赛事发展的激增期，随着越来越多的人参与到马拉松这个项目，比赛的参与形式也变得更多，变得越来越人性化，出现了团队跑、接力跑、家庭跑、亲子跑、情侣跑，以及轮椅跑这种专门针对残疾人的项目。为了传递全民健康理念助力大众运动发展，马拉松赛事设有公益跑项目，南京马拉松把公益与亲子跑相结合，意在打造具有公益色彩的体育赛事。此外，马拉松赛事还会以不同主题来进行，有针对节日举办的，如东莞桥头母亲节马拉松；有节气马拉松赛，如2023年5月槐荫黄河生态半程马拉松就是首个以二十四节气为主题的马拉松赛；还有以城市特色为主题的马拉松赛，如成都双遗马拉松等。

马拉松赛事分为竞技性和大众娱乐性两种比赛性质,大众娱乐性使得比赛更贴近普通民众,这也从另一方面反映了每年参赛人数剧增的原因。富有当地特色的赛事类型和不同的参赛项目的出现显示出其娱乐性、社交性和经济性,参与者可以在马拉松赛事的比赛过程中感受到乐趣,举办方也能在其中获利。长此以往,马拉松赛事与参与者、举办者形成非常高的黏性,这种对马拉松赛事的执着和黏性就赛事本身而言,是赛事持续举办的流量保证,也能吸引更多、更广泛的人群参与到马拉松赛事中来,从而提高马拉松赛事的影响力。

马拉松赛事设置线下和线上两种参赛方式,受新冠疫情的影响,近几年线上马拉松快速发展,提升了马拉松赛事参赛者的参与热情。线上马拉松赛是指通过网络平台举办的马拉松赛事,赛事当天参赛者按照赛事组委会的要求,在任何时间、任何地点,通过指定运动 App 完成相应的里程数,即可获得完赛奖牌和电子成绩证书。中国首场线上马拉松赛事是在 2015 年 1 月由厦门马拉松组委会和悦跑圈 App 联合推出的"线上厦门马拉松"活动,开创了线上马拉松赛事的先河。线上、线下共有 4.5 万人共同参与此次活动,成功地打破参赛地域、参赛名额的限制,线上马拉松参赛时间更加自由,国家体育总局发布的《马拉松运动产业发展规划》鼓励开发马拉松＋互联网产业,打造线上、线下马拉松良性互动和协同发展,形成新生态圈。于是越来越多的 App,如虎扑、乐动力等均设置了线上马拉松赛事。线上马拉松都是新时代互联网高度发达的产物,正处在发展初期的它并不被大众所熟知,直到 2020 年新冠疫情暴发,各行各业都受到了冲击,马拉松赛事也没能例外,中国田径协会规定包括马拉松在内的所有群众性赛事取消、延期或异地抉择,并禁止在 4 月 30 日之前举办各项马拉松赛事,最大限度遏制感染风险,再加上疫情的反复性和复杂性,该年被波及导致无法如期举行的各类跑步赛事减少 200 场以上,2020 年仅举办了 209 场马拉松赛事。单从数据上就能看出疫情对 2020 年中国线下马拉松赛事的影响巨大,众多跑者无马拉松可跑,就在这时线上马拉松赛事迎来了它的发展机遇,2020 年 10 月由中国田协主办,推出的"跑遍中国"系列线上马拉松赛事活动,吸引了全国跑步爱好者的热情参与,进一步扩大了线上马拉松赛事的影响力。针对线上马拉松赛事中国田协相继出台了《关于开展线上马拉松等跑步活动的指导意见》，并修订完善了《中国马拉松及相关运动办赛指南》《中国马拉松及相关运动参赛指南》，给线上马拉松赛事的运行带来更严谨、科学的一系列指导与保障。线上马拉松赛事发展起来便是一发不可阻挡，没有了地域和人数的限制，时间也相对自由很多，咕咚 App 在 2020 年举办了 158 场线上马拉松赛事，参与人数累计达 3 700 万人次，超过往年线下马拉松最高人次近十倍，由此可见在疫情的冲击下，众多跑步爱好者对马拉松的热爱只增不减；2021 年举办了 199 场线上赛事，平均每场高达 21 万人次参与；2022 年举办了线下马拉松 207 场，累计 3 100 多万人次参与。除了这些，各大 App 还有许多形式的路跑活动，如节日跑、生肖跑、朝代跑等，以及跟各种动漫联名出的跑步活动，完成后还可以获得实物奖励，这些花样丰富的活动也更加吸引人们的注意，深受广大群众的喜爱。

马拉松赛事不等距离的设置，赛事类型、比赛性质、参赛形式和参赛方式的多样化发展特征，为全民健身事业的发展和大众参与体育锻炼提供了良性平台。因此，马拉松赛事的受众覆盖范围更广泛，可以为不同的参赛主体提供多样化的赛事类型，不断激发广大群众积极参加马拉松赛事的热情，提高人们的全民健身意识。同时，马拉松赛事为普通群众和业余马拉松爱好者与职业马拉松运动员同场竞技提供了场所。此外，这些极富特色马拉松赛事类型的出现凸显了马拉松赛事的娱乐性和社交属性，马拉松赛事内容表现形式更多样化和趣味化，参与者能够在马拉松赛事的过程中感受参与感，带来参与乐趣。长此以往，马拉松赛事参与者对马拉松赛事的执着和黏性就成为赛事持续举办的流量保证；同时培育民众健康生活方式和生活理念，给由马拉松赛事黏性所带来的周边相关产业的发展带来积极影响。

三、赛事数量特征

我国开展马拉松赛事起步较晚，普及程度也比较低，国内马拉松赛事的开展是在改革开放以后。1981 年的北京马拉松赛是国际田联准许后由中国田协举办的我国首届城市马拉松赛事，那时参赛人数屈指可数，只有来自 12 个国家的 75 名运动员参赛，并且没有女子项目。初创时的北京国际马拉松赛还显得颇为稚嫩，但它开创了我国城市马拉松赛事的先河，推进了中国马拉松运动的兴起。而在希腊的马拉松博物馆里，北京马拉松正以"最年轻的国际马拉松赛"的身份，与最古老的波士顿马拉松遥相辉映。在北京马拉松举办随后的十几年间，我国一些城市也开始孕育马拉松赛事的火种，并呈萌芽之势，零散地举行了几场马拉松赛事，如1982年的天津马拉松赛，1987年的杭州国际马拉松和大连国际马拉松等。在此时期的马拉松比赛均以竞技运动员参赛为主，也有少量的业余马拉松爱好者参加比赛，且均为男子选手参加比赛。近十年来，马拉松作为中国体育赛事中的焦点赛事，如雨后春笋般涌现，发展比较快速的，如厦门马拉松、广州马拉松、扬州马拉松等。通过对中国田径协会和中国马拉松官网公布的马拉松赛事数量，以及对各马拉松赛事网站上公布的数据进行统计整理分析，总结出中国马拉松赛事举办数量发展具有以下几个特征。

1. 举办数量的阶段性特征

从1981年第一届北京马拉松赛开始，一直到2019年，中国马拉松赛事经历了39年的发展历程。近十年来，马拉松作为中国体育赛事中的焦点赛事，如雨后春笋般涌现，对中国田径协会和中国马拉松官网公布的马拉松赛事数量，以及对各马拉松赛事网站上公布的数据进行整理分析可以看出，我国的马拉松赛事从最初的每年零星几场，缓慢发展到几场，再逐渐发展到十几场甚至几十场，一直发展到目前的几百场，尤其是最近几年，我国的马拉松赛事数量大规模的增长。本书通过对近几年马拉松数据整理得出，2010年马拉松赛事举办了29场，2011年马拉松赛事举办了32场，2012年马拉松赛事举办了34场，2013年马拉松赛事举办了51场，2014年马拉松赛事举办了53场，2015年马拉松赛事举办了114场，2016年马拉松赛事举办了323场，2017年马拉松赛事举办了1 102场，2018年马拉松赛事举办了1 581场，2019年举办马拉松赛事1 828场，具体数据见表2-5。马拉松赛事举办规模不断扩大，将会为群众体育、竞技体育和体育产业，甚至是区域经济的快速发展起正向作用，也会加快实现国家制定的体育产业发展目标。

表 2-5　中国马拉松赛事举办数量发展状况

年份	场次	年份	场次	年份	场次	年份	场次
1981	1	1991	3	2001	6	2011	32
1982	2	1992	3	2002	6	2012	34
1983	1	1993	4	2003	8	2013	51
1984	1	1994	4	2004	8	2014	53
1985	1	1995	4	2005	8	2015	114
1986	1	1996	5	2006	12	2016	323
1987	3	1997	5	2007	14	2017	1 102
1988	3	1998	5	2008	19	2018	1 581
1989	3	1999	6	2009	21	2019	1 828
1990	3	2000	6	2010	29	—	—

本书运用百分位数法，对 1981—2019 年马拉松赛事举办数量作等级评价，用 4 个百分位数（P20、P40、P60、P80）将所有举办数量数据划分 5 个等级，求出各等级临界值，并确定等级范围，具体计算结果见表 2-6。根据计算的等级范围，确定了中国马拉松赛事经历 39 年的发展所确定的发展阶段、发展年限和发展时间。从表 2-6 可以清晰地看到中国马拉松赛事发展经历了 5 个发展阶段：第一阶段为萌芽期（1981—1986 年）；第二阶段为初建期（1987—1995 年）；第三阶段为巩固期（1996—2002 年）；第四阶段为发展期（2003—2009 年）；第五阶段为激增期（2010—2019 年）。因此，可以看出中国马拉松赛事经历 39 年的发展历程，其举办数量出现了显著性的阶段性特征。每个发展阶段的时间跨度为 6~10 年，其中萌芽期为 6 年，初建期为 9 年，激增期为 10 年，其他阶段均为 7 年。

表 2-6　中国马拉松赛事数量等级评价标准与发展阶段

数量等级	理论百分数	百分位数区间	评价等级	发展阶段	发展年限	发展时间
极少	20%	P20 以下	3 以下	萌芽期	1981—1986	6 年
较少	20%	P20~P40	3~4	初建期	1987—1995	9 年
适中	20%	P40~P60	4~6.4	巩固期	1996—2002	7 年
较多	20%	P60~P80	6.4~25.8	发展期	2003—2009	7 年
极多	20%	P80 以上	25.8 以上	激增期	2010—2019	10 年

2. 举办数量的渐变性特征

中国马拉松赛事举办数量呈现 5 个阶段，统计我国 31 个省（自治区、直辖市）在每个发展阶段上举办马拉松的数量结果，见表 2-7。将 5 个阶段马拉松赛事在不同省（自治区、直辖市）分布数量进行单因素方差分析，方差分析结果表明，$F=43.14$，$Sig=0.00<0.01$，说明，中国马拉松赛事举办数量在 5 个阶段具有显著性差异，进行多重比较表明，萌芽期—初建期—巩固期—发展期，每两组之间均不存在显著性差异（$Sig>0.05$），说明四组数据处于同一个水平上，具体结果见表 2-8 和表 2-9。结合描述性分析结果又可知，马拉松赛事数量在萌芽期的均值为 0.226；在初建期的均值为 0.97；在巩固期的均值为 1.25；在发展期的均值为 1.94，从数据可以看到，在这 4 个阶段马拉松赛事数量呈缓慢上升趋势，呈现渐变性发展特征。即使在马拉松赛事发展第五个阶段（激增期）的前 5 年，2010 年 29 场、2011 年 32 场、2012 年 34 场、2013 年 51 场、2014 年 53 场，亦表现出缓慢上升趋势，马拉松赛事数量亦呈渐变性发展特征。

表 2-7 各省（自治区、直辖市）马拉松赛事数量在不同阶段的分布情况（场）

地区	一	二	三	四	五	地区	一	二	三	四	五
北京	6	9	7	8	203	湖南	0	0	0	1	147
天津	1	0	4	7	183	广东	0	0	0	1	162
河北	0	0	0	0	198	广西	0	0	0	4	126
山西	0	0	0	0	136	海南	0	0	0	6	162
内蒙古	0	0	0	2	162	四川	0	0	0	0	120
辽宁	0	9	7	11	178	贵州	0	0	0	6	162
吉林	0	0	0	0	211	云南	0	0	0	0	113
黑龙江	0	0	0	0	213	西藏	0	0	0	1	86
上海	0	0	7	7	229	重庆	0	0	0	0	119
江苏	0	0	0	4	259	陕西	0	3	7	7	147
浙江	0	9	7	7	214	甘肃	0	0	0	0	103
安徽	0	0	0	0	317	青海	0	0	0	0	102
福建	0	0	0	9	164	宁夏	0	0	0	0	123
江西	0	0	0	0	187	新疆	0	0	0	0	63
山东	0	0	0	4	201	累计	7	30	39	90	5 147
河南	0	0	0	4	195	合计			5 313		
湖北	0	0	0	1	162						

注："一"代表萌芽期；"二"代表初建期；"三"代表巩固期；"四"代表发展期；"五"代表激增期；其中激增期限于数据，统计年限为 2010—2016 年。

表2-8 中国马拉松赛事数量描述统计与方差分析结果（$M±S$）

萌芽期	初建期	巩固期	发展期	激增期	F	Sig
0.226±1.08	0.97±2.73	1.25±2.65	1.94±1.86	514.7±709	43.14	0.00

表2-9 中国马拉松赛事数量在不同发展阶段多重比较结果（Sig）

	萌芽期	初建期	巩固期	发展期	激增期
萌芽期		0.690	0.57	0.152	0.000
初建期	0.690		0.876	0.299	0.000
巩固期	0.579	0.876		0.378	0.000
发展期	0.152	0.299	0.378		0.000
激增期	0.000	0.000	0.000	0.000	

3. 举办数量的突变性特征

从表2-9中国马拉松赛事数量在不同发展阶段多重比较结果可以看到，中国马拉松赛事发展的激增期与其他4个时期的马拉松赛事举办数量均存在显著性差异（Sig<0.01），从表2-8描述性统计分析可以看出，马拉松赛事举办数量在萌芽期的均值为0.226，在初建期的均值为0.97，在巩固期的均值为1.25，在发展期的均值为1.94，而在激增期的均值为514.7。激增期马拉松赛事的数量的平均值显著高于其他4个时期马拉松赛事举办数量的平均值。从以上分析可以得出，我国马拉松赛事举办数量到第五个阶段（激增期），出现了显著的突变性特征。我国马拉松赛事举办数量的突变性特征与我国的社会发展大背景有关，近些年，我国经济增长趋势缓慢，第一产业和第二产业经济发展动力也放缓，在此背景下国务院在2014年10月，印发46号文件《关于加快发展体育产业促进体育消费的若干意见》，从多方面明确指出，将把全民健身上升为国家战略。在2015年年初，国家体育总局全面取消对马拉松赛事的审批，鼓励并动员社会各界力量共同推进中国马拉松赛事的发展。2016年10月国务院印发了《"健康中国2030"规划纲要》，纲要的推出对于推进健康中国建设、提高人民健康水平、落实党的十八届五中全会战略部署具有重要的指导意义。2021年8月，国务院印发《全民健身计划（2021—2025年）计划纲要》，指出全社会要从多方面支持并实施全民健身发展计划。这些国家

政策的出台，对于积极促进群众性体育赛事的开展具有重要的促进作用，要通过举办群众性体育赛事，促进全民健身事业的蓬勃发展，不断提高人民健康水平和身体素质。在这一大背景下，马拉松赛事作为黄金赛事项目正得到前所未有的重视，正进入火爆异常的"马拉松周期"的马拉松赛事，注定会出现井喷式的增长。

通过以上分析可知，中国马拉松赛事举办数量大规模增加，从1981年的1场赛事，发展到2019年的1 828场赛事，这个发展可以划分为萌芽期、初建期、巩固期、发展期和激增期5个阶段，同时表现出渐变性和突变性的发展特征。即便如此，目前我国的马拉松赛事举办数量还是十分不足。资料显示，经济总量GDP排名世界前十的国家和马拉松举办场次基本是相对应的。超级体育强国美国是世界经济总量第一的国家。根据美国《跑者》杂志统计，美国拥有3亿人口，2014年全美总共举办1 100多场马拉松赛事，完赛人次高达55万。日本是世界经济总量第三的国家，人口大约1亿，在2014年也举办了500多场马拉松赛事。欧洲国家中德国最多，一年举办了700多场马拉松赛事，法国和英国也都举办500场以上。国内市场上，马拉松比赛数量的供给还十分不足，增长空间巨大。2014年中国共举办马拉松赛事53场；2015年中国共举办马拉松赛事114场；2016年共举办马拉松赛事323场，2015年和2016年的场次中还包含一定数量的路跑赛事。假设中国市场的马拉松赛事容纳数量为美国的二分之一即550场，相比于2016年的规模市场仍然拥有2倍的增长空间，中国人口数量庞大，城市众多，应该说在未来还有很大的发展空间。2017年国家体育总局印发《支持社会力量举办马拉松、自行车等大型群众性体育赛事行动方案（2017年）》后，中国马拉松赛事得到喷井式发展，2017年在中国田协登记注册的赛事场数达1 102场，参赛人次达498万人；而2018年全国马拉松跑赛事总数达到1 581场，参赛人数接近600万人，2019年举办了1 828场，覆盖了我国31个省（自治区、直辖市），参加人次达712万。这段时期马拉松已成为耳熟能详的大众化运动项目，中国全民马拉松跑的热情空前高涨。

2020年，突如其来的新冠疫情，给我们打了一个措手不及，所有产业都受到了冲击，马拉松赛事一度停滞，2020年和2021年"北马"因疫情取消，除此之外取消的大小赛事比比皆是，尽管如此，据不完全统计，我国2020年还是举办了209场马拉松赛事；2021年新冠疫情的反复让马拉松赛事十分波折，同年马拉松赛事举办了178场，次年188场。直至2023年全面放开，受到疫情影响而停滞的这三年，群众热情依然不减，2023年3月公布的《2023中国田径协会路跑工作报告》指出，上半年已备案的赛事达133场，中国路跑赛事开始回暖。

四、参赛规模特征

1. 参赛规模发展状况

中国马拉松赛事发展的40余年间，其参赛规模与赛事数量的发展相伴而生，随着赛事数量持续高速增长，参赛规模也有显著提高。从1981年的第一届北京马拉松赛事的75名运动员，发展到2016年的280万人次的参赛规模，2018年全国马拉松及相关赛事总参赛规模为583万人次，2019年全国马拉松及相关赛事总参赛规模为713万人次。参赛人次的不断壮大见证了中国马拉松赛事的发展，同时也见证了我国社会经济、体育产业、群众体育和竞技体育的飞速发展。通过统计分析，中国马拉松赛事参赛规模的变化与赛事数量的变化特征是一致的，均有阶段性、渐进性和突变性。

将1981—2019年中国马拉松参赛规模进行统计分析，数据见表2-10。将参赛规模数据运用百分位数法（P20、P40、P26、P8）划分为5个阶段，相对应的百分位数为P20=1.3、P40=1.68、P60=3.62、P80=34.2，能够清晰地将参赛规模划分出与举办数量完全一致的发展阶段，即第一阶段为萌芽期（1981—1986年）；第二阶段为初建期（1987—1995年）；第三阶段为巩固期（1996—2002年）；第四阶段为发展期（2003—2009年）；第五阶段为激增期（2010—2019年）。因此，可以得出中国马拉松赛事经历39年的发展历程，其参数规模出现了显著的阶段性特征。对中国马拉松赛事参赛规模的不同发展阶段进行方差分析，结果见表2-11，从中可以看出，不同发展时期的参赛人数具有显著性差异（$p<0.01$），因此，将1981—2019年中国马拉松赛事参赛

规模划分为上述 5 个时期具有显著的统计学意义。

表2-10　中国马拉松赛事参数规模发展状况

年份	规模/万人次	年份	规模/万人次	年份	规模/万人次	年份	规模/万人次
1981	0.007 5	1991	1.3	2001	3.1	2011	43
1982	0.018 9	1992	1.3	2002	3.2	2012	50
1983	0.025 4	1993	1.6	2003	5.5	2013	75
1984	0.005 9	1994	1.55	2004	5.3	2014	90
1985	0.005 4	1995	1.7	2005	5.7	2015	130
1986	0.011	1996	2.5	2006	13	2016	280
1987	1.3	1997	2.4	2007	16	2017	500
1988	1.4	1998	2.6	2008	25	2018	583
1989	1.3	1999	3	2009	27	2019	713
1990	1.5	2000	3.2	2010	39	—	—

表2-11　中国马拉松赛事参数规模描述统计与方差分析结果（$M±S$）

萌芽期	初建期	巩固期	发展期	激增期	F	Sig
0.012±.008	1.43±.153	2.85±.345	13.92±9.23	101.00±85.13	9.39	0.00

2. 参赛规模呈现渐变性特征

将中国马拉松赛事参赛规模量统计数据进行单因素方差分析，结果表明，参赛规模的萌芽期—初建期—巩固期—发展期，每两组之间均不存在显著性差异（Sig>0.05），说明 4 组数据处于同一个水平，从均值可以看到每个时期的参赛人次的均值呈现递增趋势，中国马拉松赛事参赛规模在这 4 个时期表现为渐变性特征。造成这一特征的主要原因在于，这几个时期的马拉松赛事主要是以专业运动员参与为主，参加马拉松赛事的专业运动员每年都会有所增加，但增加的幅度有限，这几个时期的群众体育事业才刚刚起步，全民健身还未受到足够的重视，普通群众参与马拉松赛事的意识不强，而且马拉松赛事对普通群众的开放程度有限。因此，在这 4 个时期中国马拉松赛事参赛规模出现了渐变性特征。

3. 参赛规模呈现突变性特征

从方差分析的多重比较还可以得出，在激增期的参赛规模与其他 4 个时期的参赛规模的表现具有显著性差异（Sig>0.05），说明在中国马拉松赛事参赛规模的激增期出现了显著的突变性特征。这表明在这一阶段随着马拉松数量的增加和全民健身工程的不断推进，参与马拉松比赛的群众越来越多。从具体参赛数据看，从 2010 年的 39 万人次，增加到 2014 年的 90 万人次，马拉松参赛人次呈平稳激增趋势。2015、2016 年相比 2014 年参赛人数增幅非常大，2015 年有 130 万人次，到了 2016 年为 280 万人次；2019 年有 713 万人次参赛。

第二节 中国马拉松赛事发展空间演化特征

一、区域覆盖特征

对我国 31 个省（自治区、直辖市）举办的马拉松赛事统计整理，数据见前文表 2-7，将我国 31 个省（自治区、直辖市）划分。东北区由三省组成，即黑龙江、吉林和辽宁；华北区由二市二省一区组成，即北京、天津、河北、山西和内蒙古；华东区由六省一市组成，即上海、山东、江苏、浙江、安徽、福建和江西；中南区由五省一区组成，即河南、湖北、湖南、广东和海南和广西；西南区由三省一市一区组成，即四川、云南、贵州、重庆和西藏；西北区三省二区组成，即陕西、甘肃、青海、宁夏和新疆[①]。按照前文将中国马拉松赛事发展划分的 5 个阶段，分析不同阶段马拉松赛事在我国各个区域上的分布情况，具体数据见表 2-12。

在萌芽期（1981—1986 年），我国一共举办了 7 场马拉松赛事。按区域分布看，这 7 场赛事全部分布在华北区，其中北京连续举办了 6 场，1982 年天津举办了 1 场，之后停办。按举办省份看，举办省份数占我国 31 个省（自治区、直辖市）的 6.45%。可见，在这一时期马拉松赛事作为一种新鲜的事物未被社会所关注，举办马拉松赛事的城市非常稀少。但是我们也看

---

① 中国地理区域按照不同的划分标准可划分为 7 个区域或 6 个区域，本书采用了 6 个区域的划分标准。

到了中国马拉松赛事发展萌芽的种子，为马拉松赛事的发展提供了丰厚的土壤。

在初建期（1987—1995年），随着北京国际马拉松赛事的影响不断扩大，大连、杭州和西安也相继举办马拉松赛事。在这一时期，中国马拉松赛事累计举办了30场。按区域分布看，东北区、华北区和华东区均举办了9场赛事，西北区举办了3场赛事。按举办省份看，举办省份数上升到4个，占我国31个省（自治区、直辖市）的12.90%，比萌芽期提高了6.4%。可见，在这一时期中国马拉松赛事逐渐被社会所了解，虽然举办赛事的省份数量还相对较少，但这一时期马拉松赛事的数量与规模已初步建立起来。

在巩固期（1996—2002年），我国马拉松赛事的举办数量又得到了一定增长，在这一时期，我国创办了上海国际马拉松赛和天津黄崖关长城马拉松赛，并累计举办了39场马拉松赛事。按区域分布看，其中东北区、华北区和华东区分别举办了7场、11场和14场赛事，西北区举办了7场赛事。按举办省份看，举办省份数上升到6个，占我国31个省（自治区、直辖市）的19.35%，比初建期提高了6.45%。可见，在这一时期马拉松赛事的举办数量得到了进一步增长，为后续马拉松赛事的快速发展奠定了良好的环境。

在发展期（2003—2009年），随着马拉松赛事的社会价值被社会广泛认可，广大群众积极参与到马拉松赛事运动中，马拉松赛事得到了迅猛的发展，累计举办了90场马拉松赛事。按区域分布看，全国六大区域全部举办了马拉松赛事，其中东北区、华北区、华东区、中南区、西南区、西北区分别举办了11场、17场、31场、17场、7场、7场。按举办省份看，先后有12个省份创办了马拉松赛事，马拉松赛事举办省份达到了18个，占我国31个省（自治区、直辖市）的58.06%，比巩固期提高了38.71%。可见马拉松赛事在这一时期从无到有，从乏人问津到多城竞逐，再到竞技藩篱的跨越，与我国改革开放的进程相伴而生，见证了社会的发展，折射了我国体育事业的长足进步。

在激增期（2010—2019年）这整个10年间，中国马拉松赛事数量出现了爆发式的增长，累计举办马拉松赛事5 147场。按区域分布看，全国六大区域全部举办了马拉松赛事，其中东北区、华北区、华东区、中南区、西南区、西北区分别举办了 602 场、882 场、1 571 场、954 场、600 场、538 场，见表 2-12。由此可见，激增期马拉松赛事增加数量在六大区域的排序从多到少依次为华东区、中南区、华北区、东北区、西南区、西北区。在中国马拉松赛事发展的不同时期，按区域分布看，举办赛事的区域从萌芽期的 1 个区域（华北区）、初建期和巩固期的 4 个区域（东北区、华北区、华东区、西北区），逐渐覆盖到发展期和激增期的全部 6 个区域。其中，赛事数量增长较快的区域为华东区、华北区、中南区、东北区和西南区，而西北区的马拉松赛事数量增长相对较慢。按省份分布看，举办赛事的省份从萌芽期的 2 个、初建期的 4 个、巩固期的 6 个、发展期的 12 个，最后增加到 2019 年的 31 个，覆盖了我国 31 个省（自治区、直辖市）。

表 2-12　不同时期中国马拉松赛事区域分布情况（场）

区域	萌芽期	初建期	巩固期	发展期	激增期	合计
东北区	0	9	7	11	602	629
华北区	7	9	11	17	882	926
华东区	0	9	14	31	1 571	1 625
中南区	0	0	0	17	954	971
西南区	0	0	0	7	600	607
西北区	0	3	7	7	538	555

注：其中激增期限于数据，统计年限为 2010—2019 年。

二、区域集聚特征

前文表 2-7 和表 2-12 中数据是中国马拉松赛事发展的各个时期在不同地区的分布数量情况，对这些数据运用公式 NICH（相对发展率）指数计算，得到全时期（萌芽期、初建期、发展期、巩固期和激增期）中国马拉松赛事发展水平的 NICH 指数，见表 2-13。同时运用 ArcGis 10.0 软件分别对各个时期（包括全时期 NICH 指数）中国马拉松赛事发展的全局空间自相关指数 Moran's I 进行统计分析，得出结果，见表 2-14。

表 2-13 我国各省（自治区、直辖市）马拉松赛事相对发展率

地区	相对发展率	地区	相对发展率	地区	相对发展率	地区	相对发展率
北京	0.075	上海	0.046	湖北	0.021	西藏	0.008
天津	0.013	江苏	0.094	湖南	0.021	重庆	0.017
河北	0.057	浙江	0.062	广东	0.065	陕西	0.021
山西	0.017	安徽	0.027	广西	0.014	甘肃	0.021
内蒙古	0.024	福建	0.052	海南	0.029	青海	0.002
辽宁	0.059	江西	0.011	四川	0.03	宁夏	0.009
吉林	0.017	山东	0.079	贵州	0.035	新疆	0.002
黑龙江	0.021	河南	0.024	云南	0.027	—	—

表 2-14 马拉松赛事全局空间自相关系数

指标	萌芽期	初建期	巩固期	发展期	激增期	全时期（NICH 指数）
Moran's I	0.012	−0.014	−0.050	−0.108	0.142	0.156
Variance	0.002	0.005	0.005 6	0.006	0.006	0.006
Z-Score	2.140	−0.261	−0.232	1.068	2.327	2.513
p-value	0.045	0.793 8	0.817	0.285	0.019	0.012

在萌芽期，马拉松赛事发展全局空间自相关 Moran's I 指数为 0.012，而且 Z 值为 2.140，在 0.05 水平上具有显著性，这一现象说明中国马拉松赛事演化格局在萌芽期存在低度空间正自相关，空间相关的态势并不明显，呈现较低的空间集聚态势。该时期马拉松赛事发展在空间上表现为马拉松赛事举办数量较多的地区，其周边的马拉松赛事也较多。从该时期赛事数量分布看，这一时期只有北京和天津一共举办了 7 场马拉松赛事，正处于萌芽阶段，而其他地区没有举办马拉松赛事，由于北京和天津是相邻的两个直辖市，因此，在马拉松赛事发展的萌芽期，表现为低度全局空间自相关，呈现较低的空间集聚态势。

在初建期，马拉松赛事发展全局空间自相关 Moran's I 指数为 −0.014，而且 Z 值为 −0.261，且不具有显著性，这一现象说明，该时期中国马拉松赛事发展存在低度空间负自相关，马拉松赛事趋于分散分布，不具有空间集聚态势。具体来讲，就是在初建期中国马拉松赛事在各省份分布比较分散，与这些省份相邻的其他省份没有举办马拉松赛事，从赛事分布来看，在该时期我国共举办了 30 场马拉松赛事，这些赛事的举办地区为北京、辽宁、浙江和陕

西,从地理位置上看,这几个省(直辖市)分布独立。与北京和辽宁紧邻的河北等省份,与陕西紧邻的山西、河南等省份,与浙江紧邻的安徽、江苏、福建等省份均未举办马拉松赛事,说明在初建期马拉松赛事的发展还未对周边地区起到带动和辐射的作用。马拉松赛事的发展演化格局没有固定的规律可言,随机性和跳跃性成为这一时期的主要特征。

在巩固期,马拉松赛事发展全局空间自相关 Moran's I 指数为 -0.050,而且 Z 值为 -0.232,且不具有显著性,这一现象说明,该时期中国马拉松赛事发展存在低度空间负自相关,马拉松赛事趋于分散分布,不具有空间集聚态势。在该时期全国一共举办了 39 场马拉松赛事,分布在北京、天津、辽宁、上海、浙江和山西,可以看到这一时期的全局空间自相关 Moran's I 指数绝对值比初建期略有提升,说明马拉松赛事举办的省份分散程度小于初建期的分散程度,具体表现为,在这一时期天津举办了 7 场马拉松赛事,北京举办了 8 场马拉松赛,但是从总体上还没有出现空间集聚态势。马拉松赛事的发展演化格局依然没有固定的规律可言,随机性和跳跃性也是这一时期的主要特征。

在发展期,马拉松赛事发展全局空间自相关 Moran's I 指数为 -0.108,Z 值为 1.068,不具有显著性,这一现象说明,该时期中国马拉松赛事发展存在低度空间负自相关,马拉松赛事趋于集中分布,并且出现了一定的空间集聚态势。具体表现为,在这一时期共有北京、天津、内蒙古、辽宁、上海、江苏、浙江、福建、山东、河南、湖北、陕西、西藏、湖南、广东、广西、贵州、海南 17 个省(自治区、直辖市)累计举办了 90 场马拉松赛事,而且很多举办马拉松赛事的省份相邻,也说明了在这一时期中国马拉松赛事的发展初具了一定的发展规模,举办省份对其他省份的带动和辐射作用日益彰显。

在激增期,马拉松赛事发展全局空间自相关 Moran's I 指数为 0.142,而且 Z 值为 2.327,低度空间正自相关在 0.05 水平上具有显著性,这一现象说明在这一时期中国马拉松赛事演化格局存在低度空间正自相关,Moran's I 指数和 Z 值比以往其他 4 个时期都要高,说明这一时间比其他 4 个时期的空间集聚态势都要高。具体来看,在这一时期我国 31 个省(自治区、直辖市)均举办了马拉松赛事,覆盖了我国大陆的所有地区,但临近地区的马拉松赛事数量自相关指数相对较低，虽然出现了一定的集聚态特征，但从 Moran's I 指数和 Z 值的绝对值可以看到，这一时期的马拉松赛事演化格局的集聚态势还比较低。

在全时期（萌芽期、初建期、发展期、巩固期和激增期），对中国马拉松赛事发展情况采用相对发展指数 NICH 进行测量，马拉松赛事 NICH 指数能够很好地反映某个省份马拉松赛事从萌芽期到激增期的相对发展情况。全时期马拉松赛事 NICH 指数全局空间自相关 Moran's I 指数为 0.156，而且 Z 值为 2.513，在 0.05 水平上具有显著性。这一现象说明在全时期马拉松赛事相对发展指数存在低度空间正自相关，虽然 Moran's I 全局空间自相关系数相对较高，但绝对值还依然处于较低水平，集聚态势也处于较低水平。在国家大力提倡区域性体育产业协同发展的大背景下，区域马拉松赛事协同发展问题以及如何提高区域马拉松赛事的集聚态势，将在社会上成为众多学者广受关注的焦点问题。

从以上分析可以看出，中国马拉松赛事在发展的萌芽期由于举办赛事的 2 个省份相邻，存在低度空间正自相关，呈现较低的空间集聚态势。在初建期和巩固期，由于举办马拉松赛事的省份较少，而且彼此独立，不相邻，因此这两个时期存在低度空间负自相关，没有呈现空间集聚态势。在发展期，由于举办马拉松赛事的省份逐渐增多，举办马拉松赛事的省份开始成片分布，存在低度空间负自相关，且具有空间集聚态势。在赛事发展的激增期，由于举办马拉松赛事省份呈规模式发展，虽然全局空间自相关 Moran's I 指数为 0.142，而且 Z 值为 2.327，都比以往时期要高，但是赛事分布格局依然呈低度空间正自相关，集聚态势依然处于较低水平。在整体上呈现"低集聚—不集聚—低集聚"的发展态势。全时期马拉松赛事发展指数（NICH）在空间格局上与激增期基本一致，处于低度空间正自相关和较低的集聚水平。即便如此，我们也可以清晰地看到，中国马拉松赛事从萌芽期的数量少、低集聚态势，发展到激增期的数量爆发，覆盖全国所有区域低集聚态势的局面，中国马拉松赛事及路跑运动已经进入一个稳步发展的重要时期，在推动全民健身中发挥了重要作用。

三、区域热点特征

为了考察中国马拉松赛事空间格局热点区的变动情况，本书把每个时期作为独立的阶段，采用百分位数法，使用相同的划分标准（P20、P40、P60、P80）对各时期马拉松赛事发展数量和全时期的发展指数（NICH）在不同省份的分布情况从高到低划分为 5 个热点区域，即高热点区、中高热点区、中热点区、中低热点区、低热点区，由此获得了各时期和全时期发展指数（NICH）的马拉松赛事发展的空间格局演化态势并对各时期（包括全时期）马拉松赛事发展进行统计分析，得到各热点区在不同时期马拉松举办省份的分布情况，见表 2-15 和表 2-16。

表 2-15 马拉松赛事热点区在不同时期的分布情况

区域	萌芽期	初建期	巩固期	发展期	激增期
高热点区	北京	北京、辽宁、浙江	北京、辽宁、上海、陕西、浙江	北京、天津、上海、辽宁、浙江、福建、陕西	北京、辽宁、浙江、广东、河北、江苏、山东
中高热点区	天津	陕西	天津	广西、贵州、海南、河南、江苏、山东	上海、海南、贵州、福建、安徽、四川、云南
中热点区	无	无	无	广东、湖北、湖南、内蒙古、西藏	黑龙江、河南、甘肃、湖北、湖南、内蒙古、陕西
中低热点区	无	无	无	无	重庆、广西、吉林、天津、山西
低热点区	无	无	无	无	江西、宁夏、青海、新疆、西藏

表 2-16 马拉松赛事热点区在全时期相对发展指数的分布情况

高热点区	中高热点区	中热点区	中低热点区	低热点区
北京、辽宁、浙江、广东、江苏、山东	贵州、福建、海南、河北、上海、四川	安徽、甘肃、河南、黑龙江、湖北、湖南、内蒙古、陕西、云南	重庆、广西、吉林、山西、天津	新疆、西藏、宁夏、青海、江西

从总体上看，低热点区和中低热点区的省份分布，在激增期才开始出现。中热点区的省份分布，在发展期才开始出现，在激增期逐渐增多。中高热点区和高热点区的省份分布，从萌芽期一直到激增期呈逐年增多趋势。从

具体上看，这 5 个级别热点区的省份分布在不同的时期呈现一定的波动性，有些省份一直处于高热点区，有些省份处于波动状态。从赛事的相对发展指数（NICH）看，其各热点区的省份分布大体上与激增期各热点区域的分布一致。

高热点区：在萌芽期只有北京一个地区属于高热点区，而且一直延续到激增期，说明北京马拉松赛事得到良性发展，其数量一直处于不断增长状态，尽管北京国际马拉松赛发展中出现过低潮，但其对商业化运作的始终坚持，还是为中国马拉松赛事的发展找准了路径；在初建期新增辽宁和浙江 2 个高热点区，随后这两个地区马拉松赛事得到持续发展，一直延续到激增期；在巩固期新增了上海和陕西 2 个高热点区，这 2 个热点区只延续到发展期，在激增期不属于高热点区，说明上海和陕西这两个地区马拉松赛事的发展处于一定的波动性；在发展期新增了天津和福建 2 个高热点区，而且未能延续到激增期；在激增期新增了广东、河北、江苏和山东 4 个高热点区，使高热点区总数达到 7 个。从表 2-16 可以看出，赛事相对发展指数在中高热点区的有北京、辽宁、浙江、广东、江苏和山东，说明这些地区的赛事发展速度相对较快。

中高热点区：在萌芽期、初建期和巩固期中高热点区数量均只有 1 个，分别为天津、陕西和天津，而且在发展期和激增期这几个地区都不属于中高热点区，发展波动比较大；在发展期新增了江苏、山东、河南、海南、广西和贵州 6 个中高热点区，其中海南和贵州延续到下一时期，江苏和山东在下一时期上升到了高热点区，河南到下一时间下降到中热点区，而广西下降到中低热点区；在激增期，新增了上海、福建、安徽、四川和云南 5 个中高热点区，中高热点区总数达到 7 个。从表 2-16 可以看出，赛事相对发展指数在中高热点区的有贵州、福建、海南、河北、上海、四川，而这些省份又都属于在激增期的中高热点区。

中热点区：由于在马拉松赛事发展的萌芽期、初建期和巩固期的赛事数量相对较少，而且分布地区也相对集中，各省份举办马拉松赛事数量相差不大，因此在中热点区上这三个发展时期没有省份分布；在发展期新增了广东、湖北、湖南、内蒙古和西藏 5 个中热点区，只有湖北、湖南和内蒙古延续到了下一个发展期，而广东在下一个发展期上升到了高热点区，西藏下降到了低热点区。从表2-16可以看出，赛事相对发展指数在中热点区的有安徽、甘肃、河南、黑龙江、湖北、湖南、内蒙古、陕西、云南，基本与激增期在中热点区的分布一致。

中低热点区：中低热点区与中热点区赛事分布属性基本相同，在萌芽期、初建期、巩固期和发展期这4个时期没有省份分布；在激增期，新增了重庆、广西、吉林、天津和山西，这几个省份中只有天津从发展期的高热点区到激增期下降为中低热点区，说明，近些年天津马拉松赛事发展缓慢，各种类型的路跑赛事、山地跑赛事举办得也相对较少。从表2-16可以看出，赛事相对发展指数在中低热点区的有重庆、广西、吉林、山西、天津，这与激增期在中低热点区的分布完全一致。

低热点区：低热点区与中低热点区赛事分布属性完全相同，在萌芽期、初建期、巩固期和发展期这4个时期没有省份分布；在激增期，新增了江西、宁夏、青海、新疆和西藏5个低热点区，而且这5个低热点区均是首次出现。从表2-16可以看出，赛事相对发展指数在低热点区的有新疆、西藏、宁夏、青海、江西，这与激增期在低热点区的分布完全一致。说明这6个省份在这一时期的马拉松赛事刚刚起步，而且还处于比较低的发展水平，这些省份基本处于西部地区，经济发展相对落后。但是我们也应该看到这些省份马拉松赛事的发展势头和其所蕴含的巨大潜力，如江西在2014年和2015年没有举办过马拉松赛事，到了2016年就举办了6场马拉松赛，再如青海湖国际马拉松赛、宁夏黄河金岸（吴忠）国际马拉松赛均已连续举办多届，且赛事品牌享誉中外。同时还应该看到这些区域有众多自然资源与特色资源，这些都为举办特色马拉松赛事提供了必要条件。

从表2-16中可以看出，中国马拉松赛事在各发展热点区上均有不同的省份分布，从高热点区上，这些省份均为我国经济比较发达的东部地区，而低热点区均为经济相对比较落后的西部地区。可以看出，马拉松赛事作为大众休闲运动项目，因为经济发达地区具有良好的基础设施条件、群众体育基础以及雄厚的财政实力等因素，再加上这些地区的居民经济收入稳定，而且健身休闲消费意识比较强，综合这些因素推动了马拉松赛事的发展，而西部地区则相反，但是我们也应该看到西部地区所拥有的丰富的自然资源和人文环境资源，这些为以后开展马拉松赛事提供了条件。

综合以上分析可以看出，每个时期中国马拉松赛事发展的空间格局演化态势以及各热点区在不同时期举办省份的分布情况具有一定的规律，中国马拉松赛事高热点区和中高热点区从马拉松赛事的萌芽期到激增期呈逐年增多趋势；中热点区在马拉松赛事的发展期才开始出现，在激增期逐渐增多；中低热点区、低热点区在马拉松赛事发展的激增期才开始出现。总体上讲，中国马拉松赛事发展的激增期和全时期发展指数（NICH）的空间格局在高热点区、中高热点区、中热点区、中低热点区、低热点区全部覆盖了我国31个省（自治区、直辖市），进一步表明近些年中国马拉松赛事得到了全面的发展，已经成为我国全民健身和体育产业发展的主舞台，表现出强劲的持续发展动力。经过40多年的发展，中国马拉松赛事融合了群众体育、竞技体育、体育文化、体育产业等多层内涵。马拉松赛事的发展与我国经济发展、社会文明进步以及人民对健康的需求相适应。在国家积极倡导大健康产业以及大力发展体育产业的背景下，中国马拉松赛事进入了快速发展的新阶段，马拉松的精神深入人心，马拉松走进千家万户的生活，是中国经济社会发展使然，也是社会文明发展的必然。

第三节　中国马拉松赛事的发展趋势

一、赛事发展方式的转变

马拉松赛事由"粗放型"向"集约型"发展。近几年，马拉松赛事呈井喷式发展，这对于提升城市影响力、发展地方经济、实现经济转型具有重要意义。但是马拉松赛事数量在快速增长的同时给城市生态承载力带来了严重的影响，马拉松赛场上的乱象更是层出不穷。纵观中国马拉松赛事，由于盲目追求赛事规模而引发"一场马拉松瘫痪一座城"的现象时有发生，出现城市环境遭到严重破坏的现象，还会由于赛事服务质量不高而引发赛事管理失序、赛场设置不合理、保障体系不健全、参赛者亵渎赛事等现象。当前中国马拉松赛事火热，但仍不能满足参与者的需求，从数量上看依然供不应求。中国马拉松赛事需要在数量稳定增长的同时，提升赛事服务质量，由"粗放型"向"集约型"发展，实现马拉松赛事的量、质齐飞。我国需要在马拉松赛事服务质量、赛事扩张以及资源共享等方面学习国外马拉松大满贯赛事的办赛经验，不断创新与打造中国马拉松精品赛事。

二、赛事类型创新的转变

中国马拉松赛事不等距离的设置，以及赛事类型和参赛形式呈现出的丰富性、多样化的特征，体现出马拉松赛事的竞技性、群众性、娱乐性和社交属性，也为业余马拉松爱好者与职业马拉松运动员同场竞技提供了场所。参赛选手对马拉松赛事的执着和黏性就赛事本身而言，是赛事持续举办的流量保证，同时对促进整个马拉松赛事产业的发展具有深远的影响。但是，随之而来的诸多问题也日益凸显，特别是许多城市跟风举办马拉松赛事，仅对赛事形式进行简单模仿与盲目复制，赛事产品缺乏特色和创新，同质化和模式化现象尤为突出。这些问题严重制约着马拉松赛事差异化、多样化与特色化的发展进程，束缚着马拉松赛事文化的挖掘及整个赛事产业的发展活力。这就要求中国马拉松赛事向特色化方向发展，需要根据城市特色来打造城市品牌，因地制宜地将传统的路跑形式变得更加新颖，能够呈现出举办城市独具特色的城市文化，反映举办城市的审美水平、生活态度、价值取向，建构和优化马拉松赛事与城市文化、资源禀赋协同发展的共生环境，打造不可复制的马拉松赛事。

三、赛事主办城市的转变

马拉松赛事举办城市逐年增多。马拉松赛事已成为一些城市提升影响力、发展地方经济、实现经济转型、推广城市形象的重要载体。马拉松赛事正在成为地方政府提升影响力、拉动经济发展的优选方式，为城市实现经济转型、引入绿色消费、开展精准扶贫打开空间。能够成功举办一次马拉松赛事，表明这个城市按照国际规则、国际标准对交通、安全、旅游、住宿、饮食等各领域进行优化管理，这是城市发展的重要推动力。近几年，中国马拉松赛事呈井喷式发展。2015年全国共有79个城市举办过马拉松赛事，2016年增加至133个城市，截至2018年年底达到285个城市，目前马拉松赛事已覆盖全国85%的地级市。可以预见，在今后时期内中国马拉松赛事的城市覆盖率会逐年提高，能够覆盖全国所有地级市，达到"一城一赛"的目标。

四、赛事区域数量的转变

马拉松赛事低热点区赛事数量急剧增加。统计发现，中国马拉松赛事举办数量的低热点区集中在江西、宁夏、青海、新疆和西藏等地区。说明这些省份的马拉松赛事刚刚起步，而且还处于比较低的发展水平，这些省份处于西部和西北地区，经济发展相对落后。但是我们也应该看到这些省份马拉松赛事的发展势头和所蕴含巨大的潜力，如江西在2014年和2015年没有举办过马拉松赛事，到了在2016年就举办了6场马拉松赛事；青海的青海湖国际马拉松赛、宁夏黄河金岸（吴忠）国际马拉松赛均已连续举办多届，且赛事品牌享誉中外。同时还应该看到这些区域有众多自然资源与特色资源，这些都为开展体育旅游、举办马拉松赛事提供了必要条件。因此，可以预见马拉松赛事低热点区的赛事将会出现急剧增加趋势。

马拉松赛事是集竞技体育、群众体育和体育产业于一体的具有综合属性的赛事。在国家大力发展体育产业的背景下，马拉松赛事作为贯彻全民健身国家战略，实现健康中国宏伟目标的重要载体，正得到社会各界的广泛关注。中国马拉松赛事经历了40余年的发展历程，其举办数量和参赛规模呈显著的阶段性、渐变性和突变性特征，马拉松赛事的比赛距离、参赛形式和赛事类型呈现多样性特征，马拉松赛事在我国六大区域上的覆盖率显著提高，马拉松赛事的区域凝聚性逐渐增强，热点区省份显著增多，覆盖了我国31个省（自治区、直辖市），表明中国马拉松赛事进入了快速发展的新阶段，已经成为我国全民健身和体育产业发展的主舞台，表现出强劲的持续发展动力。

可以预见，在今后中国马拉松赛事的城市覆盖率会逐年提高，能够覆盖全国所有地级市，达到"一城一赛"的目标，同时马拉松赛事低热点区的赛事将会出现急剧增加趋势。但是马拉松赛事在快速发展的同时，也出现了亟待解决的诸多问题，这就要求中国马拉松赛事坚持向特色化发展的同时，实现由"粗放型"向"集约型"发展方式的转变。

第三章　中国马拉松赛事发展动力因素

第一节　政府提供支持的动因

一、政策措施

中国政府正致力于推动体育产业市场化发展，对马拉松比赛不断做大有较强支撑。目前影响中国体育产业发展的首要因素是政策，政策持续地释放红利，将推进整个体育产业的市场化，让市场在资源配置中起决定性作用，是未来较长时期影响体育产业发展的关键因素。而经济发展水平的提高，人均收入的增长，直接带来居民的消费升级，意味着人们不仅仅满足于生存资料消费的简单消费模式，更是向发展资料消费和享受资料消费过渡和升级。体育休闲属于发展资料消费和享受资料消费的范畴，是经济发展到一定水平的必然结果，人们不再局限于过去简单的消费模式，而是更加注重健康、环保和个性体验。政策是推动中国体育产业迅猛发展的核心驱动力，近些年来，我国针对马拉松为代表的路跑赛事陆续出台了相关政策，多种类型路跑赛事在全国大小城市迅速涌现，路跑运动成为社会热点与投资新风向。这些政策的出台为中国马拉松赛事的发展不断注入新的活力和政策动向，成为中国马拉松赛事井喷期产生的政策驱动因子（见图3-1）。

2014年8月，国务院常务会议通过文件的形式确认，"取消商业性和群众性体育赛事活动审批""有关政府部门要积极为各类赛事活动举办提供服务"。会议部署加快发展体育产业、促进体育消费，推动大众健身，从国家的层面明确提出简政放权、放管结合，取消商业性和群众性赛事审批，放宽赛事转播权限制,最大程度为企业"松绑"。2014年9月,国家体育总局通过了《关于推进体育赛事审批制度改革的若干意见》,意见明确指出,包括商业性的竞技体育赛事和群众性体育赛事,以及公益性的竞技体育赛事和群众体育赛事,一律取消赛事的审批。2014年10月,国务院通过了《关于加快发展体育产业促进体育消费的若干意见》(以下简称"46号"文件),"46号"文件的出现吹响了中国体育产业改革发展的号角,从顶层设计的角度明确体育产业发展的重大意义和发展体育产业的具体战略部署,是体育产业发展的标志性文件。"46号"文件的出台,以推动体育领域改革创新、加快政府职能转变、取消商业性和群众性赛事活动审批作为发展体育产业的重要措施,进一步激发市场活力,鼓励和引导社会力量兴办体育,营造竞争有序、平等参与的市场环境。"46号"文件的出台从供给侧角度思考,是对当前消费升级、民众体育休闲消费扩张的制度完善;从整个体育产业层面出发,有利于产业健康快速发展;具体到以马拉松为代表的路跑项目而言,是在不断丰富大众健身休闲的方式。

2014年8月	2014年9月	2014年10月	2016年10月	2021年6月	2021年7月
国务院常务会议,明确提出取消商业性和群众性赛事审批	体育总局《关于推进体育赛事审批制度改革的若干意见》	国务院《关于加快发展体育产业促进体育消费的若干意见》	国务院《健康中国"2030"规划纲要》	国务院《全民健身计划(2011—2025)》	体育总局《体育产业发展"十四五"规划》

图3-1 近几年利好赛事发展的体育产业政策

2016年10月,国务院印发了《"健康中国2030"规划纲要》,该纲要是贯彻落实党的十八届五中全会精神的战略部署,全面提升中华民族健康素质、实现人民健康与经济社会协调发展的国家战略性文件。既为实施科技创新、健康服务创新战略提供了广阔发展空间,又为健康中国建设和体育健康服务业的发展构建了强大保障体系。

2021年6月,国务院印发了《全民健身计划(2021—2025年)》(以下简称《计划》),就今后一个时期深化体育改革、发展群众体育、倡导全民健身新时尚、推进健康中国建设作出部署。《计划》是国家在提出"46号"文件后，又一个关于开展群众体育事业、促进群众积极参与体育活动、推动体育产业发展的政策性文件。该《计划》是落实"46号"文件精神的具体落实方案的体现。《计划》强调，国家要大力发展体育事业，以促进体育消费总体战略目标为指导，以群众体育的现实需求为导向，不断加大群众体育资源的有效供给。通过改革现有体育资源供给模式，建立整体推进、动态实施、有效供给的全民健身公共体育服务体系，为实现健康中国的宏伟目标奠定基础。

2021年7月，国家体育总局正式发布《体育产业发展"十四五"规划》（以下简称《规划》），提出要在坚持改革引领、市场主导、创新驱动和协调发展的基本原则下，实现体育产业总规模超过3万亿元，产业增加值在国内生产总值中比重达到1%，体育服务业增加值占比超过30%，体育消费额占人均居民可支配收入比例超2.5%等目标。该《规划》坚持改革引领。强化改革对体育产业发展的推动作用，以开放促改革，以改革促发展。大力推动政府简政放权、放管结合、优化服务，加强规划、政策、标准引导，着力破解社会资本投资体育产业的各种障碍。坚持市场主导。处理好政府和市场的关系，充分发挥市场在资源配置中的决定性作用和更好地发挥政府作用，加快构建统一开放、竞争有序的现代体育市场体系。坚持创新驱动。充分激发各类市场主体的创新活力，引导各类主体在组织管理、建设运营、研发生产等环节创新理念和模式，提高服务质量，更好地满足消费升级的需要。坚持协调发展。积极推动体育与经济社会的协调发展，促进体育事业与体育产业协调发展、体育服务业与体育用品业全面发展，推动东、中、西部体育产业良性互动发展、区域体育产业协同发展。

2022年10月，新华社受权全文发布党的二十大报告，其中关于体育的表述共计42个字，报告里明确提出："广泛开展全民健身活动，加强青少年体育工作，促进群众体育和竞技体育全面发展，加快建设体育强国。"党的二十大报告关于体育的表述可以理解为全面推动体育事业提质升级。要更加完善全民健身公共服务体系，增强体育公共服务供给的均衡性和可及性；要紧盯国际国内重大体育赛事，全力推进竞技体育高质量发展；要加强青少年体育工作，着力构建青少年健康促进体系；要坚持大力实施扩大内需战略，推进体育产业提质增效；要统筹体育发展与安全。努力办人民满意的体育，全面推动体育事业提质升级。

二、财政投入

财政投入是我国体育事业不断发展的重要政策手段之一，是促进体育事业发展的重要力量。体育事业财政投入规模反映了在一定社会经济条件下，政府、社会和个人对体育的投入状况，是衡量一个国家或地区体育发展水平及体育产业化程度的重要指标。体育事业经费投入在促进全民健身方面发挥了巨大的推动作用，提升了竞技体育成绩；改善了体育基础设施建设，为群众开展健身活动提供了良好的环境；促进了群众体育活动的开展，使越来越多人参与到体育锻炼之中。

在世界范围内，任何一项重要赛事的顺利举办都不离开国家和政府的支持，在我国这种现象尤为显著。无论是北京奥运会、广州亚运会、深圳大运会这种综合性赛事，还是中国网球公开赛、上海F1、成都斯诺克国际锦标赛这种单项赛事，每一项赛事的成功举办，主办城市和其所在省份的政府乃至国家都发挥了重要的作用。目前在国内，几乎没有一项重要赛事的成功举办能脱离政府的支持。马拉松赛事是集群众体育、竞技体育和体育产业于一体的具有综合属性的赛事，是我国体育事业发展的重要组成部分，马拉松赛事对举办城市体育事业发展具有深远影响。反过来讲，一个地区体育事业的发展直接影响着马拉松赛事的举办条件、举办规模和举办质量。在我国，马拉松赛事整体运营主要依托城市政府，政府在宏观层面进行整体把控，以保证赛事的顺利开展，并在赛事举办过程中发挥重要的作用。同时，马拉松赛事的举办也需要经费的支持，其中财政支持是不可或缺的经费来源途径。因此可以说，国内马拉松赛事数量的急剧上升，同样与各城市政府的支持密切相关，一个地区马拉松赛事的举办没有当地政府财政的投入是不可能的。对于城市政府而言，马拉松赛事在公路上举办即可，不需要修建特定的场馆，赛事持续时间较短、投入相对较小。河北省的张家口市、衡水市作为国内的三四线城市都在举办马拉松赛事，足以说明赛事的成本较低、运营较为简单。在赛事举办初期，赛事的知名度与影响力相对较弱，在没有赞助商或者赞助商提供的赞助金额不足以支撑赛事正常运营所需的费用时，政府除需要动用公安系统、消防系统确保赛事的安全外，还需要通过直接的财政拨款保证赛事的顺利举办。随着赛事知名度的不断提升，赞助商的赞助费用能够维持赛事的正常运转时，政府或许不再需要直接的财政支持，但消防、安保问题仍然需要动用城市公共服务系统。换言之，城市政府在马拉松赛事的顺利举办过程中发挥着不可替代的作用，城市政府的支持是赛事正常运营和发展的基石。

第二节 社会环境改善的动因

一、人文环境

人文环境是马拉松赛事发展中不可或缺的重要内容，其涵盖面非常广泛，涉及政治宣传、文化氛围、教育事业、文体设施、文艺娱乐、公益景观、绿化美化、广告信息等多方面。我国群众体育和竞技体育的飞速发展，对社会的人文环境发展提出了越来越高的要求。同样，加强城市人文环境建设对马拉松赛事举办有着极其重要的意义。举办马拉松赛事向全国乃至世界，展示该城市的自然风光、人文景观、环境气候、经济水平、市民的精神面貌等，从城市的生态气候、城市宣传到经济科技水平、城市建设、文化底蕴，贯穿于城市的方方面面。

举办马拉松赛事是城市精神培养的重要方式，也是城市文化传播的重要渠道，还是体育运动与社会文化相结合的最佳途径。古希腊马拉松通过文艺复兴运动进行转化，进而成为欧洲普通百姓的文化活动，并不是出于宣传城市，而是一种文化生活、文化自觉和生活方式。如果仅仅把马拉松作为宣传城市的渠道，未免显得有些狭窄，一个城市举办马拉松，应该通过马拉松这个平台将城市文化的厚度、深度、宽度高度内化于城。目前，马拉松赛除了各种距离各种形式的马拉松跑外,在比赛前后还安排有丰富多彩的配套活动,形成了比赛与配套活动相呼应的氛围。这些都表现了城市马拉松不仅仅是一场赛事,也是一个体育活动的嘉年华,还是社会文化的一个缩影。巴黎 Love Run 创始人贝特朗·比亚德(2016)强调,一座城市要想在全球城市中名列前茅,就必须对外交流,如同品牌一般,而马拉松就是各大城市希望向全世界展现宏图的一个最佳途径,使得城市能在全球城市吸引力排名榜上,力争上游。《领跑者》杂志出版人谭杰(2016)认为,马拉松体现的是一座城市的诚意。这都表明马拉松赛事发展与社会文化环境息息相关,城市的社会文化环境对于促进马拉松赛事的发展具有巨大的推动作用。马拉松赛事的发展需要与当地的人文社会环境融合,如智美公司推行"一地一特色,一地一品牌"的马拉松赛事发展理念,充分说明了城市人文社会环境对于马拉松赛事发展的促进作用。每个城市都应该结合地理、历史、人文特色,举办有创意、有特色的马拉松赛事,在数量急剧增多的马拉松比赛中,与城市文化特点与特色相结合就显得很重要,否则赛事很可能出现报名人数不足的情况。近几年,女子马拉松、梯田马拉松、沙滩马拉松、海岛马拉松甚至樱花马拉松、桃花马拉松、绿茶马拉松都出现了,这一方面结合了当地的特点,另一方面也打出了特色品牌。2016 年沈阳马拉松则主打夜跑。2017 年厦门马拉松则举办了首届马拉松博览会,拉动了人气。一些赛事公司则开始有意识地打造 IP 及品牌,如 2016 年的森林马拉松系列赛在吉林长白山、海南举办了两站。智美集团主推的"一带一路"马拉松,把不少城市串联起来。2016 年临沂马拉松比赛中将临沂当地的红嫂文化、红色文化,还有生态文化融入大马拉松赛事中,将独轮车、抬担架等红色元素融入赛事之中。在赛事中还可以感受到迎接新年的风俗,如新年庙会式的赛前博览会、参赛包里的利是封和红色的参赛服、赛后的披风、舞龙舞狮的表演,都非常具有当地文化特色。近几届的广州国际马拉松赛,赛道沿珠江两岸设置,集中展示了珠江两岸最具岭南特色的人文风情、最具羊城历史的风景名胜、最具时尚气息的文化潮流,被国际田联认为是当今世界马拉松最美赛道之一。

二、自然环境

　　自然资源是指天然存在的自然物，人类可以利用的、自然生成的物质与能量，即自然界和人类社会一切有价值的物质，是提高人类当前和未来福利的自然环境因素的总称，包括水资源、土地资源、矿藏资源、动植物资源、旅游资源等。自然资源对城市举办马拉松赛事具有重要的影响，它直接制约着马拉松赛事的发展类型和规模，更能影响马拉松赛事的未来发展。党的十八届五中全会中提出了创新、协调、绿色、开放、共享的发展理念，体育竞赛表演业在这一发展理念指导下，迎来了高速发展的契机，马拉松赛事作为体育竞赛表演业的重要组成部分，其赛事的可持续发展与举办城市自然环境息息相关。有专家指出，各地在选择马拉松赛事时，一定要视自身办赛能力与水平及当地地域特色和气候环境等综合因素而定。2015年，国家体育总局田径运动管理中心相关负责人表示，田协在积极扩充马拉松赛事容量的同时，将更多地考虑提升赛事的品质，今后的马拉松赛事将更加注重以人为本，体现人文关怀，确保质量进一步提升，争取更多城市能打造体现自身特色的精品赛事。

　　在马拉松赛事数量不断增加、影响力逐步增强的背景下，马拉松赛事要想得到健康、可持续发展，除了考虑城市的文化资源条件外，还要从城市的自然资源条件出发，依托自然资源精心打造城市精品马拉松赛事，这样就会避免马拉松赛事的简单复制、同质化问题的出现。依托水资源打造的马拉松精品赛事，如环青海湖极限马拉松赛，每年都吸引大量跑者参赛，其赛道穿越环青海湖北岸无人区的沙丘、草甸、湿地等多路况、风景和环境差异性大的地区，通过运动的方式深入了解环青海湖周边的自然、人文和历史，挑战高海拔地区户外运动的身体极限。苏州太湖国际马拉松以太湖国家湿地公园为中心，打造了"真山真水园中城"精品马拉松赛事。河北衡水市依托衡水湖打造了衡水湖精品国际马拉松赛事，衡水湖国际马拉松赛赛道环绕衡水湖畔，借助衡水湖国家级湿地和鸟类自然保护区的生态优势，打造了一项以绿色马拉松为主题的国际精品赛事。依托草原资源打造的马拉松精品赛事，如铁木真国际草原马拉松赛，是在国内最具影响力的草原马拉松赛事，跑者头顶蔚蓝天空，踏上一望无际的原野，与大草原的自然美景融为一体。河北康保草原国际马拉松素以"国内最难公路马拉松"著称，是国内最具挑战的公路马拉松，在赛道设计上，融入了草原独有的线路特色，增加了更有草原风情的乡间路线。依托山体资源打造的马拉松精品赛事，如大连山地越野马拉松挑战赛的特色在于路线设计穿山临海、城市越野，比赛线路涵盖大连城市中心及滨海路沿线主要山地，包括山野小径、海滨沙滩、海岸礁石、山间石阶、木栈道和滨海路等各种地形。环四姑娘山超级越野跑是目前全球赛道平均海拔较高的越野跑赛事，属于中国第一个高海拔雪域越野跑赛事，线路拥有岩石、草甸、湖泊、森林等多种高海拔自然地貌。由于风光地貌与阿尔卑斯山脉极其相似，四姑娘山被誉为东方的阿尔卑斯山。从以上分析可以看出，马拉松赛事举办城市自然资源的有效开发与合理利益，对于推动马拉松赛事的发展具有重要的促进意义。

三、教育环境

教育的最终目的是使人获得全面的发展，教育对人口素质的提高更是起着决定性的作用。教育促进的全面发展，就是使人在心理健康、身体健康、社会适应等方面都获得充分的发展，这样教育便具有了创造社会价值的独特功能。马拉松赛事通过促进经济发展和群众体育的发展，最终促进社会发展和人的全面发展，即马拉松赛事是通过促进社会发展，来促进人的全面发展，促进人的全面发展是马拉松赛事的根本目的。

马拉松赛事的发展与教育之间存在着良性的互动关系，马拉松赛事的发展除了促进城市发展、群众健康水平提高外，还能促进人口素质的提高，而人口素质提高的影响因素是多方面的，关键在于教育。一个城市如果没有强大的教育系统作支撑，马拉松赛事的发展也是低质量的发展，也不会呈现强劲的发展动力。陈国强（2016）对2016年宁波山地马拉松的参赛者的学历等特征情况进行调查，研究表明，参赛者中学历在大学本科及以上的人数占87%，可见文化程度是影响马拉松参赛动因和感受的重要因素。因此可以看出，马拉松赛事参赛者受教育程度决定了马拉松赛事的规模和质量。举办马拉松赛事需要多个领域的专门性人才，涉及组织管理、新闻通讯、体育、计算机、城市规划、医学等众多专业的人才共同参与才能保证马拉松赛事的顺利进行。初步估算，组织一场中等规模、人数在 2 万人左右的马拉松赛事，需要志愿者 1 500 名左右、警察 2 500 人左右、裁判 150 人左右、医务人员 150 人左右、现场工作人员与官员约 100 人，这些人的教育水平和素质决定了马拉松赛事的质量和水平。据有关部门调查数据显示，在 2022 年北京国际马拉松参赛人群中有 87% 的参赛者和 79% 的观众教育程度在本科以上，可见，高学历群体构成了北京马拉松赛主要参赛和观赛人群。据不完全统计，由中国田径协会举办的近三期"马拉松赛事组织管理"培训班接受培训的人员中有 75% 的人员为本科学历；有 20% 的人员为研究生学历。2018 中国体育从业者现状调查报告显示（见图3-2），体育从业者高学历特征显著，本科及以上占 90%，其中包含 34% 研究生以上学历。在受试者最高学历的高校类型中，211 和 985 高校的比例占 44%，普通本科高校的比例为 46%。可以看出，马拉松赛事的发展离不开教育水平的提升，教育有利于赛事组织管理者素质的提高，是马拉松赛事健康顺利发展的重要源泉和强大推动力。

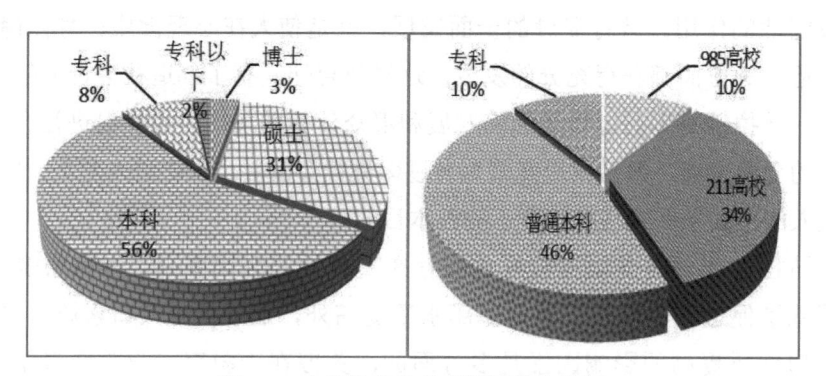

图 3-2　中国体育从业者学历结构特征

第三节 社会经济发展的动因

一、经济水平

以马拉松为代表的路跑运动的迅猛发展，其根本原因在于经济发展水平的提升，国民收入的增长，进而实现消费升级，带动体育休闲产业的强势发展。马拉松赛事的发展与城市经济发达程度密切相关。理论上讲，人的消费水平随着收入提高不断升级，随着人们收入的提高，消费类型从生存资料消费依次进入发展资料消费和享受资料消费的不同阶段。当收入水平处于低收入时期，人们的消费首先要满足温饱；当进入中等收入和高收入阶段，消费的体量会随之扩大，但是恩格尔系数会随之下降，人们的消费结构和消费偏好发生变化。同时，除了消费体量扩大外，新的消费需求产生，物质文化需求不断产生和增长，原有的消费模式继续深化，发展资料消费和享受资料消费更加注重全方位的体验，如图3-3所示。

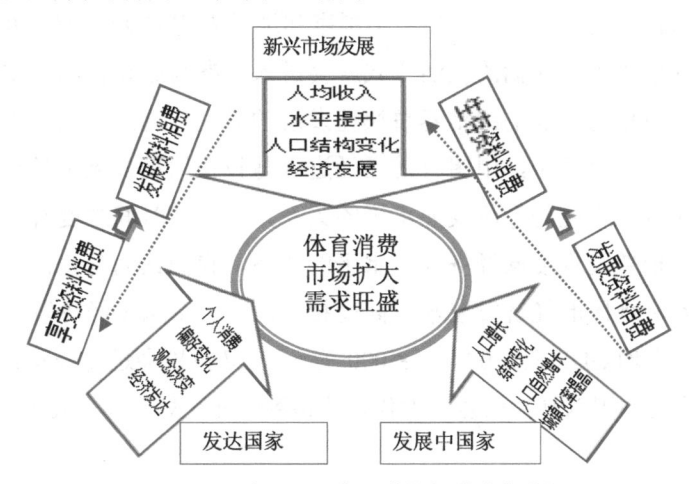

图3-3 经济发展和收入增长促进消费升级

经济学上有一个说法，人均GDP（国内生产总值）达到8 000美元之后，就会有更多的人去寻求休闲、寻求放松和自我发展的方式，体育产业就要腾飞。2022年我国人均GDP达到12 741美元。在这阶段，大家越来越重视休闲的方式。老百姓生活水平达到一定程度之后，会更看重生活质量，有意愿去参与一些适合的运动项目,保证自己拥有充沛的体力和好身体。在当前这样一个全民注重健康的时代,当许多人将跑步作为运动方式的首选以后,马拉松的快速发展成为顺理成章的事,近几年参与马拉松赛事及相关跑者运动的人群大幅度增加,造就了近几年全国马拉松赛事的风靡。

与国外路跑相对成熟的个别发达国家相比,中国马拉松目前的发展概况符合路跑产业发展初始阶段的特征。一般认为,当人均GDP超过5 000美元时,体育产业开始迅速发展;当人均GDP达到8 000美元时,体育产业加速发展。纵观美国、加拿大、日本的马拉松周期,其中美国和加拿大在20世纪70年代开始风靡流行马拉松,美国人均GDP在1970年为5 264美元,加拿大人均GDP在1972年超过5 000美元,日本路跑开始普及流行是在20世纪70年代末,在1976年日本人均GDP达到5 111美元,超过5 000美元。中国人均GDP在2011年超过5 000美元,达到5 610美元,2022年人均GDP为12 741美元,在放开赛事审批的条件下,当经济发展到一定水平,马拉松赛事普及成为必然,与欧美国家马拉松周期相吻合。

所谓马拉松周期,指的是当一个国家和地区人均GDP达到5 000美元并不断提高的过程中,人们的生活方式就会进入以参与运动休闲为主导的健康模式,以马拉松为代表的路跑赛事快速发展的时期。通过对比美国、加拿大和日本的数据可以确定,中国目前已经进入马拉松周期。无论是从空间维度审视马拉松普及程度与经济发展水平的关系,还是从时间维度看不同国家不同时期马拉松普及程度同经济发展水平的关系,我们认为马拉松的发展水平与一个国家和地区的经济发展水平高度相关,当一个国家经济发展水平达到一定阶段(人均GDP在5 000~8 000美元),马拉松会迅速普及并呈现井喷式增长,当前中国以马拉松赛事为代表的路跑产业正处于飞速发展的阶段。

二、基础设施

基础设施通常包括道路交通、给水排水、能源供应、邮电通信、防灾系统、商业物流等设施。城市的基础设施建设对于促进我国群众体育和竞技体育的飞速发展具有重要的意义。对于举办马拉松赛事本身而言,基础设施更多地体现在道路交通方面，高度发达的道路交通设施是提高马拉松赛事质量、参赛规模以及赛事可持续发展的重要保障。有专家认为，城市的硬件设施与马拉松赛事举办水平密切相关。大城市马拉松赛事举办多、办得好就与城市的硬件设施密切相关。著名的国际马拉松赛事基本上都是在国际都市，如纽约、伦敦、柏林、波士顿、鹿特丹、东京等。由于大城市人口多，其道路规划和商业物流都相对更为成熟，所以有一些先天的优势。我国的北京、上海、广州、杭州、厦门等经济发达的城市均具有良好的城市交通基础，马拉松赛事发展也相对较好，这也充分证明了交通设施对于马拉松赛事发展的重要性。由于马拉松赛事的规模大，参与人数多，在赛事举办期间，除了参与赛事的运动员和组织管理者外，还会吸引大量的国内外游客、记者等。同时举办马拉松赛事还需要运送大量的赛事所需物资，这都对举办城市的交通设施提出了较高要求。近些年，我国许多城市在筹备马拉松赛事的过程中，对城市的基础设施、城市交通网、健身路径和景观绿化带等进行了升级改造。

三、体育产业

近几年我国体育产业更加得到了各级政府的重视，发展环境进一步优化，体育产业作为国民经济的一部分增长日益明显。对2015—2021七年间的体育产业发展规模进行分析，从2015年体育产业总规模1 7000万亿元增加到2021年的31 175万亿元，增长了83.4%，具体见图3-4。体育产业增加值占GDP比例从2015年的0.8%增长到2019年的1.14%，近些年在1%水平浮动，具体信息见图3-5。

2015年9月，国家统计局、国家体育总局联合发布实施《国家体育产业统计分类》，将体育产业划分为11个大类：（1）体育管理活动；（2）体育竞赛表演活动；（3）体育健身休闲活动；（4）体育场馆服务；（5）体育中介服务；（6）体育培训与教育；（7）体育传媒与信息服务；（8）其他体育相关服务；（9）体育用品及相关产品制造；（10）体育用品及相关产品销售、贸易代理与出租；（11）体育场地设施建设。近几年我国体育产业结构不断优化，体育服务业（除体育用品和相关产品制造业、体育场地设施建设外的其他大类）

占比逐年提高，体育产业的市场化程度也逐年提高，体育产业规模逐年增大。2013 年体育服务业占体育产业总产出的 18%，2014 年体育服务业占体育产业总产出的 19.5%，2015 年体育服务业占体育产业总产出的 33.4%，2016 年体育服务业占体育产业总产出的 55%，2017 年体育服务业占体育产业总产出的 57%，2018 年体育服务业占体育产业总产出的 64.8%，2019 年体育服务业占体育产业总产出的 67.7%，2020 年体育服务业占体育产业总产出的 68.7%，2021 年体育服务业占体育产业总产出的 70%。

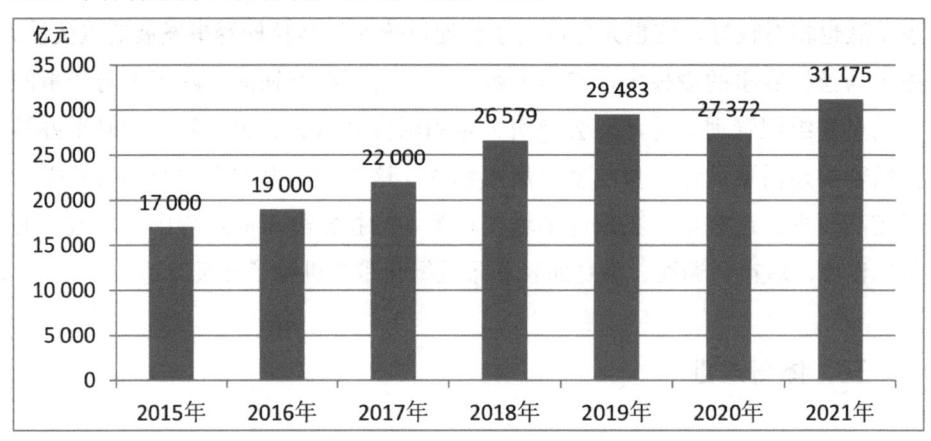

图 3-4 2015—2021 年我国体育产业总规模

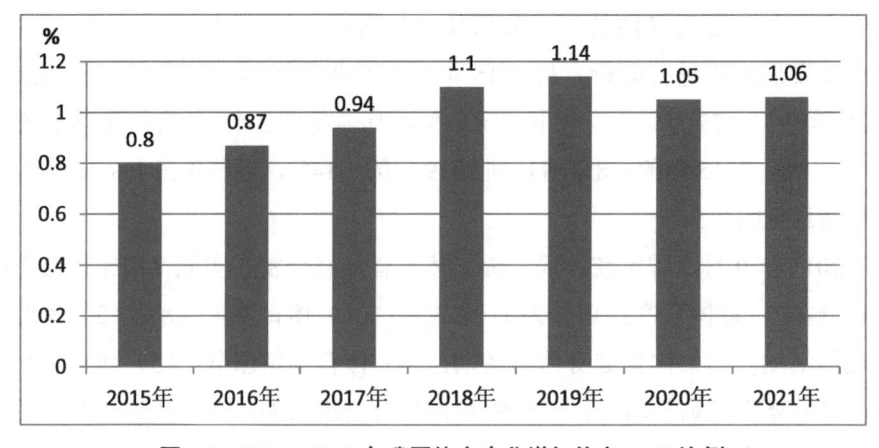

图 3-5 2015—2021 年我国体育产业增加值占 GDP 比例

根据目前中国体育产业结构看，体育服务业占体育产业总产出的比例在 70% 左右，与欧美发达国家处于同一水平上。这得益于我国近些年加快体育产业供给侧结构性改革举措的有效落地，优化了体育产业内部结构，不仅表现在体育产业总量的扩大，同时也说明体育服务业比重不断提升。这意味着未来以赛事为主的体育服务业的增速要高于体育产业整体增速，体育服务业将是未来发展的重点方向，因此，体育产业的结构性调整，尤其是体育服务业比重的增加，对于促进马拉松赛事为代表的体育赛事的发展具有重要的意义。

体育产业的快速发展，尤其是体育服务业的逐步发展，促进了马拉松赛事的蓬勃发展，赛事的发展带动了马拉松赛事产业及相关产业的大力发展。相关统计表明：从2011年的33场到2016年的323场，6年的时间里，以马拉松为代表的路跑产业在中国得到了井喷式的发展。2014年马拉松赛事运营收入达到20亿元，带动相关行业收入超百亿元，2015年达到300亿元，到2020年马拉松市场规模达到了千亿元级别。近些年，中国马拉松赛事产业的利好政策较多，政策环境较佳，吸引了众多社会资本涌入其中。马拉松产业涉及范围较广，产业链较长，盈利空间较大。总结起来，马拉松赛事产业特点主要有：（1）运动员、观众与消费者角色重叠。由于数量庞大的参赛选手主要由业余人士组成，观众与运动员之间界限模糊，参赛本身就是消费者所"购买"的服务。（2）赛事专业服务商作用提升。长跑赛事，由于涉及空间范围广、参与人数多、赛程时间长，对于安保、补给、配速等专业服务都有更高要求。（3）赛事经济溢出效应明显，辐射外围产业。长跑赛事因为牵涉人数多，地域范围广，活动本身引起的人口流动就足以在更大范围产生经济效益。马拉松赛事产业链最核心的就是体育竞赛表演业，最重要的形式无疑就是马拉松赛事本身。同时，围绕着核心层，赛事运营商通过开发、推广和管理将赛事营销、体育用品与服务、消费者等环节有机链接到一起，形成马拉松赛事产业链，见图3-6。从品牌开发看，各大运动品牌对市场的开发是马拉松赛事兴旺的一个重要推手。阿迪达斯在中国大陆已经覆盖900多个城市，门店数量达7 600多家。2013年，耐克把在中国大陆沿用了25年的口号："Just Do It"换为更接地气的"跑了就懂"，反映出中国消费者在跑步运动上展示出的狂热；有调查显示，在2015年跑步产品依然是耐克在中国最大的运动品类，高于篮球和足球；2012年到2013年的一年时间里，New Balance在中国的门店从573家扩张到886家；国内品牌特步在全国也有7 000家门店。抱着在足球、篮球产品等已经非常成熟的市场外寻找新的增长点的想法，不少运动品牌从几年前开始大力推广跑步运动。他们举办各种跑步训练营、开发跑步装备以及智能可穿戴产品。在国外，跑步本身就是很潮流的运动，同时具有群众基础，一旦在中国将这块潜在的市场开发，意味着巨大的商机。因此与跑步有关的快消品，如各种跑步装备以及智能可穿戴产品的开发成为各大运动品牌必争的"大蛋糕"。这些商品令原本"孤独"的跑步运动开始变得有趣，跑圈里的"装备党"应运而生，反过来吸引了更多的人参与城市路跑。如此良性循环，也令品牌开发商趋之若鹜。近几年，一些企业纷纷意识到中国跑友的巨大消费能力，扎堆开始了马拉松营销，摩根大通、万科、联想、安利，纷纷把企业文化往健康方向引导。为普通人提供一站式运动装备服务的零售商迪卡侬，在2012库存危机中在中国开设了16家新卖场。到了2022年，迪卡侬已在中国100个城市开设240多家门店。一条再简单不过的"跑步链"，居然成长成为如此庞大而诱人的"产业链"，广大中产阶层热衷跑步带来的市场潜力，推动了中国马拉松赛事的持续发展。

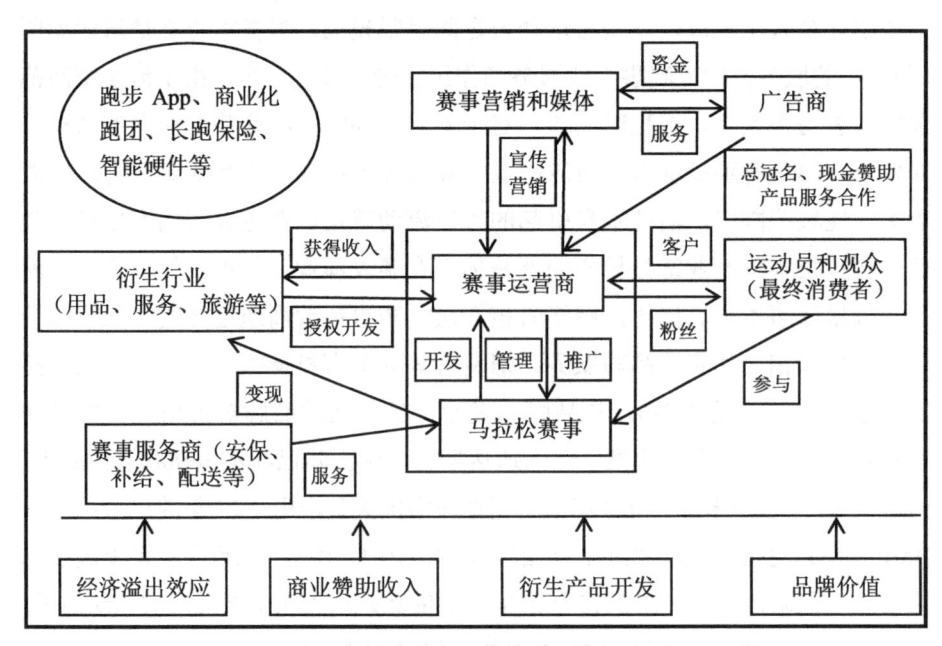

图 3-6 中国马拉松赛事产业链示意图

第四节 体育事业发展的动因

一、群众体育

群众体育是我国体育事业的最重要的组成部分。群众体育是社会发展的基本内容,是提高国民素质的重要环节,是社会精神文明的重要标志,是综合国力的具体表现。群众体育能够满足社会成员的物质需要和精神需要,能够反映人类物质文明和精神文明的进步程度。群众体育可以提高国家整体发展水平,促进社会总体进步程度。随着社会的进步、经济的发展,尤其是后奥运时期,在体育大国向体育强国转变战略目标的指导下,我国对群众体育事业进行了巨大投入,加强了群众体育基础设施建设,极大地促进了体育资源的开发和利用,我国的群众体育事业得到了空前的发展。城乡居民的体育健身意识显著增强,越来越多的人参与到体育活动中来,经常参加体育锻炼的人数逐年增多,体育人口的发展呈日益增加的趋势。我国体育人口的判定标准为:(1)每周身体活动频度3次(含3次)以上;(2)每次身体活动时间30分钟以上;(3)每次身体活动强度中等程度以上。《2015年体育人口分析报告》显示,1996年我国达到体育人口判定标准的人口比例是15.46%;2007年全国体育人口比例为28.2%;2015年中国体育人口比例为33.9%;《全民健身计划(2016—2020年)》中制定了群众体育发展目标:到2020年体育人口数达到7亿,比例达到50%以上。

随着群众体育基础设施的不断完善,群众体育人口数持续增加,国务院印发的《全民健身计划(2016—2020年)》中指出,支持各地打造具有区域特色、行业特点、影响力大、可持续性强的品牌赛事活动,推动各级各类体育赛事的成果惠及更多群众,促进竞技体育与群众体育全面发展。近些年群众体育赛事价值不断提升、发展前景广阔,如具备良好商业基础的马拉松赛事,已在近些年得到了空前发展。国内的自建赛事IP项目也大幅增加,如智美体育的四季跑、乐视体育举办的X-DRAGON驭雪挑战赛等市场影响力也在提高。自行车、冰雪运动已经成为群众体育赛事的新热点,2015年自行车业余赛事和群众体育赛事占体育赛事的八成以上,推动了自行车赛事商业价值的提升。随着2022年北京冬奥会的申办成功，我国对冰雪体育场地建设进行了大量投入，冰雪运动赛事不断增加，带动了冰雪运动体育人口数显著提高。2015年国家体育总局明确指出，要实现"三亿人上冰雪"的目标，重要任务就是要推动大众冰雪运动发展，希望让更多普通市民通过练习冰雪运动项目受益，通过冰雪运动，带动群众体育的全面发展。2022年数据显示，中国已实现"带动三亿人参与冰雪运动"的目标，全国冰雪运动参与人数达到了3.46亿人，居民参与率达到24.56%，全国已有654块标准冰场，803个室内外各类滑雪场。

当前我国消费结构和消费心理发生了根本性变革，对于消费活动参与感、健康性、社交性的要求与日俱增。随着中国群众体育事数量的增多，更多有号召力的群众体育赛事品牌，通过体育公司打造的各种群众体育精品赛事，吸引了更多的群众参与到体育活动中来。跑步运动项目的群众基础广泛，根据《2015中国体育行业商业价值报告》显示，在"大众经常参与的体育运动"中，跑步以43%的参与度名列第一位。《2015年体育人口分析报告》显示，居民参加体育健身过程中经常采用的项目主要有健步走、跑步、羽毛球、乒乓球、骑行、篮球、足球、网球等。在参加体育锻炼的人群中，以"健身走""跑步"作为主要锻炼项目的人数比例最高，占总人数的62%。有专家分析，跑步人口的数量是衡量一个国家文明程度高低的标志之一。近些年，随着社会经济发展和全民健身的不断深入，人们的健身意识显著增强，尤其是跑步运动的人群不断壮大，这些路跑者的异军突起，成为马拉松赛事发展的支配性力量。跑步对于场地没有特殊的要求，不受年龄和时间的限制，可以在室内或室外的任何场地进行。跑步对人体心肺功能、耐力和运动素质的提高具有积极的影响。当一颗颗星汇聚成整片星空，当一滴滴水融合成一片江湖，当一个个跑者汇聚成一个个马拉松基石，当奔跑成为当今运动热词，各地"草根"跑者成了马拉松的中坚力量。这个群体的外在特征，就是常年有规律地坚持长跑，并以参加马拉松赛事为阶段性目标。根据前文统计，2019年我国大陆参加马拉松跑的人数已达713万人。至于平素跑步而没有参加马拉松的爱好者，更是不计其数。从跑步软件也可以看出，随着我国跑步运动群体的发展规模不断壮大，

NIKE+App 和咕咚 App 使用率也出现了爆发式的增长。我国跑步人群规模在不断壮大，跑步运动项目俨然已成为居民健身项目的首要选择，商业化的市场前景非常广阔，见图 3-7。马拉松市场化的发展无疑为广大跑者提供了最好的条件，同时也推动马拉松赛事需求的不断上升，马拉松是在国际群众体育市场中实现商业价值开发较为成熟的赛事，马拉松赛事在我国的商业开发进程不断推进。

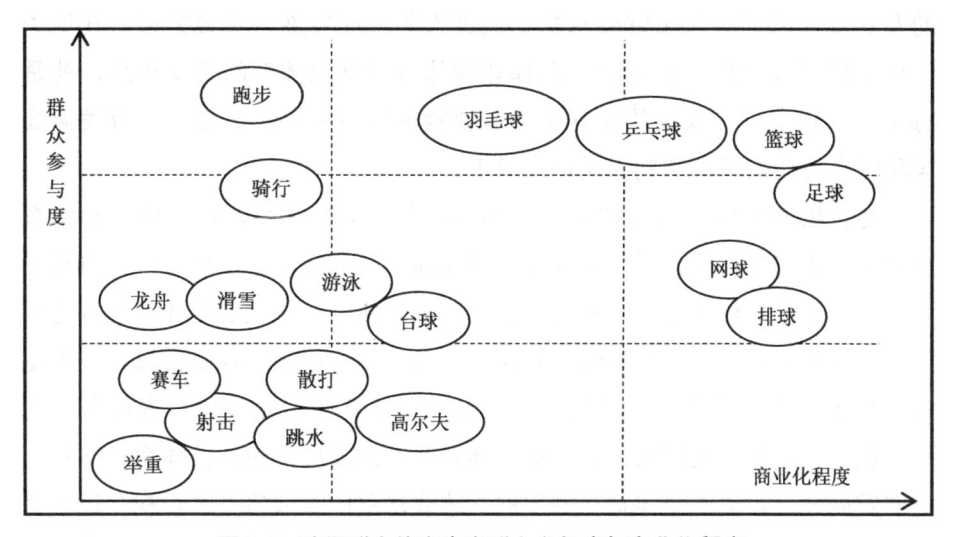

图 3-7 我国群众体育赛事群众参与度与商业化程度

二、竞技体育

竞技体育作为体育事业的重要组成部分，也是人类社会活动的重要组成部分。在举国体制的政策指导与规划下，我国的竞技体育事业取得了举世瞩目的成绩，在世界范围内我国俨然已成为竞技体育强国。同时，竞技体育也发挥着自身巨大的效应，在推动全民健身、推动青少年体育发展、调配体育资源、促进体育产业发展，以及促进社会发展、促进精神文明建设、提升体育文化价值认同感、维护社会稳定等方面均具有重要的价值。随着竞技体育在内容和形式上逐渐与国际接轨，竞技体育越来越展现出其前所未有的社会价值和体育健身功能，人民群众对竞技体育社会价值和健身功能的认识也逐渐加深，极大地影响着人们的体育锻炼意识和行为，从而使全民健身事业得到了蓬勃发展。各种大型竞技体育赛事在社会的影响力非常大，关注度非常高，已经成为人民社会生活的一部分，在促进社会经济发展，提升精神文明建设水平，凝聚民族精神等方面具有重要的意义。竞技体育能有力带动群众体育发展，群众体育具有竞技体育基础的重要作用。这就要求新时代的竞技体育要创新发展理念，始终坚持以人民为中心的发展观，以提高人民健康水平、促进人的全面发展为重要方向，在助力健康中国建设中作出新贡献。发挥竞技体育对群众体育的带动作用，就是将竞技体育发展与人民的美好生活需要紧密联系起来，把竞技体育发展成果和综合功能最终落实到人民群众身上。

马拉松赛事属于竞技体育的一部分，是集竞技体育、群众体育和体育产业于一体的具有综合属性的赛事。群众体育与竞技体育、体育产业协调发展。群众体育与竞技体育、体育产业"三位一体"协调发展是体育强国建设的内在要求。群众体育是基础，竞技体育是引领，体育产业是支撑，三者是相互促进的有机整体，不可偏废。抓好群众体育能为竞技体育提供人才支持，抓好群众体育能扩大消费、促进体育产业的发展；而竞技体育、体育产业的发展又会带动群众体育新的发展。这要求从国家战略高度重视全民健身运动，推动群众体育全面发展，引导青少年广泛参与体育运动。竞技体育的发展本身就会促进马拉松赛事的发展；竞技体育的发展也可以通过促进群众体育和体育产业的发展带动马拉松赛事的发展；竞技体育的发展还可以通过促进社会稳定、提升群体凝聚力、促进社会文化建设等方面来促进马拉松赛事的开展。

我国竞技体育通过深化运动项目协会实体化改革、创新大型赛事办赛理念、取消商业性和群众性赛事审批等方式，不断带动群众体育发展，以服务人民业余文化生活为目的的群众性赛事不断增多，以体育竞赛表演、场馆服务、赛事转播等为主体的服务业比重稳步提高。同时，我国竞技体育也存在与群众体育发展的联动能力不强、短期内不能很好满足全民健身战略多方面需要的问题。新时代，要深入贯彻习近平总书记提出的新要求，以满足人民的体育需求、提高人民的健康水平、促进人的全面发展为重要方向，把竞技体育打造成为实现群众健康生活方式的重要途径，实现竞技体育与群众体育协同共进、融合发展。

一是在协会组织上带动。国家级单项体育协会要走向基层、走向民间，加强对基层体育协会的指导，支持基层协会发展个人会员，让群众广泛参与到协会当中去，把运动项目的普及纳入单项体育协会的工作评价中，通过协会定期组织民间体育活动，利用协会组织把群众体育带动起来。

二是在赛事活动上带动。建立竞技性全民健身赛事体系，打造竞技运动全民参与品牌"同质赛事"，大力推广民间体育赛事，鼓励竞技赛事搭建群众性比赛平台，在专业赛事中设业余组，增加群众性比赛项目，通过专业赛事把业余赛事带动起来，利用赛事扩大体育人口。

三是在竞技标准上带动。在规范专业标准的同时，构建不同项目的群众性业余标准，让不同项目的业余爱好者每年都有新的上升目标、有更高的标准要求，并通过加强对运动水平等级评定的指导，让更多爱好者参与项目比赛。

四是在竞技文化上带动。利用竞技体育特有的精神魅力、激励效应和带动效应，吸引更多群众参与体育，利用体育明星引领群众体育开展，通过定期开展体育明星公益类社会活动，让体育明星接近民众，向民众普及运动常识、推广其从事的运动项目。

五是在运动项目上带动。以人民群众对竞技体育的需求调整运动项目结构，引导运动项目社会化转型，助推群众体育项目化发展。通过项目化推进方式促进运动项目大众参与，引导各类竞技体育项目回归社会，促使竞技体育项目逐渐下沉到群众体育之中，通过创新运动项目参与方式激发人民参与体育的积极性。

六是在科技成果上带动。推动竞技体育先进成果向全民健身转化，把运动员的训练方法、康复手段推广到大众中去，为群众的科学化健身提供指导，利用运动损伤康复、高精尖训练、人工智能、生物技术等运动训练中的新科技，打造覆盖不同人群的健康指导方案，实现以运动促进人民健康。

此外，竞技体育要在场地设施上做到与群众体育共享，大型场馆建设要立足于多种体育功能的充分利用，并要结合人们长期的健身、休闲需求，充分利用竞技体育资源弥补群众体育资源的不足，各类训练中心和基地在完成训练任务的同时，可以向群众开放，为广大群众提供基本公共体育服务。

三、体育场馆

体育场馆建设是社会发展与进步的重要标志，是开展全民健身活动的基本条件。体育场馆的发展速度影响着体育人口的增长速度和大众体育项目的选择，也是影响人们参与体育锻炼的主要因素。充分发挥体育场馆设施的社会服务功能，向社会全面开放，提供多样化的体育服务，才能促进广大群众体育锻炼的积极性和锻炼热情，不断增加体育锻炼人口数量，全民健身相关的各种体育赛事才能得到更好的开发与开展，助推群众体育赛事向更高水准的商业化发展。从近些年蓬勃发展的马拉松赛事就可以看到这一市场化趋势。

随着2008年国家《全民健身条例》的出台，体育场馆建设大幅提速，在城乡社区和体育广场等体育设施覆盖率已经得到大幅度提高，参加日常锻炼的人数也日益增多。国务院印发的《全民健身计划（2021—2025年）》中指出，要统筹建设全民健身场地设施，增加健身场地资源的有效供给，减少无效供给，使健身场地设施真正在全民健身中发挥应有的价值。在今后几年，要加大对中小型的健身体育场馆、县级全民健身中小社区多功能健身场所的投入力度，探索体育场馆的公共服务模式，为促进全民健身事业的发展起到积极的促进作用。

数据显示，至2020年年底，全国体育场地共有371.34万个，体育场地面积30.99亿平方米，人均体育场地面积2.20平方米。其中，人均体育场地面积较2019年的2.08平方米增长0.12平方米，体育场地数量较2019年的354.4万个增长16.94万个。至2021年年底，全国共有397.14万个体育场地，面积达到34.11亿平方米，人均体育场地面积2.41平方米。其中，人均体育场地面积较2020年的2.20平方米增长0.21平方米，体育场地数量较2020年的371.34万个增长25.8万个。至2022年年底，全国体育场地达422.68万个，体育场地面积37.02亿平方米，人均体育场地面积2.62平方米。这些数据表明，近些年，我国体育设施建设规模取得快速增长，体育场馆数量和规模双线扩增，为我国体育事业的发展奠定了坚实的基础。通过公共体育场地的建设，促进全民建设的不断推进，全民健身对群众体育赛事商业化的推动作用不断增强，群众体育赛事商业化程度较高的马拉松赛事得到了更好的发展。

第四章　中国马拉松赛事发展动力机制理论模型构建

第一节　动力机制理论模型指标体系的初选

根据前文分析，可以发现中国马拉松赛事发展的动力因素是多方面的，这些因素对马拉松赛事发展的作用方式是不同的。基础设施、经济实力和产业发展对于马拉松赛事的发展起到支持性作用，这些因素表现为支持力；群众体育、竞技体育和体育场地对于马拉松赛事发展起到拉动性作用，这些因素表现为拉动力；政策效应和财政投入对于马拉松赛事发展起到推动性作用，这些因素表现为推动力；自然资源、社会文化环境和教育水平对于马拉松赛事的发展起到约束性作用，这些因素表现为约束力。根据以上分析，本书初步确定中国马拉松赛事发展动力评价指标体系的第一级指标和第二级指标，即一级指标为支持力、拉动力、推动力、约束力；二级指标为基础设施、经济实力、产业发展、群众体育、竞技体育、体育场地、政策效应、财政投入、自然资源、社会文化环境、教育水平11个指标。

中国马拉松赛事发展动力评价指标体系三级指标的初步选取，主要基于以下四方面原则：第一，对已有相关文献涉及11个维度的设计指标中使用频率较高的指标，充分反映指标选取的一般性原则；第二，本书研究中国马拉松赛事发展动力问题，选择的指标应尽可能反映研究目的实际需求，充分反映指标选取的一致性原则；第三，选取的每个指标体系内涵清晰，从逻辑上排除变量间的显著相关关系，充分反映指标选取的独立性原则；第四，选取的指标应充分考虑整体样本的适用性,其数据有稳定的来源途径,充分反映指标数据的可获得性原则。在遵循以上四个指标选取原则的基础上,本书选取了中国马拉松赛事发展动力评价指标体系的第三级指标。将选取的第一级、第二级、第三级评价指标进行汇总与整理,见表4-1。从表4-1中可以看到,中国马拉松赛事发展动力初选评价指标体系架构,共包含4个一级指标,10个二级指标,51个三级指标。

表4-1 马拉松赛事发展动力初始指标

一级指标	二级指标	三级指标
支持力	基础设施	城市道路总面积(平方米) 人均城市道路面积(平方米) 全年公共交通客运总量(万人) 年末实有公共汽车营运车数(辆) 每万人拥有公交车数(辆) 年末实有出租车数(辆)
	经济实力	地区生产总值(亿元) 人均生产总值(元) 城镇居民人均可支配收入(元) 人均居民消费支出(元) 居民消费水平(万) 全社会固定资产投资额(亿元)
拉动力	体育产业	体育产业从业人员数(个) 体育工作管理机构数(个) 体育彩票销售额(亿元) 体育产业增加值(亿元) 第三产业增加值(亿元) 体育事业经营收入(亿元)
	群众体育	社会体育指导员数(人) 体育社会组织数(个) 社区健身俱乐部数量(个) 社区健身俱乐部会员数(个) 国民体质监测站点数(个) 国民体质监测受测人数(人)
	体育场地	体育场地面积(平方米) 体育场地数(个) 体育器材数(个)

(续表)

一级指标	二级指标	三级指标
拉动力	竞技体育	体育俱乐部数（个）
		运动项目管理人员数（人）
		体育运动学校在校生数（人）
		等级运动员数（人）
		专职教练员数（人）
		优秀裁判员数（人）
推动力	财政投入	一般财政投入（万元）
		群众体育财政投入（万元）
		竞技体育财政投入（万元）
		体育场地设施投入（万元）
	政策效应	体育产业增加值（亿元）
		第三产业增加值（亿元）
约束力	自然资源	建成区绿化覆盖率（%）
		城市绿地面积（平方米）
		旅游景区数（个）
		国家级生态示范区数（个）
	文化环境	教育经费投入（元）
		普通高校教师数（人）
		普通高校在校生数（人）
		体育文化娱乐业投资（亿）
		公共图书馆读者数（人）
		每万人公共图书馆藏书（册）

第二节 动力机制理论模型指标体系的遴选

将中国马拉松赛事发展动力初选评价指标体系制成专家调查表，逐一对各级评价指标体系的适合度进行评价与筛选（第一轮）。运用李克特五级赋分标准，按适合程度从低到高赋值，分别赋值 1～5 分，赋分过程综合考虑以下四个方面：（1）指标与研究目的的切合度；（2）指标与上一级指标所属性；（3）统计数据可获取性；（4）指标与其他同级指标重复性。对专家打分情况进行统计分析，根据评判标准对指标进行取舍，只要满足依据之一就删除该指标。删除指标的依据：（1）指标得分的变异系数大于 25%；（2）指标的平均得分低于 3.5，即达不到总分的 70%。再结合专家给出的具体意见和建议对相关指标进行一定的调整，

调整之后，评价体系中的一级指标没有变化。二级指标上的变化为：将支持力中的体育产业改为政策效应，归为推动力中；将约束力中的教育水平维度与社会文化环境维度合并，统称为文化环境；将拉动力中的体育场地维度与群众体育维度合并，统称为群众体育。三级指标的变化为：在基础设施维度中删除年末实有出租车数（辆）、年末实有公共汽车营运车数（辆）、城市道路总面积（平方米）；在经济实力维度中删除城镇居民人均可支配收入（元）、全社会固定资产投资额（亿元）；原体育产业维度中的第三产业增加值和体育产业增加值调整到政策效应维度中；在群众体育维度中删除社区健身俱乐部会员数（个）、国民体质监测站点数（个）；在原体育场地维度中的体育场地面积（平方米）归为群众体育维度中，删除体育场地数（个）、体育器材数（个）；在竞技体育维度中删除优秀裁判员数（人）、体育运动学校在校生数（人）；在自然资源维度中删除掉人均绿化面积（平方米）、园林绿化面积；在文化环境维度中删除每万人拥有的影剧院数（个）、文化产业增加值（%）。最终通过第一轮的专家筛选，一级评价指标 4 个；二级评价指标 8 个，三级评价指标 32 个，见表 4-2。

表 4-2 马拉松赛事发展动力评价指标体系第一轮筛选结果

一级指标	二级指标	三级指标
支持力	基础设施	人均城市道路面积（平方米）
		全年公共交通客运总量（万人）
		每万人拥有公交车数（辆）
	经济实力	地区生产总值（亿元）
		人均生产总值（元）
		人均居民消费支出（元）
		居民消费水平（元）
拉动力	群众体育	社会体育指导员数（人）
		体育社会组织数（个）
		社区健身俱乐部数量（个）
		国民体质监测受测人数（人）
		体育场地面积（平方米）

(续表)

一级指标	二级指标	三级指标
拉动力	竞技体育	体育俱乐部数（个）
		运动项目管理人员数（人）
		等级运动员数（人）
		专职教练员数（人）
推动力	财政投入	一般财政投入（万元）
		群众体育财政投入（万元）
		竞技体育财政投入（万元）
		体育场地设施投入（万元）
	政策效应	体育产业增加值（亿元）
		第三产业增加值（亿元）
约束力	自然资源	建成区绿化覆盖率（%）
		城市绿地面积（平方米）
		旅游景区数（个）
		国家级生态示范区数（个）
	文化环境	教育经费投入（元）
		普通高校教师数（人）
		普通高校在校生数（人）
		体育文化娱乐业投资（亿）
		公共图书馆读者数（人）
		每万人公共图书馆藏书（册）

根据第一轮专家对指标筛选的建议和意见，对相关指标进行调整和修正后，制成专家调查表，完全按照第一轮的筛选依据和赋分方法，再请相关专家进行第二轮指标筛选，具体构建过程见附录2。在第二轮筛查结果中，一级指标和二级指标没有变化，在三级指标中共删除了6个指标，即全年公共交通客运总量（万人）、人均居民消费支出（元）、社区健身俱乐部数量（个）、每万人公共图书馆藏书（册）、普通高校教师数（人）、国家级生态示范区数（个）。最终通过第二轮的专家筛选，剩余一级评价指标4个；二级评价指标8个，三级评价指标26个，见表4-5。

根据第二轮专家对指标筛选的建议和意见，对相关指标进行调整和修正后，制成专家调查表，进行第三轮调查咨询调查，在请专家赋分的同时，要求专家对问卷的效度进行检验。通过对第三轮调查结果统计分析，得到评价指标体系的效度见表 4-3，从表 4-3 可以看出，有 58% 的专家选择非常合理，有 30% 的专家选择比较合理，说明专家对问卷的设计比较满意，问卷具有较高的有效性。采用 Cronbach's Alpha（克隆巴赫系数）对评价指标体系进行信度检验，由于评价指标体系具有层级关系，因此，分别对各层级的信度进行检验，三级指标按照所属上一层级范围进行分组检验，具体结果见表 4-4，可以看出，各分级指标内部一致性较高，Cronbach's Alpha 均在 0.70 以上，整体 Cronbach's Alpha 为 0.765，说明评价指标体系具有较高的内部一致性系数。

表 4-3　评价指标体系的专家效度检验结果（n=103）

	非常合理	比较合理	合理	比较不合理	非常不合理
一级指标	78（76%）	18（17%）	7（7%）	0	0
二级指标	55（53%）	37（36%）	9（9%）	2（2%）	0
三级指标	45（44%）	39（38%）	16（15%）	3（3%）	0
综合结果	58%	30%	10%	2%	0

表 4-4　评价指标体系的信度检验结果（n=103）

层级	Cronbach's Alpha	层级	Cronbach's Alpha
A1—A4	0.740	C14—C17	0.729
B1—B8	0.784	C18—C19	0.707
C1—C2	0.809	C20—C22	0.726
C3—C5	0.783	C23—C26	0.828
C6—C9	0.719	综合结果	0.765
C10—C13	0.832		

第三节　动力机制理论模型指标体系的权重

根据专家第三轮对指标体系重要程度的调查结果来确定评价指标体系的权重值。首先计算每个指标（4+8+26）的得分和；其次将每个级别所包含的指标所得分和相加，计算每级指标的总得分，三级指标按照所属上一层级的范围进行分组求总得分（层级如表 4-5 所示）；最后用每个指标得分和除以所在级别的总得分，得到各指标的权重系数，具体结果见表 4-5。

表 4-5 马拉松赛事发展动力评价指标体系最终结果及权重系数

一级指标	二级指标	三级指标
支持力（A1）0.24	基础设施（B1）0.63	人均城市道路面积（平方米）（C1）0.61
		每万人拥有公交车数（辆）（C2）0.39
	经济实力（B2）0.37	地区生产总值（亿元）（C3）0.43
		人均生产总值（元）（C4）0.36
		居民消费水平（元）（C5）0.21
拉动力（A2）0.28	群众体育（B3）0.59	社会体育指导员数（人）（C6）0.14
		体育社会组织数（个）（C7）0.31
		国民体质监测受测人数（人）（C8）0.19
		体育场地面积（平方米）（C9）0.36
	竞技体育（B4）0.41	等级运动员数（人）（C10）0.18
		专职教练员数（人）（C11）0.16
		体育俱乐部数（个）（C12）0.31
		运动项目管理人员数（人）（C13）0.35
推动力（A3）0.27	财政投入（B5）0.52	竞技体育财政投入（万元）（C14）0.20
		体育场地设施投入（万元）（C15）0.29
		群众体育财政投入（万元）（C16）0.27
		一般财政投入（万元）（C17）0.24
	政策效应（B6）0.48	第三产业增加值（亿元）（C18）0.41
		体育产业增加值（亿元）（C19）0.59
约束力（A4）0.21	自然资源（B7）0.43	旅游景区数（个）（C20）0.44
		城市绿地面积（平方米）（C21）0.21
		建成区绿化覆盖率（%）（C22）0.35
	文化环境（B8）0.57	体育文化娱乐业投资（亿）（C23）0.27
		普通高校在校生数（人）（C24）0.24
		教育经费投入（元）（C25）0.26
		公共图书馆读者数（人）（C26）0.23

第四节 动力机制理论模型的确定

通过对中国马拉松赛事发展动力评价指标体系构建过程分析可知，推动中国马拉松赛事发展动力评价指标体系中最终确定的一级指标有 4 个，即支持力、拉动力、推动力和约束力；二级指标有 8 个，即基础设施、经济实力、群众体育、竞技体育、财政投入、政策效应、自然资源、文化环境；三级指标 26 个，即人均城市道路面积（平方米）、每万人拥有公交车数（辆）、地区生产总值（亿元）、人均生产总值（元）、居民消费水平（元）、社会体育指导员数（人）、体育社会组织数（个）、国民体质监测受测人数（人）、体育场地面积（平方米）、体育俱乐部数（个）、运动项目管理人员数（人）、等级运动员数（人）、专职教练员数（人）、一般财政投入（万元）、群众体育财政投入（万元）、竞技体育财政投入（万元）、体育场地设施投入（万元）、体育产业增加值（%）、第三产业增加值（%）、建成区绿化覆盖率（%）、城市绿地面积（平方米）、旅游景区数（个）、教育经费投入（元）、普通高校在校生数（人）、体育文化娱乐业投资（亿）、公共图书馆读者数（人）。

本书将中国马拉松赛事发展动力评价指标体系中的 4 个一级指标称为动力要素；将 8 个二级指标称为影响因素；将 26 个指标称为测量指标。这些评价指标相互联系、相互作用构成了具有特定功能的有机整体，中国马拉松赛事发展动力机制也是结构和功能的统一体。本书将马拉松赛事发展作为一个系统，明确影响这个系统发展的相关因素的关系和相互作用规律，探讨中国马拉松赛事发展动力结构体系及其运行规律，为中国马拉松赛事更好地开展提供思路。中国马拉松赛事的发展受不同作用力驱动赛事得以持续、健康发展。

基于以上分析，将影响中国马拉松赛事发展的动力分为支持力、拉动力、推动力和约束力 4 个动力要素。在支持力要素上，表现为经济实力和基础设施因素对于马拉松赛事的发展起到支持性作用；在拉动力要素上，表现为竞技体育和群众体育因素的快速发展拉动着马拉松赛的发展；在推动力要素上，表现为财政投入和政策效应因素推动着马拉松赛事快速发展；在约束力要素上，主要体现在自然资源和文化环境因素对马拉松赛事发展的影响上，这些约束力能够保证马拉松赛事发展的健康程度、发展方向的正确性和区域的协调性。基于以上分析本书构建了中国马拉松赛事发展动力机制理论模型，见图 4-1。各影响因素对中国马拉松赛事发展的作用关系是不同的，必须充分发挥其动力因素，在约束范围内，突破限制才能取得创新性发展。马拉松赛事发展在不同的发展阶段和发展热点区，各测量指标、影响因素之间表现出不同的相互作用关系和相互作用程度，综合影响着马拉松赛事的发展进程。表现在时间维度上，各测量指标和影响因素对推动马拉松赛事发展进程所起到的促进程度是不同的；在空间维度上，马拉松赛事发展的不同热点区域、各测量指标和影响因素对马拉松赛事发展的动力支持程度是不同的。基于以上分析，本书提出如下6个研究假设：

H1：在时间维度上，马拉松赛事发展动力的测量指标、影响因素与马拉松赛事发展综合指数呈正相关关系。H2：在时间维度上，马拉松赛事发展不同年度的综合动力值之间存在显著性差异。H3：在时间维度上，马拉松赛事发展不同影响因素和动力要素的动力值存在显著性差异。H4：在空间维度上，马拉松赛事发展动力的测量指标、影响因素与马拉松赛事发展综合指数呈正相关关系。H5：在空间维度上，马拉松赛事发展不同热点区的综合动力值之间存在显著性差异。H6：在空间维度上，马拉松赛事发展不同影响因素和动力要素的动力值存在显著性差异。

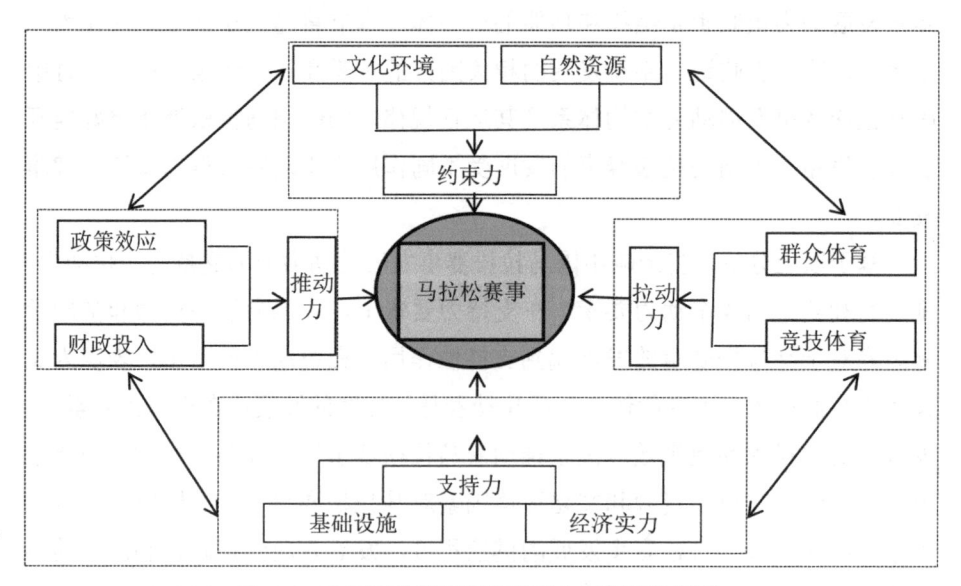

图 4-1　中国马拉松赛事发展动力机制理论模型

第五章　中国马拉松赛事发展动力机制实证研究

第一节　指标数据的收集与处理

如前文所述，中国马拉松赛事在 39 年的发展历程中出现了显著性的阶段性特征，即第一阶段为萌芽期（1981—1986 年）；第二阶段为初建期（1987—1995 年）；第三阶段为巩固期（1996—2002 年）；第四阶段为发展期（2003—2009 年）；第五阶段为激增期（2010—2019 年）。尤其是在激增期，中国马拉松赛事发展无论是在举办数量上，还是在参赛规模上都显著地高于其他几个发展阶段，在这一阶段，中国马拉松赛事得到了爆发式的发展。因此，本书选取马拉松赛事发展的激增期为研究范围，对这一阶段的马拉松赛事发展情况以及相关动力因素进行分析，具有充分的代表性和现实意义。本书涉及所有研究指标的范围为 2014—2019 年。以我国 31 个省（自治区、直辖市）为单位，对这六年马拉松赛事发展相关指标与影响因素相互作用机制进行实证分析。

一、马拉松赛事发展指标数据的收集与整理

考虑到可量化和可操作性，本书选取了马拉松赛事举办数量和参赛规模两个指标，如前文所述，这两个指标数据通过相关文献资料和马拉松赛事官网上查询获得（不包含港澳台地区），对一部分年份的参赛规模数据进行了估

算处理。马拉松赛事发展指数的计算过程为：

第一，分别计算我国 31 个省（自治区、直辖市）马拉松赛事举办数量和举办规模的总和。

第二，分别计算某省份在近六年相对自身发展总和的指数，计算公式为：$Z_{n_i}=n_i/(n_1+n_2+\cdots+n_i)$，其中 Z 为某省份在该年的发展指数，n_i 为某省份在该年的具体发展数值，在本书中为举办数量和参赛规模。

第三，计算马拉松赛事发展综合指数，将举办数量和参赛规模的发展指数相加求和，即得到某省份在该年的赛事发展综合指数。具体计算结果见表 5-1。

表 5-1 中国马拉松赛事发展综合指数

	2014 年	2015 年	2016 年	2017 年	2018 年	2019 年
北京	0.396	0.150	0.091	0.046	0.130	0.043
天津	0.209	0.257	0.474	0.237	0.226	0.226
河北	0.283	0.142	0.390	0.065	0.062	0.062
山西	0.529	0.218	0.201	0.201	0.192	0.192
内蒙古	0.131	0.325	0.299	0.150	0.143	0.143
辽宁	0.428	0.266	0.183	0.183	0.116	0.116
吉林	0.370	0.231	0.212	0.212	0.000	0.000
黑龙江	0.000	0.000	0.201	0.000	0.000	0.000
上海	0.569	0.178	0.082	0.082	0.078	0.078
江苏	0.382	0.174	0.120	0.160	0.114	0.076
浙江	0.744	0.133	0.061	0.061	0.058	0.058
安徽	0.131	0.166	0.000	0.000	0.000	0.000
福建	0.244	0.229	0.210	0.070	0.133	0.200
江西	0.000	0.000	0.363	0.000	0.000	0.000
山东	0.479	0.149	0.183	0.183	0.130	0.174
河南	0.396	0.164	0.302	0.151	0.144	0.144
湖北	0.162	0.204	0.000	0.000	0.178	0.178
湖南	0.317	0.397	0.000	0.000	0.000	0.173
广东	0.249	0.249	0.172	0.172	0.054	0.054
广西	0.209	0.257	0.474	0.237	0.226	0.226
海南	0.327	0.271	0.249	0.124	0.237	0.119
重庆	0.183	0.229	0.210	0.210	0.200	0.000
四川	0.448	0.282	0.000	0.000	0.000	0.000

(续表)

	2014 年	2015 年	2016 年	2017 年	2018 年	2019 年
贵州	0.342	0.421	0.292	0.194	0.185	0.185
云南	0.345	0.286	0.394	0.263	0.000	0.000
西藏	0.000	0.432	0.401	0.401	0.383	0.383
陕西	0.467	0.194	0.178	0.000	0.170	0.170
甘肃	0.614	0.191	0.176	0.176	0.167	0.000
青海	0.000	0.000	0.000	0.000	0.000	0.000
宁夏	0.000	0.374	0.346	0.346	0.331	0.331
新疆	0.000	0.000	0.000	0.000	0.000	0.000

二、马拉松赛事发展影响因素数据的收集与整理

中国马拉松赛事发展动力评价指标体系中的动力要素和影响因素为潜变量，是不可观测指标，测量指标为显变量，是可观测指标，因此，本书只对测量指标的数据进行收集和处理。基础设施、经济发展、文化环境和自然资源影响因素所包含的所有测量指标是通过查阅《中国统计年鉴》获得，自然资源所包含的旅游景区数量是通过查阅《中国旅游统计年鉴》获得；财政投入影响因素所包含的群众体育投入、竞技体育投入测量指标是通过查阅《体育事业统计年鉴》获得，《体育事业统计年鉴》具有滞后性，在具体统计过程中往前递减一年进行计算，由相关分析的性质决定了向前递减一年的数据处理不会影响最终的研究结果。财政投入影响因素所包含的一般财政投入测量指标，通过查阅《中国区域经济统计年鉴》获得；政策效应影响因素所包含的第三产业增加值测量指标，通过查阅《中国统计年鉴》获得，所包含的体育产业增加值测量指标，一部分是通过查阅《中国体育产业发展报告》获得，另外一部分数据是通过体育产业增加值占地区 GDP 总量的百分比估算获得；竞技体育和群众体育影响因素所包含的测量指标，通过查阅 2014—2019 年《中国体育事业统计年鉴》获得，在具体统计过程中往前递减一年进行计算。

在进行数据收集与统计处理基础上，对我国 31 个省（自治区、直辖市）2014—2019 年每一年的所有测量指标数据进行汇总，同时对测量指标数据在时间和空间两个维度进行归纳整理，为后续的研究做好充足的准备，时间维

度上表现为马拉松赛事发展的 2014—2019 年所有测量指标数据；空间维度上表现为马拉松赛事发展的高热点区、中高热点区、中热点区、中低热点区、低热点区的所有测量指标数据。

第二节 时间维度实证研究

一、时间维度上发展动力机制作用关系分析

在 2014—2019 年时间维度上，为了探讨我国 31 个省（自治区、直辖市）马拉松赛事发展动力测量指标、影响因素与综合指数的相关关系，首先将我国 31 个省（自治区、直辖市）马拉松赛事发展综合指数与测量指标进行相关分析，其中测量指标与综合指数的相关关系采用简单相关分析。其次分析影响因素与综合指数的相关关系，采用影响因素所包含的测量指标进行复相关分析，结果见表 5-2。从表 5-2 可以看出，在时间维度上，2014—2019 年中国马拉松赛事发展综合指数与测量指标的相关系数中，有 7 个指标的相关系数为 0.40 以下，其余 19 个指标都在 0.40 以上。复相关系数是反映 8 个影响因素与马拉松赛事发展综合指数的相关程度，从中看出，所有复相关系数均在 0.45 以上。可以认为，在时间维度上，马拉松赛事发展动力影响因素中，基础设施、经济实力、群众体育、竞技体育、财政投入、政策效应、自然资源、文化环境 8 个影响因素均与马拉松赛事发展综合指数具有中度以上的正相关关系。

表 5-2　2014—2019 年马拉松赛事发展综合指数与动力指标相关分析

影响因素	测量指标	简单相关系数	复相关系数
基础设施（B1）	人均城市道路面积（平方米）（C1）	0.417**	0.536
	每万人拥有公交车数（辆）（C2）	0.434**	
经济实力（B2）	地区生产总值（亿元）（C3）	0.484**	0.571
	人均生产总值（元）（C4）	0.372**	
	居民消费水平（元）（C5）	0.446**	

(续表)

影响因素	测量指标	简单相关系数	复相关系数
群众体育（B3）	社会体育指导员数（人）（C6）	0.439**	0.591
	体育社会组织数（个）（C7）	0.400**	
	国民体质监测受测人数（人）（C8）	0.474**	
	体育场地面积（平方米）（C9）	0.188	
竞技体育（B4）	等级运动员数（人）（C10）	0.401**	0.517
	专职教练员数（人）（C11）	0.400**	
	体育俱乐部数（个）（C12）	0.400**	
	运动项目管理人员数（人）（C13）	0.196	
财政投入（B5）	竞技体育财政投入（万元）（C14）	0.434**	0.532
	体育场地设施投入（万元）（C15）	0.487**	
	群众体育财政投入（万元）（C16）	0.307*	
	一般财政投入（万元）（C17）	0.464**	
政策效应（B6）	第三产业增加值（亿元）（C18）	0.558**	0.560
	体育产业增加值（亿元）（C19）	0.492**	
自然资源（B7）	旅游景区数（个）（C20）	0.310*	0.459
	城市绿地面积（平方米）（C21）	0.400**	
	建成区绿化覆盖率（%）（C22）	0.317*	
文化环境（B8）	体育文化娱乐业投资（亿）（C23）	0.416**	0.600
	普通高校在校生数（人）（C24）	0.302*	
	教育经费投入（元）（C25）	0.455**	
	公共图书馆读者数（人）（C26）	0.514**	

通过以上分析可知，在时间维度上，马拉松赛事发展动力的测量指标、影响因素均与马拉松赛事发展综合指数呈正相关关系，因此，支持研究假设 H1。

二、时间维度上动力机制作用程度分析

在 2014—2019 年时间维度上，为了分析我国 31 个省（自治区、直辖市）马拉松赛事发展综合动力值，以及动力评价指标体系的动力要素、影响因素、测量指标与赛事发展综合指数的相互作用程度，需要将动力要素、影响因素、测量指标与赛事发展综合指数进行如下三步计算处理。

第一，运用灰色系统理论，首先将马拉松赛事发展动力的测量指标与赛

事发展综合指数进行灰色关联分析。灰色关联分析是对一个系统发展变化态势的定量描述和比较的方法,来分析各个因素对于结果的影响程度,其核心是按照一定规则确立随时间变化的母序列,把各个评估对象随时间的变化作为子序列,求各个子序列与母序列的相关程度,依照相关性大小得出结论。通过计算灰色关联度来探索因素间主次和优劣关系,进而探讨子系统之间的规律特征。本书将马拉松赛事发展综合指数作为母序列,将赛事发展动力的测量指标作为子序列进行灰色关联分析。以2010年我国31个省(自治区、直辖市)马拉松赛事发展综合指数与测量指标进行灰色关联分析为例,其计算过程为:

(1)确定原始数据的母序列和子序列。将2010年马拉松赛事发展综合指数(X_0)作为母序列,将社会体育指导员数(X_1)、体育社会组织数(X_2)、国民体质监测受测人数(X_3)、体育场地面积(X_4)作为子序列,原始数据进行汇总整理,见表5-3。

表5-3 灰色关联分析原始数据

序列	参赛投入与参赛成绩变量						
X_0	0.043 351	0.226 268	0.061 875	0.191 598	0.142 573	0.116 393	⋯
X_1	35 346	10 835	37 623	17 723	38 885	67 227	⋯
X_2	381	85	1 096	969	1 560	1 116	⋯
X_3	110 931	19 675	64 787	11 239	20 650	33 590	⋯
X_4	1 872 980	2 156 000	51 412	188 340	325 764	245 299	⋯

(2)原始数据无量纲化。由于各子序列具有不同的量纲。因此,在计算关联度之前,通常要对原始数据进行无量纲化处理,结果见表5-4。本书采用初值化计算方法,计算公式为

$$X'_i = X_i / x_i(1) = (x'_i(1), x'_i(2), \cdots, x'_i(n)), i = 0, 1, 2, \cdots, m$$

表5-4 数据的无量纲化

序列	参赛投入与参赛成绩变量						
X_0	1.000 0	5.219 4	1.427 3	4.419 6	3.288 8	2.684 9	⋯
X_1	1.000 0	0.306 5	1.064 4	0.501 4	1.100 1	1.902 0	⋯
X_2	1.000 0	0.223 1	2.876 6	2.543 3	4.094 5	2.929 1	⋯
X_3	1.000 0	0.177 4	0.584 0	0.101 3	0.186 2	0.302 8	⋯
X_4	1.000 0	1.151 1	0.027 4	0.100 6	0.173 9	0.131 0	⋯

（3）求差序列，确定最大值和最小值。计算各被评价对象序列与最优参考序列的绝对差序列，计算公式为

$$\Delta_i(k)=|x_0'(k)-x_i'(k)|,\Delta=(\Delta_i(1),\Delta_i(2),\cdots\Delta_i(n)),i=1,2,\cdots m$$

结果见表 5-5。极差最大值为 21.099 7，极差最小值为 0.000。

表 5-5　求序列差

序列	参赛投入与参赛成绩变量						
X_1	0.000 0	4.912 9	0.362 9	3.918 2	2.188 6	0.782 9	…
X_2	0.000 0	4.996 3	1.449 4	1.876 3	0.805 7	0.244 3	…
X_3	0.000 0	5.042 0	0.843 3	4.318 3	3.102 6	2.382 1	…
X_4	0.000 0	4.068 3	1.399 8	4.319 1	3.114 8	2.553 9	…

（4）求关联系数。在计算灰色关联系数时，分辨系数通常取 0～1，本文取分辨系数 $\xi=0.5$，计算公式为

$$\gamma_{0i}(k)=\frac{\min+\xi\max}{\Delta i(k)+\xi\max},\xi\in(0,1),k=1,2,\cdots,n;i=1,2,\cdots m$$

具体计算结果见表 5-6。

表 5-6　计算关联系数

序列	参赛投入与参赛成绩变量						
X_1	1.000 0	0.682 3	0.966 7	0.729 2	0.828 2	0.930 9	…
X_2	1.000 0	0.678 6	0.879 2	0.849 0	0.929 0	0.977 4	…
X_3	1.000 0	0.676 6	0.926 0	0.709 6	0.772 7	0.815 8	…
X_4	1.000 0	0.721 7	0.882 9	0.709 5	0.772 1	0.805 1	…

（5）计算灰色关联度。每个变量关联系数的平均值即得关联度，其计算公式为

$$\gamma_{0i}=\frac{1}{n}\sum_{k=1}^{n}\gamma_{0i}(k),i=1,2,\cdots m$$

求得关联系数分别为

γ_{01}=0.859 3，γ_{02}=0.818 9，γ_{03}=0.837 8，γ_{04}=0.843 2。

根据以上计算过程，分别对 2014—2019 年我国 31 个省（自治区、直辖市）马拉松赛事发展综合指数与测量指标之间进行灰色关联分析，便得到各年的测量指标与赛事发展综合指数的关联度。

第二，根据所计算的关联度，求出各测量指标的动力值。计算方法是将

关联度与各测量指标权重值相乘，即得到各测量指标的动力值。

第三，根据测量指标的动力值，求出影响因素和动力要素的动力值，同时求出该年综合动力值。将影响因素所包含测量指标的动力值相加求和，再乘以影响因素的权重系数就得到各影响因素的动力值，同理可以得到动力要素的动力值，最后将动力要素的动力值相加就得到该年的综合动力值。

2014—2019年马拉松赛事发展综合指数与测量指标的关联度和动力指数计算结果见附录4，动力要素和影响因素的动力指数、动力值和综合动力值计算结果见表5-7至表5-12。

表5-7　2014年马拉松赛事发展动力计算结果（动力要素、影响因素）

指标	动力指数	权重系数	动力值
基础设施（B1）	65.72	0.63	41.41
经济实力（B2）	62.23	0.37	23.03
群众体育（B3）	78.00	0.59	46.02
竞技体育（B4）	87.47	0.41	35.86
财政投入（B5）	62.45	0.52	32.48
政策效应（B6）	61.58	0.48	29.56
自然资源（B7）	61.67	0.43	26.52
文化环境（B8）	63.69	0.57	36.30
支持力（A1）	64.43	0.24	15.46
拉动力（A2）	81.88	0.28	22.93
推动力（A3）	62.03	0.27	16.75
约束力（A4）	62.82	0.21	13.19
综合动力值（Y10）		68.33	

表5-8　2015年马拉松赛事发展动力计算结果（动力要素、影响因素）

指标	动力指数	权重系数	动力值
基础设施（B1）	62.14	0.63	39.15
经济实力（B2）	63.51	0.37	23.50
群众体育（B3）	82.09	0.59	48.43
竞技体育（B4）	92.15	0.41	37.78
财政投入（B5）	80.65	0.52	41.94
政策效应（B6）	61.43	0.48	29.49
自然资源（B7）	73.18	0.43	31.47
文化环境（B8）	82.82	0.57	47.21
支持力（A1）	62.65	0.24	15.04

(续表)

指标	动力指数	权重系数	动力值
拉动力（A2）	86.21	0.28	24.14
推动力（A3）	71.43	0.27	19.29
约束力（A4）	78.68	0.21	16.52
综合动力值（Y11）		74.98	

表5-9　2016年马拉松赛事发展动力计算结果（动力要素、影响因素）

指标	动力指数	权重系数	动力值
基础设施（B1）	68.74	0.63	43.30
经济实力（B2）	70.56	0.37	26.11
群众体育（B3）	81.81	0.59	48.27
竞技体育（B4）	85.57	0.41	35.08
财政投入（B5）	69.54	0.52	36.16
政策效应（B6）	71.61	0.48	34.37
自然资源（B7）	69.44	0.43	29.86
文化环境（B8）	69.47	0.57	39.60
支持力（A1）	69.41	0.24	16.66
拉动力（A2）	83.35	0.28	23.34
推动力（A3）	70.53	0.27	19.04
约束力（A4）	69.46	0.21	14.59
综合动力值（Y12）		73.63	

表5-10　2017年中国马拉松赛事发展动力计算结果（动力要素和影响因素）

指标	动力指数	权重系数	动力值
基础设施（B1）	68.05	0.63	42.87
经济实力（B2）	72.92	0.37	26.98
群众体育（B3）	83.70	0.59	49.38
竞技体育（B4）	86.48	0.41	35.46
财政投入（B5）	88.49	0.52	46.01
政策效应（B6）	73.28	0.48	35.17
自然资源（B7）	72.23	0.43	31.06
文化环境（B8）	72.32	0.57	41.22
支持力（A1）	69.85	0.24	16.76
拉动力（A2）	84.84	0.28	23.76
推动力（A3）	81.19	0.27	21.92
约束力（A4）	72.28	0.21	15.18
综合动力值（Y13）		77.62	

表 5-11　2018 年马拉松赛事发展动力计算结果（动力要素、影响因素）

指标	动力指数	权重系数	动力值
基础设施（B1）	62.56	0.63	39.41
经济实力（B2）	68.33	0.37	25.28
群众体育（B3）	96.72	0.59	57.06
竞技体育（B4）	93.85	0.41	38.48
财政投入（B5）	75.70	0.52	39.36
政策效应（B6）	70.83	0.48	34.00
自然资源（B7）	79.95	0.43	34.38
文化环境（B8）	80.72	0.57	46.01
支持力（A1）	64.70	0.24	15.53
拉动力（A2）	95.54	0.28	26.75
推动力（A3）	73.36	0.27	19.81
约束力（A4）	80.39	0.21	16.88
综合动力值（Y14）		78.97	

表 5-12　2019 年马拉松赛事发展动力计算结果（动力要素、影响因素）

指标	动力指数	权重系数	动力值
基础设施（B1）	66.78	0.63	42.07
经济实力（B2）	75.73	0.37	28.02
群众体育（B3）	84.76	0.59	50.01
竞技体育（B4）	94.61	0.41	38.79
财政投入（B5）	81.21	0.52	42.23
政策效应（B6）	79.82	0.48	38.31
自然资源（B7）	83.42	0.43	35.87
文化环境（B8）	81.34	0.57	46.36
支持力（A1）	70.09	0.24	16.82
拉动力（A2）	88.80	0.28	24.86
推动力（A3）	80.54	0.27	21.75
约束力（A4）	82.23	0.21	17.27
综合动力值（Y15）		80.70	

为了更清晰、直观地呈现 2014—2017 年马拉松赛事发展影响因素和动力要素的动力值以及综合动力值所表现出来的特征，将 2014—2017 年马拉松赛事发展影响因素和动力要素的动力值以及综合动力值进行汇总整理，见表

5-13 和表 5-14。从表中可以看出，影响因素动力值、动力要素动力值和综合动力值，无论在横向上，还是在纵向上都表现出了一定的动态变化特征。

表 5-13 时间维度马拉松赛事发展动力影响因素动力值

	B1	B2	B3	B4	B5	B6	B7	B8	总和
2014 年	41.41	23.03	46.02	35.86	32.48	29.56	26.52	36.3	271.18
2015 年	39.15	23.5	48.43	37.78	41.94	29.49	31.47	47.21	298.97
2016 年	43.3	26.11	48.27	35.08	36.16	34.37	29.86	39.6	292.75
2017 年	42.87	26.98	49.38	35.46	46.01	35.17	31.06	41.22	308.15
2018 年	39.41	25.28	57.06	38.48	39.36	34	34.38	46.01	313.98
2019 年	42.07	28.02	50.01	38.79	42.23	38.31	35.87	46.36	321.66
总和	248.21	152.92	299.17	221.45	238.18	200.9	189.16	256.7	1 806.69

表 5-14 时间维度马拉松赛事发展动力动力要素和综合动力值

	A1	A2	A3	A4	综合动力值
2014 年	15.46	22.93	16.75	13.19	68.33
2015 年	15.04	24.14	19.29	16.52	74.99
2016 年	16.66	23.34	19.04	14.59	73.63
2017 年	16.76	23.76	21.92	15.18	77.62
2018 年	15.53	26.75	19.81	16.88	78.97
2019 年	16.82	24.86	21.75	17.27	80.7
总和	96.27	145.78	118.56	93.63	454.24

从纵向上看（各年之间），中国马拉松赛事发展动力值在不同年度出现一定的变化特征，如表 5-13 和表 5-14。为了分析这种变化的差异性，运用单因素方差分析，对影响因素和动力要素的动力值进行差异性分析。

将不同年度影响因素的动力值进行单因素方差分析，方差齐性检验结果为 $F=0.107$，$Sig=0.990>0.05$，说明方差为齐性。方差分析结果为 $F=0.322$，$Sig=0.898>0.05$，说明不同年度影响因素的动力值不具有显著性差异。将不同年度的动力要素动力值进行单因素方差分析，方差齐性检验结果为 $F=0.086$，$Sig=0.994>0.05$，说明方差为齐性。方差分析结果为 $F=0.284$，$Sig=0.916>0.05$，说明，不同年度的动力要素动力值不具有显著性差异，结果见表 5-15 和表 5-16。

从以上分析可得，在时间维度上，马拉松赛事发展不同年度的综合动力值之间不存在显著性差异，因此，否定研究假设 H2。

表 5-15 不同年度影响因素动力值方差分析

	平方和	df	均方	F	显著性
组间	208.482	5	41.696	0.322	0.898
组内	8557.726	66	129.663		
总数	8766.208	71			

表 5-16 不同年度动力要素动力值方差分析

	平方和	df	均方	F	显著性
组间	24.621	5	4.924	0.284	0.916
组内	311.837	18	17.324		
总数	336.458	23			

不同年度动力要素动力值变化表现为该年的动力综合值，从计算结果可以看出，在总体上，动力综合值随着时间的递进而呈现逐渐增加的趋势，具体表现为：2014 年动力综合值最低；2014—2016 年保持稳定；2017—2019 年逐渐增加。

从横向上看（各指标之间），中国马拉松赛事发展影响因素和动力要素的动力值表现出一定的动态差异性。为了分析这种动态差异性，运用单因素方差分析法，在横向上对影响因素和动力要素的动力值进行差异性分析。

对影响因素的动力值进行单因素方差分析，结果见表 5-17。从表 5-17 可以看出，影响因素动力值方差齐性检验结果为 $F=1.646$，$Sig=0.151>0.05$，说明方差为齐性。方差分析结果为 $F=30.504$，$P<0.01$，说明影响因素之间存在显著性差异，为了探明哪些指标之间存在显著性差异，进行多重比较分析，结果表明，B1—B5、B1—B8、B5—B8；B6—B4、B6—B7、B4—B5，这 6 组不具有显著性差异（$P>0.05$），其余 22 组之间均存在显著性差异（$P<0.01$）。进一步说明，马拉松赛事发展影响因素的动力值具有显著性差异。

将动力要素的动力值进行方差分析，结果见表 5-18。方差齐性检验结果为，方差具有同质性（$P=0.445>0.05$），方差分析结果为 $F=45.504$，$P<0.01$，多重比较表明，只有支持力（A1）和约束力（A4）之间不具有显著性差异（$P>0.05$），但也能够充分证明各动力要素动力值具有显著性差异。

从以上分析可得，在时间维度上，马拉松赛事发展不同影响因素和动力要素的动力值存在显著性差异,因此,支持研究假设 H3。

表 5-17 时间维度影响因素动力值方差分析

	平方和	df	均方	F	显著性
组间	752.391	7	107.484	30.504	0.000
组内	45.390	40	1.135		
总数	797.782	47			

表 5-18 时间维度各动力要素动力值方差分析

	平方和	df	均方	F	显著性
组间	293.213	3	97.738	45.202	0.000
组内	43.245	20	2.162		
总数	336.458	23			

为了分析各影响因素在整个时间维度上对马拉松赛事发展的影响程度,将影响因素分别求和,并进行整体综合排序,见图 5-1。从图 5-1 可以看出,在整个时间维度上,所有 8 个影响因素动力值排序为:群众体育(B3)、文化环境(B8)、基础设施(B1)、财政投入(B5)、竞技体育(B4)、政策效应(B6)、自然资源(B7)、经济实力(B2)。

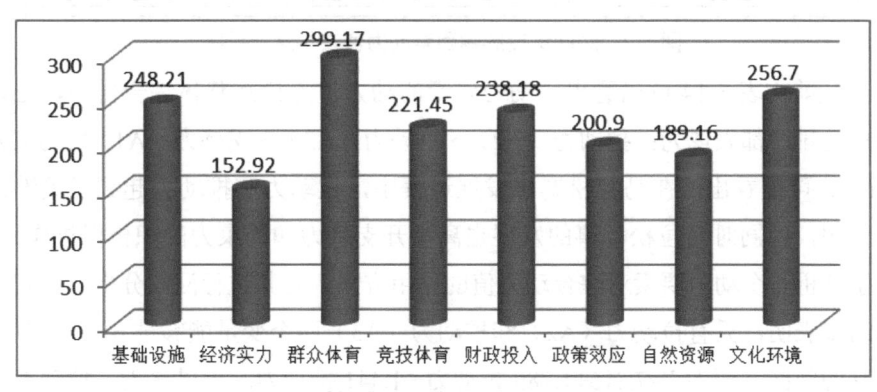

图 5-1 时间维度影响因素动力值综合排序

在时间维度上影响因素动力值排序反映了影响因素对马拉松赛事发展影响程度的大小。8 个影响因素动力值在每个年度上的排序会有所不同,为了分析 8 个影响因素动力值在不同年度的动力值排序情况,将 8 个影响因素的动力值按照百分位数法确定的百分位数(P30、P70)划定三个等级(小动力区、中动力区、大动力区），按照不同年份进行等级排序，结果见图 5-4。从图 5-4 可以看出，从 2010—2015 年，除了群众体育（B3）一直在大动力区，竞技体育（B4）一直在中动力区，经济实力（B2）一直在小动力区之外，其余影响因素在动力等级上都有不同程度的变化。在影响因素每年的排序中，只有群众体育（B3）每年都排在第一位之外，其余指标的排序都有变化。从图 5-4 可以看出，大动力区的影响因素对于推动马拉松赛事发展起决定作用，属于关键因素；中动力区的影响因素对于推动马拉松赛事发展起次要作用，属于次要因素；小动力区的影响因素对于推动马拉松赛事发展起一般作用，属于一般因素。

	小动力区	中动力区	大动力区
2014 年	B2、B7、B6、B5	B4、B8	B1、B3
2015 年	B2、B6、B7	B4、B1	B5、B8、B3
2016 年	B2、B7	B6、B4、B5、B8	B1、B3
2017 年	B7、B2	B6、B4、B8	B1、B5、B3
2018 年	B2、B6	B7、B4、B5、B1	B8、B3
2019 年	B2　　　　P30=34.3	B7、B6、B4　　　P70=41.9	B1、B5、B8、B3

图 5-2　时间维度影响因素动力值在年度上排序

从前文表 5-14 可以看出，动力要素的动力值无论是整体综合排序，还是每年的排序都表现为：拉动力（A2）＞推动力（A3）＞支持力（A1）＞约束力（A4）。可以看出，在马拉松赛事发展进程中，拉动力和推动力起到了关键性的作用，但同时马拉松赛事的发展也离不开支持力和约束力的积极促进作用。为了分析 4 个动力要素对综合动力值的作用方式，将其进行回归分析，回归分析结果表明，只有拉动力（A2）和推动力（A3）两个变量能够进入回归方程，建立的回归方程为 $Y=7.315+1.789$ 拉动力 $+1.441$ 推动力。可以认为，拉动力和推动力起到直接推动作用，支持力和约束力起到间接推动作用，见表 5-19。

表 5-19　时间维度动力要素作用方式和作用力度

	支持力（A1）	拉动力（A2）	推动力（A3）	约束力（A4）
作用方式	间接作用	直接作用	直接作用	间接作用
作用力度	16.05	24.30	19.76	15.61

第三节 空间维度实证研究

一、空间维度上发展动力机制作用关系分析

根据前文研究结果可知，中国马拉松赛事发展在空间上可分为高热点区、中高热点区、中热点区、中低热点区、低热点区5个区域。在空间维度上分析中国马拉松赛事发展动力机制各指标相互作用关系，就是要分析测量指标与马拉松赛事发展综合指数的简单相关系数，以及影响因素与发展综合指数的复相关系数。从简单相关系数分析可以得出，绝大多数测量指标与马拉松赛事发展综合指数的相关系数在0.40以上。复相关系数是反映不同区域的8个影响因素与马拉松赛事发展综合指数的相关关系，具体分析结果见表5-20。从表5-20可以看出，绝大多数复相关系数在0.40左右，其整体平均值为0.402，由26个测量指标与发展综合指数的简单相关分析可知，所有测量指标与发展综合指数均呈正相关关系。因此可以认为，中国马拉松赛事发展在高热点区、中高热点区、中热点区、中低热点区、低热点区5个区域上，马拉松赛事发展动力指标体系中，基础设施、经济实力、群众体育、竞技体育、财政投入、政策效应、自然资源、文化环境8个指标均与马拉松赛事发展呈中度以上的正相关关系。

通过以上分析可得，在空间维度上，马拉松赛事发展动力的测量指标、影响因素与马拉松赛事发展综合指数呈正相关关系，因此，支持研究假设H4。

表5-20 空间维度马拉松赛事发展综合指数与动力指标相关分析

	高热点区	中高热点区	中热点区	中低热点区	低热点区
基础设施	0.471	0.403	0.195	0.370	0.122
经济实力	0.526	0.334	0.211	0.184	0.486
群众体育	0.484	0.412	0.402	0.427	0.366
竞技体育	0.286	0.483	0.380	0.310	0.572
财政投入	0.497	0.397	0.508	0.258	0.780
政策效应	0.539	0.306	0.162	0.333	0.627
自然资源	0.475	0.261	0.105	0.104	0.511
文化环境	0.575	0.729	0.644	0.395	0.430

二、空间维度上动力机制作用程度分析

运用灰色关联分析法对马拉松赛事发展的高热点区、中高热点区、中热点区、中低热点区、低热点区5个区域上发展综合指数与发展动力指标进行灰色关联分析。马拉松赛事发展综合指数与测量指标的关联度和动力指数计算结果见附录6，影响因素和动力要素的动力指数、动力值和综合动力值计算结果见表 5-21 至表 5-25。

表 5-21 高热点区马拉松赛事发展动力计算结果（影响因素、动力要素、综合动力）

指标	动力指数	权重系数	动力值
基础设施（B1）	63.78	0.63	40.18
经济实力（B2）	71.39	0.37	26.42
群众体育（B3）	95.55	0.59	56.37
竞技体育（B4）	89.68	0.41	36.77
财政投入（B5）	92.36	0.52	48.03
政策效应（B6）	67.28	0.48	32.30
自然资源（B7）	74.18	0.43	31.90
文化环境（B8）	71.19	0.57	40.58
支持力（A1）	66.59	0.24	15.98
拉动力（A2）	93.14	0.28	26.08
推动力（A3）	80.32	0.27	21.69
约束力（A4）	72.47	0.21	15.22
综合动力值（Y 高）		78.97	

表 5-22 中高热点区马拉松赛事发展动力计算结果（影响因素、动力要素、综合动力）

指标	动力指数	权重系数	动力值
基础设施（B1）	61.79	0.63	38.93
经济实力（B2）	65.71	0.37	24.31
群众体育（B3）	95.59	0.59	56.40
竞技体育（B4）	76.53	0.41	31.38
财政投入（B5）	78.17	0.52	40.65
政策效应（B6）	63.35	0.48	30.41
自然资源（B7）	76.98	0.43	33.10
文化环境（B8）	71.79	0.57	40.92
支持力（A1）	63.24	0.24	15.18
拉动力（A2）	87.77	0.28	24.58

(续表)

指标	动力指数	权重系数	动力值
推动力（A3）	71.06	0.27	19.19
约束力（A4）	74.02	0.21	15.55
综合动力值（Y中高）		74.49	

表5-23 中热点区马拉松赛事发展动力计算结果（影响因素、动力要素、综合动力）

指标	动力指数	权重系数	动力值
基础设施（B1）	72.73	0.63	45.82
经济实力（B2）	73.12	0.37	27.05
群众体育（B3）	82.81	0.59	48.86
竞技体育（B4）	80.57	0.41	33.03
财政投入（B5）	77.54	0.52	40.32
政策效应（B6）	72.26	0.48	34.68
自然资源（B7）	74.06	0.43	31.84
文化环境（B8）	70.18	0.57	40.00
支持力（A1）	72.87	0.24	17.49
拉动力（A2）	81.89	0.28	22.93
推动力（A3）	75.00	0.27	20.25
约束力（A4）	71.85	0.21	15.09
综合动力值（Y中热）		75.76	

表5.24 中低热点区马拉松赛事发展动力计算结果（影响因素、动力要素、综合动力）

指标	动力指数	权重系数	动力值
基础设施（B1）	73.69	0.63	46.42
经济实力（B2）	68.67	0.37	25.41
群众体育（B3）	94.28	0.59	55.62
竞技体育（B4）	89.77	0.41	36.80
财政投入（B5）	75.46	0.52	39.24
政策效应（B6）	63.11	0.48	30.29
自然资源（B7）	71.66	0.43	30.81
文化环境（B8）	69.34	0.57	39.52
支持力（A1）	71.83	0.24	17.24
拉动力（A2）	92.43	0.28	25.88
推动力（A3）	69.53	0.27	18.77
约束力（A4）	70.34	0.21	14.77
综合动力值（Y中低）		76.66	

表 5-25　低热点区马拉松赛事发展动力计算结果（影响因素、动力要素、综合动力）

指标	动力指数	权重系数	动力值
基础设施（B1）	70.05	0.63	44.13
经济实力（B2）	70.02	0.37	25.91
群众体育（B3）	69.75	0.59	41.15
竞技体育（B4）	69.88	0.41	28.65
财政投入（B5）	69.91	0.52	36.35
政策效应（B6）	69.81	0.48	33.51
自然资源（B7）	70.02	0.43	30.11
文化环境（B8）	69.80	0.57	39.78
支持力（A1）	70.04	0.24	16.81
拉动力（A2）	69.80	0.28	19.54
推动力（A3）	69.86	0.27	18.86
约束力（A4）	69.89	0.21	14.68
综合动力值（Y 低）		69.89	

为了更清晰、直观地呈现不同热点区域上马拉松赛事发展影响因素、动力要素的动力值以及综合动力值特征，将 5 个不同区域赛事发展动力影响因素、动力要素和综合动力值进行汇总整理，见表 5-26 和表 5-27。从表中可以看出，影响因素动力值、测量指标的动力值和综合动力值无论是在纵向上，还是在横向上都表现出了一定的动态变化特征。

表 5-26　空间维度马拉松赛事发展动力影响因素动力值

	B1	B2	B3	B4	B5	B6	B7	B8	横向和
高热点区	40.18	26.42	56.37	36.77	48.03	32.3	31.9	40.58	312.55
中高热点区	38.93	24.31	56.4	31.38	40.65	30.41	33.1	40.92	296.1
中热点区	45.82	27.05	48.86	33.03	40.32	34.68	31.84	40	301.6
中低热点区	46.42	25.41	55.62	36.8	39.24	30.29	30.81	39.52	304.11
低热点区	44.13	25.91	41.15	28.65	36.35	33.51	30.11	39.78	279.59
纵向和	215.48	129.1	258.4	166.63	204.59	161.19	157.76	200.8	1 493.95

表 5-27　空间维度马拉松赛事发展动力动力要素动力值和综合动力值

	A1	A2	A3	A4	综合动力值
高热点区	15.98	26.08	21.69	15.22	78.97
中高热点区	15.55	24.58	19.19	15.18	74.5
中热点区	17.49	22.93	20.25	15.09	75.76
中低热点区	17.24	25.88	18.77	14.77	76.66
低热点区	16.81	19.54	18.86	14.68	69.89
纵向和	82.7	119.01	98.76	75.31	375.78

从纵向上看（不同热点区之间），中国马拉松赛事发展影响因素、动力要素的动力值在不同热点区域上出现一定的变化特征，见表 5-26 和表 5-27。为了分析这种变化的差异性，运用单因素方差分析，在纵向上对影响因素和动力要素的动力值进行差异性分析。

将影响因素在不同热点区的动力值进行单因素方差分析，方差齐性检验结果为 $F=0.230$，$Sig=0.920>0.05$，说明方差为齐性。方差分析结果为 $F=0.249$，$Sig=0.908>0.05$，结果见表 5-28。结果可以说明，不同热点区的影响因素的动力值不具有显著性差异。将动力要素在不同热点区的动力值进行单因素方差分析，方差齐性检验结果为 $F=0.333$，$Sig=0.802>0.05$，说明方差为齐性。方差分析结果为 $F=0.045$，$Sig=0.987>0.05$，结果见表 5-29。结果可以说明，不同热点区动力要素的动力值不具有显著性差异。

从以上分析可得，在空间维度上，马拉松赛事发展不同年度的综合动力值之间不存在显著性差异，因此，否定研究假设 H5。

表 5-28　不同热点区影响因素动力值方差分析

	平方和	df	均方	F	显著性
组间	75.177	4	18.794	0.249	0.908
组内	2 638.203	35	75.377		
总数	2 713.379	39			

表 5-29　不同热点区动力要素动力值方差分析

	平方和	df	均方	F	显著性
组间	2.668	3	0.889	0.045	0.987
组内	238.501	12	19.875		
总数	241.169	15			

不同热点区动力要素动力值的变化表现为该年的综合动力值，从图 5-3 和图 5-4 可以看出，低热点区的综合动力值相对较小；中低热点区、中热点区和中高热点区的综合动力值相对较大，且保持稳定；高热点区的综合动力值最大。

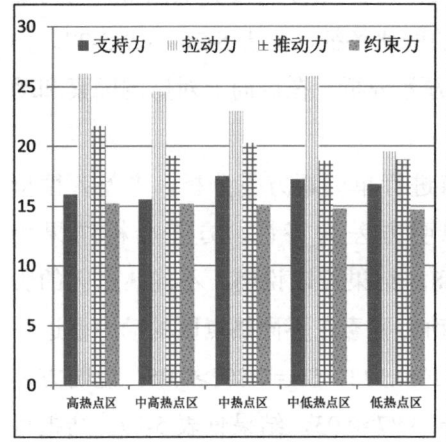

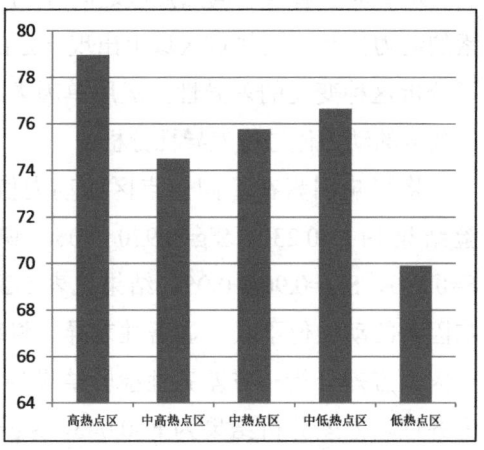

图 5-3 不同热点区动力要素动力值排序　　图 5-4 不同热点区综合动力值排序

从横向上看（不同指标之间），在不同热点区域上，中国马拉松赛事发展影响因素和动力要素的动力值出现一定的变化特征。为了分析影响因素和动力要素的动力值之间的差异性，运用非参数检验，选取 Kruskal-Wallis 检验方法（卡方检验）分别对影响因素和动力要素进行差异性检验。

将中国马拉松赛事发展影响因素的动力值进行卡方检验，检验结果为 χ^2=34.159，Sig=0.000<0.01，说明马拉松赛事发展影响因素动力值在不同年度上具有显著性差异。将动力要素的动力值进行差异性检验分析，检验结果为 χ^2=16.806，Sig=0.001<0.01，说明中国马拉松赛事发展动力要素的动力值在不同热点区上具有显著性差异。

从以上分析可得，在空间维度上，马拉松赛事发展不同影响因素和动力要素的动力值存在显著性差异，因此，支持研究假设 H6。

为了分析各影响因素在整体空间维度上对马拉松赛事发展的影响程度，将空间维度上的影响因素分别求和，并进行整体综合排序，见图 5-5。从图 5-5 可以看出，在整个空间维度上，所有 8 个影响因素动力值排序为群众体育（B3）、基础设施（B1）、财政投入（B5）、文化环境（B8）、竞技体育（B4）、政策效应（B6）、自然资源（B7）、经济实力（B2）。

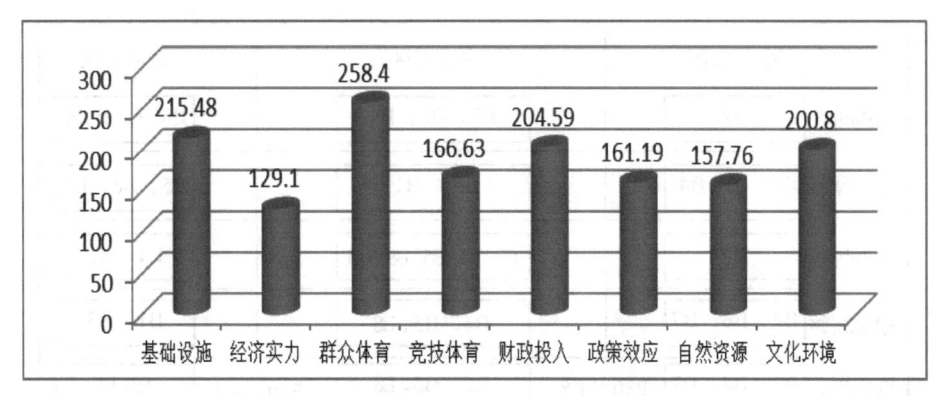

图 5-5　空间维度各影响因素动力值综合排序

在空间维度上，各影响因素动力值排序反映了整体上影响因素对马拉松赛事发展影响程度的大小。8个影响因素动力值在不同热点区域上的排序会有所不同。为了分析8个影响因素动力值在不同区域的动力值排序情况，将8个影响因素的动力值按照百分位数法确定的百分位数（P30、P70）划定三个等级（小动力区、中动力区、大动力区），按照不同年份进行排序，结果见图5-6。从图5-6可以看出，在不同热点区上，除了群众体育（B3）一直在大动力区、经济实力（B2）一直在小动力区之外，其余影响因素在动力等级上都有不同程度的变化。在影响因素总体排序中，群众体育（B3）在每个区域上都排在第一位，经济实力（B2）在每个区域上都排在最后一位，其余指标的排序均有不同程度的变化。大动力区的影响因素对于推动马拉松赛事发展起决定作用，属于关键因素；中动力区的影响因素对于推动马拉松赛事发展起次要作用，属于次要因素；小动力区的影响因素对于推动马拉松赛事发展起一般作用，属于一般因素。

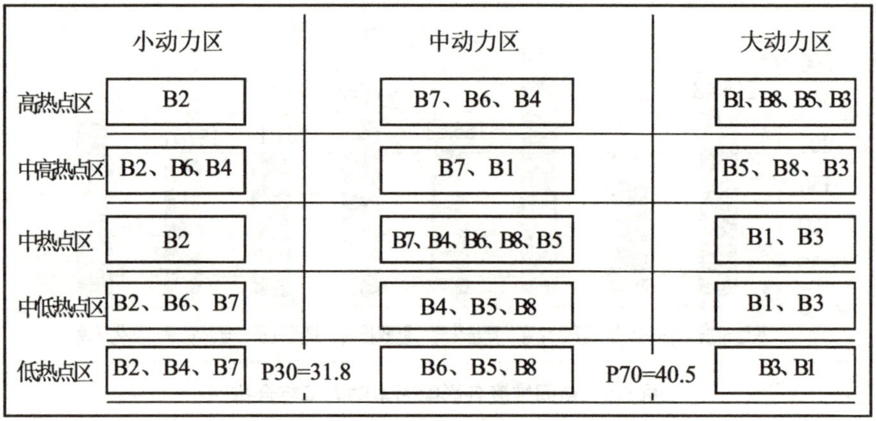

	小动力区	中动力区	大动力区
高热点区	B2	B7、B6、B4	B1、B8、B5、B3
中高热点区	B2、B6、B4	B7、B1	B5、B8、B3
中热点区	B2	B7、B4、B6、B8、B5	B1、B3
中低热点区	B2、B6、B7	B4、B5、B8	B1、B3
低热点区	B2、B4、B7　P30=31.8	B6、B5、B8　P70=40.5	B3、B1

图 5-6　空间维度各影响因素动力值在热点区的排序

从前文表 5-27 可以看出，动力要素动力值无论是整体综合排序，还是在不同热点区的排序都表现为拉动力（A2）>推动力（A3）>支持力（A1）>约束力（A4），从中可以看出，在马拉松赛事发展进程中，拉动力和推动力起了关键性的作用，但同时也离不开支持力和约束力的积极促进作用。为了分析四个动力要素对综合动力值的作用方式，将其进行归回分析，回归分析结果表明，只有拉动力（A2）一个变量能够进入回归方程，建立的回归方程为 $Y=47.926+1.144$ 拉动力。因此可以认为，拉动力在马拉松赛事发展中起到直接作用，而推动力、支持力和约束力起到间接作用，结果见表 5-30。

表 5-30　空间维度动力要素作用方式和作用力度

	支持力（A1）	拉动力（A2）	推动力（A3）	约束力（A4）
作用方式	间接作用	直接作用	间接作用	间接作用
作用力度	16.61	23.80	19.75	14.99

第六章 中国马拉松赛事发展动力机制案例分析

从时间维度和空间维度对中国马拉松赛事发展动力机制进行案例分析,通过案例分析来验证两个维度上中国马拉松赛事发展动力机制,同时对案例中马拉松赛事发展动力机制运行状况进行评价。在时间维度上选取的区域为北京市,以北京市在 2014—2019 年举办的马拉松赛事为案例进行分析;在空间维度的高热点区选择浙江省,中高热点区选择海南省,中热点区选择甘肃省,中低热点区选择山西省,低热点区选择宁夏回族自治区。

第一节 时间维度案例分析

一、北京市马拉松赛事发展情况

据初步统计,从 2014—2019 年,北京市共举办各种类型马拉松赛事 426 场,参赛规模 354 万余人次。将每年的马拉松举办数量除以参赛规模,就得到该年的赛事发展综合指数。具体数据见表 6-1。

表 6-1 2014—2019 年北京市马拉松赛事发展情况

	2014 年	2015 年	2016 年	2017 年	2018 年	2019 年
举办数量 / 场	19	46	73	82	89	117
参赛规模 / 万人次	18	43	61	72	78	82
发展综合指数	1.06	1.07	1.20	1.14	1.14	1.43

二、北京市马拉松赛事发展动力机制运行状况

将 2014—2019 年每两年划分为一个阶段,即 2014—2015 年为第一阶段;2016—2017 年为第二阶段;2018—2019 年为第三阶段。将 2014—2019 年北京市马拉松赛事发展动力的测量指标进行统计整理。如前文所述,运用灰色关联分析法,对北京市马拉松赛事发展动力机制按照不同发展时间阶段进行分析,具体结果见表 6-2 和表 6-3。从中可以看出,基础设施(B1)、经济实力(B2)、群众体育(B3)、竞技体育(B4)、财政投入(B5)、政策效应(B6)、自然资源(B7)、文化环境(B8)等 8 个影响因素对北京市马拉松赛事发展的支持动力值,均随着时间的发展而增大。同时,4 个动力要素的动力值和综合动力值也随着时间的发展而呈逐渐增大的趋势。说明北京市马拉松赛事在 2014—2019 年间各动力因素对北京市马拉松赛事发展的支持力度持续增加,表现为北京市马拉松赛事一直呈现持续健康的发展态势。从北京马拉松赛事的发展态势可以看出,北京马拉松已经发展成为一个全新的与国际接轨的更高水平的赛事。从 2010 年开始,为了和国际接轨,组委会将原来的北京国际马拉松更名为北京马拉松;2014 年北京马拉松开启了中国马拉松抽签的时代,据说当时的中签率不足 20%;2015 年北马 35 周年,只保留全程项目的北京马拉松,报名人数仍然高达 61 558 人,中签率不足 50%。从此可以看出,北京市马拉松更加专业化、规模化和品质化的发展离不开各动力因素的有力支持。

表 6-2 北京市马拉松赛事不同阶段发展影响因素计算结果

指标	2014—2015 年	2016—2017 年	2018—2019 年
基础设施(B1)	42.09	42.24	48.40
经济实力(B2)	24.69	24.84	28.98
群众体育(B3)	40.33	46.29	48.72
竞技体育(B4)	27.87	28.96	37.27
财政投入(B5)	35.91	37.71	41.79
政策效应(B6)	32.03	32.22	32.54
自然资源(B7)	28.82	28.90	30.71
文化环境(B8)	39.08	44.33	44.66

表 6-3 北京市马拉松赛事不同阶段发展动力要素计算结果

指标	2014—2015 年	2016—2017 年	2018—2019 年
支持力（A1）	16.03	16.10	18.57
拉动力（A2）	19.10	21.07	24.08
推动力（A3）	18.35	18.88	20.07
约束力（A4）	14.26	15.38	15.83
综合动力值（Y北京）	67.73	71.43	78.54

从 2014—2019 年整个发展期间看，在这 6 年中，北京市马拉松赛事无论是在举办数量上，还是在参赛规模上，都保持逐年增长的趋势，各相关因素在北京马拉松赛事快速增长的过程中对马拉松赛事的发展提供了动力支持。为了分析这些相关因素在整个时间段上对马拉松赛事发展提供的动力支持程度，按照前文实证研究方法，运用灰色关联分析，计算得到北京市马拉松赛事发展动力三级指标动力值，见附录 6；计算得到的影响因素和动力要素动力指数、动力值和综合动力值见表 6-4 和表 6-5。从表 6-4 可以看出，在整个时间维度上，影响北京市马拉松赛事动力因素的综合排序为基础设施（B1）、文化环境（B8）、群众体育（B3）、财政投入（B5）、政策效应（B6）、自然资源（B7）、竞技体育（B4）、经济实力（B2）。与前文实证研究中全国 31 个省（自治区、直辖市）马拉松发展赛事的发展动力影响因素的综合排序基本一致，虽然一些指标排序方式了变化，但是总体上看排在前四位的均为基础设施（B1）、文化环境（B8）、群众体育（B3）、财政投入（B5）。从表 6-4 可以看出，北京市马拉松赛事发展动力要素的排序为拉动力（A2）、推动力（A3）、支持力（A1）、约束力（A4），与实证研究结果完全一致。

表 6-4 2014—2019 年北京市马拉松赛事发展影响因素结果

指标	动力指数	权重系数	动力值
基础设施（B1）	75.57	0.63	47.61
经济实力（B2）	75.09	0.37	27.78
群众体育（B3）	72.07	0.59	42.52
竞技体育（B4）	74.35	0.41	30.48
财政投入（B5）	74.01	0.52	38.49
政策效应（B6）	75.12	0.48	36.06
自然资源（B7）	73.84	0.43	31.75
文化环境（B8）	75.44	0.57	43.00

表 6-5　2014—2019 年北京市马拉松赛事发展动力要素结果

指标	动力指数	权重系数	动力值
支持力（A1）	75.39	0.24	18.09
拉动力（A2）	73.00	0.28	20.44
推动力（A3）	74.55	0.27	20.13
约束力（A4）	74.75	0.21	15.70
综合动力值（Y 北京）		74.36	

通过前文实证研究结果，运用百分位数法，选取 P30、P70 两个百分位数，将我国 31 个省（自治区、直辖市）马拉松赛事发展动力影响因素、动力要素的动力值以及综合动力值划分 3 个等级，即所确定的小动力、中动力、大动力 3 个等级，用来评价北京市马拉松赛事发展动力机制运行状况。动力要素和影响因素的等级反映了对北京市马拉松赛事发展动力机制的支持程度；综合动力值的等级决定了北京市马拉松赛事发展动力机制的运行状况，表现为一般、良好、非常好 3 个相对应的等级。

从表 6-6 可以看到，各影响因素为北京市马拉松赛事的发展提供了一定的动力支持，具体来看，基础设施、文化环境、群众体育 3 个因素对北京马拉松赛事发展提供的动力支持较大；处于中等动力支持的指标为财政投入、政策效应；处于小动力支持的指标为自然资源、竞技体育、经济实力。从表 6-7 可以看到，在动力要素评价中，支持力、拉动力和推动力对北京市马拉松赛事发展提供了中等动力支持，约束力提供了小动力支持。从中可以看出，基础设施、文化环境、群众体育 3 个因素对北京市马拉松赛事发展提供的动力最大，属于关键因素；财政投入和政策效应 2 个因素对北京市马拉松赛事发展提供的动力相对较大，属于次要因素；自然资源、竞技体育和经济实力 3 个因素对北京市马拉松赛事发展提供的动力相对较小，属于一般因素。动力要素表现为支持力、拉动力、推动力相对较大，约束力相对较小。从表 6-8 看，北京市马拉松赛事发展动力机制运行处于良好状态，仍有很大的发展空间，各动力因子会提供越来越多的动力支持，促进北京市马拉松赛事的健康持续发展。

表 6-6　北京马拉松赛事发展影响因素评价标准

	小动力	中动力	大动力
理论百分	30%	40%	30%
等级标准	小于 34.3	34.3～41.9	41.9 以上
指标所属	自然资源、竞技体育、经济实力	财政投入、政策效应	基础设施、文化环境、群众体育

表 6-7　北京马拉松赛事发展动力要素评价标准

	小动力	中动力	大动力
理论百分	30%	40%	30%
等级标准	小于 16.6	16.6～21.8	21.8 以上
指标所属	约束力	支持力、拉动力、推动力	—

表 6-8　北京马拉松赛事发展动力机制运行状态评价标准

	一般	良好	非常好
理论百分	30%	40%	30%
等级标准	小于 73.8	73.8～78.8	78.8 以上
指标所属	—	综合动力（74.36）	—

三、北京市马拉松赛事发展动力因素分析

1. 北京市马拉松赛事发展动力影响因素——基础设施

北京市马拉松赛事发展动力的自然资源动力值为 47.61，排在第一位，对北京市马拉松赛事发展起着决定性作用。近几年，北京市基础设施建设紧紧围绕"人文北京、科技北京、绿色北京"的总体要求，实现了跨越式发展，承载能力大幅提升，具备了支持经济社会发展的基本功能。城市交通基础设施是一个城市交通建设和发展所必需的基础设施，其不仅保障了城市交通系统的正常运转，也为城市经济快速发展和大型体育赛事的举办作出重要贡献。近些年，北京市交通基础设施建设保持了良好的发展势头，道路面积从 2014 年的 9 395 万平方米，到 2019 年的 14 302 万平方米；公共交通车辆运营数在 2014 年为 24 011 辆，到 2019 年为 28 311 辆；公共交通客运总量在 2014 年为 689 789 万人次，到 2019 年为 738 384 万人次；每万人拥有公共交通车辆在

2014年为14.24辆，到2019年为24.58辆；人均城市道路面积在2014年为5.57平方米，到2019年为7.62平方米，具体数据见表6-9。举办大型体育赛，尤其是有几万人集中同时参与的北京马拉松赛事，对城市交通设施承载力和城市交通环境承载力提出了极大的挑战。2019年北京马拉松赛事有30 031人参加比赛，比赛组织管理人员、服务人员以及志愿者5 000多人，同时还拥有几万人的观众，这么多的客流量在同一时间运载到同一地点，对城市交通基础设施水平提高了更高的要求，北京市正是拥有完善的城市交通基础设施和相关配套设施保证了马拉松赛事的顺利举办。

表6-9 北京市2014—2019年基础设施情况

	2014年	2015年	2016年	2017年	2018年	2019年
道路面积/万平方米	9 395	9 164	13 509	13 884	13 834	14 302
人均道路面积/平方米	5.57	5.26	7.57	7.61	7.44	7.62
每万人公交车数/辆	14.24	22.38	23.43	24.39	24.84	24.58
公交客运总量/万人次	689 789	722 552	761 578	804 775	815 848	738 384

2. 北京市马拉松赛事发展动力影响因素——文化环境

北京市马拉松赛事发展动力的文化环境动力值为43.0，排在第二位，对北京市马拉松赛事发展起着重要的作用。城市文化环境的内涵主要是指城市拥有的独特性、难以复制性和持续竞争性的文化，体现了城市的文化个性，这种个性有别于共性文化的城市文化竞争力，能为城市的可持续和谐发展作出特殊贡献，同时又能使自身在不确定的环境和激烈的竞争中保持持续的竞争优势。文化环境是马拉松赛事发展中不可或缺的重要内容，其涵盖面非常广泛，涉及历史积淀、文化氛围、教育事业、文化设施、文艺娱乐等多方面。首先，城市文化环境有利于促进社会文明与和谐。文明和谐的社会环境是人们进行休闲娱乐的必要条件，更是开展马拉松赛事的必要保障，城市文化环境建设与党的十八大提出的"倡导富强、民主、文明、和谐"的社会发展理念是一致的。其次，城市文化环境促进人口素质的提高。文化环境中教育文化、娱乐休闲、文化设施等积极促进人们素质的提高，影响人们参与健身活动意识和行为的形成，进而促进马拉松赛事的发展。最后，城市文化环境对马拉松赛事举办有着极其重要的意义。城市文化是马拉松赛事发展的重要载体，马拉松赛事形式与内容的创新都离不开城市文化环境的支持。北京市在2015年有高等学校91所，本科在校生50.57万人，本科高校教职工14.24万人，2010年北京市用于教育经费的投入为6 134 448万元，2014年为10 937 374万元。这些高等教育资源为北京市文化环境建设注入了新鲜的活力。截至2015年，北京市有公共图书馆24个，公共图书馆总藏量2 424.5万册，公共图书馆读者数为1 263.94万人次，图书资源为人口素质的提高起到至关重要的作用，具体数据见表6-10。北京是一个具有悠久历史的文化古都，灿若星河的历史铸就了北京非同寻常的文化底蕴，北京马拉松赛事正是依托城市文化资源底蕴逐渐发展起来，是国内市场化程度最高、最具代表性、极具国际影响意义的马拉松赛事。北京马拉松将赛事路线融入北京独特的文化环境。北京马拉松比赛路线虽然几经变化，但是几乎都是把首都文化环境中的人文景点作为重要的比赛途经点，如天安门广场、工人体育场、钓鱼台、中关村、大运村、亚运村、奥林匹克公园等。历经40余年的发展演变，北京马拉松的赛事品牌与城市文化有机融合，内涵得以不断丰富，形成了具有北京文化特色的品牌赛事。

表6-10 北京市2014—2019年文化环境情况

	2014年	2015年	2016年	2017年	2018年	2019年
体育娱乐业投资/亿元	71.9	54.98	78.95	111.64	80.18	133.31
高校在校生数/人	58.71	58.79	59.12	59.89	60.46	60.36
教育经费投入/元	4 690 166	5 289 432	6 134 448	7 373 843	9 998 366	10 937 374
图书馆读者数/人	775.47	726.25	864.77	1 033.39	1 145.83	1 263.94

3. 北京市马拉松赛事发展动力影响因素——群众体育

北京市马拉松赛事发展动力的群众体育动力值为42.52，排在第三位，对北京市马拉松赛事发展起着重要的作用。群众体育的发展关系人民群众身体健康和生活幸福，是综合国力和社会文明进步的重要标志，是社会主义精神文明建设的重要内容，是全面建设小康社会的重要组成部分。北京市政府为发展群众体育事业，提高北京市民身体素质和健康水平，在"十四五"期间，北京市各行政区按照《北京市全民健身实施计划（2021—2025年）》的总体要求,在全民健身设施、全民健身活动、体育生活化社区、社区体育健身俱乐部、体育特色村、专项活动场地、市民体质监测站、优秀健身团队、健身气功活动站点等方面的开展与建设做了大量工作。从相关统计数据看,北京市 2014 年社会体育指导员累计数 35 346 人,到 2019 年为 45 522 人,增长了 28.8%;体育社会组织数在 2014—2019 年之间一直保持在 380 个左右;国民体质监测受测人数从 2014 年的 11 093 人,到 2019 年增加到 137 515 人,增加了 24%;体育场地面积在 2014 年为 18 729 平方米,到 2019 年增加到 39 041 平方米,增加了 108%,具体数据见表 6-11。

表 6-11 北京市 2014—2019 年群众体育情况

	2014 年	2015 年	2016 年	2017 年	2018 年	2019 年
社会体育指导员累计数/人	35 346	32 727	42 309	36 553	29 265	45 522
体育社会组织数/个	381	371	355	386	421	381
国民体质监测受测人数/人	110 931	107 644	74 470	99 148	134 147	137 515
体育场地面积/平方米	18 729	41 000	18 000	23 389	31 888	39 041

4. 北京市马拉松赛事发展动力——财政投入

北京市马拉松赛事发展动力的财政投入动力值为 38.49,排在第四位,属于北京市马拉松赛事发展动力的次要因素。随着我国政府财政收入的不断增加,在我国相关法律和法规的保障与监督下,体育事业的财政投入逐年递增。对近几年体育事业投入状况的统计发现,我国大部分体育事业资金投入来源于政府的财政拨款,财政拨款是政府为发展体育事业而无偿拨付给体育事业单位的投入。我国政府对体育事业大量投入,在由体育大国向体育强国迈进的目标中起到至关重要的作用。北京市体育事业资金主要集中投入到竞技体育、体育场馆设施和群众体育之中,见表 6-12。北京市地方财政一般预算投入,2014 年是 2 717.32 亿元,到 2019 年为 5 737.7 亿元,6 年间增长了 112%;在 2014 年体育事业财政用在竞技体育的投入为 13 118 万元,2019 年增长到 25 321 万元,6 年间增长了 93%;2014 年体育事业财政用在体育场馆的投入为 25 521 万元,2019 年增长到 34 935 万元,6 年间增长了 36.9%;在 2014 年体育事业财政用在群众体育的投入为 14 800 万元,2019 年增长到 22 920 万元,6 年间增长了 54.9%。北京市政府的财政投入对于体育事业的发展起到重要的促进作用,对于体育场馆建设、竞技体育和群众体育的蓬勃发展奠定了坚实的基础。

表 6-12　北京市 2014—2019 年财政投入情况

	2014 年	2015 年	2016 年	2017 年	2018 年	2019 年
竞技体育 / 万元	13 118	13 244	21 266	21 096	17 005	25 321
体育场馆 / 万元	25 521	46 815	27 535	21 433	25 714	34 935
群众体育 / 万元	14 800	11 759	13 841	15 877	24 703	22 920
一般财政投入 / 亿元	2 717	3 245.23	3 685.31	4 173.66	4 524.67	5 737.7

5. 北京市马拉松赛事发展动力影响因素——政策效应

北京市马拉松赛事发展动力的政策效应动力值为 36.06,排在第五位,属于北京市马拉松赛事发展动力的次要因素。如前文所述,近些年来,我国陆续出台了一系列有利于马拉松赛事发展的相关政策,如 2014 年国务院常务会议通过文件的形式确认取消商业性和群众性体育赛事活动审批;2014 年国务院出台"46 号"文件;2016 年国务院印发《全民健身计划(2016－2020 年)》纲要等。这些政策的出台为中国马拉松赛事的发展不断注入新的活力和政策动向,成为中国马拉松赛事井喷的政策驱动因子。马拉松赛事发展动力的政策效应因素,本书选取第三产业增加值和体育产业增加值来间接反映。北京市 2014 年第三产业增加值为 10 600.84 亿元,到 2019 年为 18 331.74 亿元,6 年间增长了 73%;北京市 2014 年体育产业增加值为 111.50 亿元,2019 年为 181.82 亿元,6 年间增长了 60.4%,2019 年体育产业增加值占当年 GDP 的比例为 1.18%,这一比例与国家体育总局公布的 2019 年国家体育产业增加值占 GDP 比例(4.14%)基本相当。

2019 年,全国体育产业总规模为 29 483 亿元,增加值为 11 248 亿元。从内部结构看,体育服务业发展势头增强,增加值为 7 615 亿元,在体育产业中所占比重增加到 67.7%,比上年提高 2.9 个百分点。

北京市近些年体育产业总规模逐年提升,从 2014 年的 864 亿元,发展到 2019 年的 1 833 亿元,体育服务业占比体育产业总规模比例也从 35.5% 提高到 63.2%。具体数据见表 6-13。这些数据可以说明国家出台的一系列利好政策,对北京市体育产业的发展,尤其是北京市体育服务业的发展起到积极的促进作用,马拉松赛事属于体育服务业的非常重要的组织部分,对于北京市马拉松赛事的发展也起到积极促进作用。

表6-13 北京市2014—2019年政策效应情况

	2014年	2015年	2016年	2017年	2018年	2019年
体育产业/亿元	864	921	1 232	1 324	1 565	1 833
体育服务业/亿	307	378.3	591	583	863	1 159
体育服务业占比/%	35.5	41.1	48.0	44.0	55.1	63.2

6.北京市马拉松赛事发展动力影响因素——自然资源

北京市马拉松赛事发展动力的自然资源动力值为31.75,排在第六位。自然资源对于马拉松赛事发展起着一定的作用,马拉松比赛是在室外进行时间较长的赛事,为了增加比赛的质量和可观赏性,马拉松赛事都是围绕自然资源打造米打造的,一般都会把赛道选在风景怡人的地方。例如,环北京野鸭湖半程国际马拉松赛,赛事线路就选择了北京国家湿地公园野鸭湖,比赛在冬季举行,是北京第一个"冰雪马拉松",让参赛者在"落雪与孤鹭齐飞"的精美画面中体验整个比赛。北京香山50超级越野赛是依托美丽的香山景区及周边丰富多样的路况环境和优美风景打造的北京城区的专业级越野赛事,吸引了大批国内外路跑爱好者参赛。为了吸引世界各国的优秀选手前来参加比赛,政府在比赛组织和赛道建设上都加大了力度,特别是对赛道周边的环境和绿化进行了很大的改善。2014年北京城市绿地面积为6.27万公顷,到2019年为8.13万公顷;A级旅游景区数量从2014年的194个,增加到2019年的209个;建成区绿化覆盖率从2014年的44.5%,增加到2019年的48.4%,具体数据见表6-14。近些年,北京市政府每年都投入大量资金用于自然生态环境的改善,良好的自然生态环境是旅游业发展的基础保障。马拉松赛事越来越突出娱乐性与绿色健康运动相结合、公益性与全民健身运动相结合,吸引大量的马拉松爱好者积极参与,马拉松赛事对于带动城市旅游业的发展具有积极意义,反过来,著名的城市旅游资源能够吸引大量马拉松爱好者在旅游的同时参加马拉松比赛,促进马拉松赛事的发展。据调研资料显示,2019年北京马拉松举办期间,来北京旅游的人数大幅增加,入境游客人次增长在

15%左右，拉动全市餐饮消费增长较快。

表6-14 北京市2014—2019年自然资源情况

	2014年	2015年	2016年	2017年	2018年	2019年
旅游景区数/个	194	213	193	203	207	209
城市绿地面积/平方米	6.27	6.35	6.55	6.84	6.84	8.13
建成区绿化覆盖率/%	44.5	45.6	46.2	47.1	49.1	48.4

7. 北京市马拉松赛事发展动力影响因素——竞技体育

北京市马拉松赛事发展动力的竞技体育动力值为30.48，排在第七位。马拉松运动是集竞技体育、群众体育和体育产业为一体的具有综合属性的赛事，随着赛事质量和影响力的不断提升，吸引了越来越多的国内外专业运动员参加，提高了比赛的竞技性和观赏性。竞技体育运动的发展在一定程度上促进了马拉松赛事的发展。作为我国的首都，北京市近些年竞技体育事业取得了飞速发展，在国内外竞技体育比赛中取得了辉煌成绩。据统计，北京市每年举办竞技体育专业赛事200多场，参加的专业运动员在2 000人以上；北京市在2019年有等级运动员（国际运动健将、国家运动健将、一级运动员、二级以上运动员）为1 449人；2015年有专职教练员790人；北京市在2015年有体育俱乐部320个；2015年从事运动项目管理人员有2 103人，具体数据见表6-15。这些专业的教练员、运动员、管理人员和体育俱乐部都是北京市竞技体育发展水平的反映，竞技体育的发展为马拉松赛事的健康持续发展注入了新鲜的活力。

表6-15 北京市2014—2019年竞技体育发展情况

	2014年	2015年	2016年	2017年	2018年	2019年
等级运动员人数/人	1 644	1 751	1 880	1 676	1 826	1 449
专职教练员人数/人	612	634	682	711	745	790
体育俱乐部数量/个	242	258	301	291	285	320
运动项目管理人员数/人	2 026	2 063	1 860	1 663	2 149	2 103

8. 北京市马拉松赛事发展动力影响因素——经济实力

北京市马拉松赛事发展动力的经济实力动力值为27.78，排在第八位，对北京市马拉松赛事发展动力的支持程度相对较小。经济实力是体育产业和群众体育发展的基础，从根本上决定着体育产业和群众体育发展水平与速度。经济实力更是举行大型比赛的基础，没有强大的经济实力作基础，就不能保障大型体育比赛的成功举办。许多学者一致认为，区域经济实力与群众体育赛事的发展具有一定的相关关系。在本书中，北京市马拉松赛事发展动力的经济实力动力值虽然排在第八位，对北京市马拉松赛事发展动力的支持程度相对较小，但不能否定经济实力在马拉松赛事发展中的重要贡献。区域经济发展水平渗透在其他各个因素中，影响并决定着其他因素的发展水平和规模。北京市 2014 年的地区生产总值为 21 330.8 亿元，到 2019 年上升到 35 371.3 亿元，6 年间增长了 65.8%，对于促进其他经济指标的发展起到了至关重要的作用；北京市 2014 年人均地区生产总值为 99 995 元，2019 年提高到 164 220 元，6 年间提高了 64.2%，具体数据见表 6-16。北京市强大的经济实力是开展马拉松赛事的强大保障，虽然研究中发现，经济实力对北京市马拉松赛事发展动力的支持程度相对较小，但不能忽略经济实力已经渗透到每个影响因素之中，对其他影响因素的发展起到支持作用。

表 6-16 北京市 2014—2019 年经济实力情况

	2014 年	2015 年	2016 年	2017 年	2018 年	2019 年
地区生产总值/亿元	21 330.8	23 014.6	25 669.1	28 014.9	30 319.9	35 371.3
人均 GDP/元	99 995	106 497	118 198	128 994	140 211	164 220

第二节 空间维度案例分析

在空间维度的高热点区以浙江省为例，中高热点区以福建省为例，中热点区以河南省为例，中低热点区以山西省为例，低热点区以宁夏回族自治区为例进行研究。运用灰色关联法，分别计算各省马拉松赛事发展各级指标动力值。

一、高热点区案例——浙江省马拉松赛事动力机制分析

浙江省地处中国东南沿海长江三角洲南翼，下辖 11 市，人口 5 508 万，是吴越文化、江南文化的发源地之一，也是中国古代文明的发祥地之一，有

着悠久的历史和灿烂的文化。作为中国改革开放的排头兵，浙江省 GDP 总量和增速均处于全国前列，体育事业得到了蓬勃的发展，尤其在发展马拉松赛事上已经迈上了新台阶。目前，马拉松赛事数量和参赛规模在浙江各地开展得如火如荼。据初步统计，在中国田径协会注册的马拉松赛事，在 2010 年和 2013 年，全省每年只举办一场马拉松赛事，每年的参赛人数在 2 万左右；2014 年也仅仅举办了两场马拉松赛事，参赛人数在 3.5 万左右；2015 年全省共举办了 14 场马拉松赛事，参赛规模在 15 万人左右；在 2016 年更是爆发式增长，全年注册赛事举办了 19 场，参赛人数为 20 万左右；2019 年浙江省共举办了马拉松及路跑赛事 365 场，与中国田径协会共办赛事 27 场，半程及以上的马拉松赛事 69 场，参赛人数达到了 80 多万人次。在赛事中比较著名的有杭州国际马拉松、宁波国际马拉松、舟山群岛国际马拉松等。在调研中发现，浙江省建立了"浙江马拉松"官方网站，该网站是全国唯一省级的马拉松官方网站，专门组织和管理浙江省所辖城市举办的各级、各类马拉松赛事。

从表 6-17 和表 6-18 可以看出，影响浙江省马拉松赛事动力因素的综合排序为基础设施（B1）、群众体育（B3）、文化环境（B8）、财政投入（B5）、政策效应（B6）、自然资源（B7）、竞技体育（B4）、经济实力（B2）。与前文实证研究中全国 31 个省（自治区、直辖市）马拉松赛事的发展动力影响因素的综合排序基本一致，虽然一些指标排序发生了变化，但是总体上看排在前四位的均为基础设施（B1）、群众体育（B3）、文化环境（B8）、财政投入（B5）。浙江省马拉松赛事发展动力要素的排序为拉动力（A2）、推动力（A3）、支持力（A1）、约束力（A4），与实证研究结果完全一致。

表 6-17 浙江省马拉松赛事发展动力影响因素计算结果

指标	动力指数	权重系数	动力值
基础设施（B1）	84.62	0.63	53.31
经济实力（B2）	83.87	0.37	31.03
群众体育（B3）	82.38	0.59	48.60
竞技体育（B4）	81.51	0.41	33.42
财政投入（B5）	83.57	0.52	43.46
政策效应（B6）	85.31	0.48	40.95
自然资源（B7）	84.97	0.43	36.54
文化环境（B8）	84.25	0.57	48.02

表 6-18　浙江省马拉松赛事发展动力要素计算结果

指标	动力指数	权重系数	动力值
支持力（A1）	84.34	0.24	20.24
拉动力（A2）	82.02	0.28	22.97
推动力（A3）	84.40	0.27	22.79
约束力（A4）	84.56	0.21	17.76
综合动力值（高—浙江）		83.75	

通过前文实证研究结果，运用百分位数法，选取 P30、P70 两个百分位数，将不同热点区的马拉松赛事发展动力影响因素、动力要素的动力值以及综合动力值划分为 3 个等级，即所确定的小动力、中动力、大动力 3 个等级，用来评价北京市马拉松赛事发展动力机制的运行状况。综合动力值的等级决定了浙江省马拉松赛事发展动力机制的运行状况，表现为一般、良好、非常好 3 个相对应的等级，具体结果见表 6-19、6-20 和 6-21。从评价等级看，大动力区影响因素有 5 个，分别为基础设施、群众体育、文化环境、财政投入、政策效应；动力要素有 3 个，分别为支持力、拉动力和推动力。从浙江省马拉松赛事发展动力机制运行状态看，综合动力值为 83.75，动力机制运行状态非常好，说明基础设施、群众体育、文化环境、财政投入和政策效应等因素为浙江省马拉松赛事的发展给予了极大的动力支持。

表 6-19　浙江省马拉松赛事发展动力影响因素评价标准

	小动力	中动力	大动力
理论百分	30%	40%	30%
等级标准	小于 31.8	31.8～40.5	40.5 以上
指标所属	经济实力	自然资源、竞技体育	基础设施、群众体育、文化环境、财政投入、政策效应

表 6-20　浙江省马拉松赛事发展动力要素评价标准

	小动力	中动力	大动力
理论百分	30%	40%	30%
等级标准	小于 15.7	15.7～20.0	20.0 以上
指标所属	—	约束力	支持力、拉动力、推动力

表 6-21　浙江省马拉松赛事发展动力机制运行状态等级划分

	一般	良好	非常好
理论百分	30%	40%	30%
等级标准	小于 73.5	73.5～77.1	77.1 以上
指标所属	—	—	综合动力（83.75）

二、中高热点区案例——福建省马拉松赛事动力机制分析

福建省依山傍海，位于中国东南沿海，森林覆盖率达 65.95%，居全国第一。福建的海岸线长度居全国第二位。常住人口 3 806 万，著名的旅游景点有武夷山、清源山、开元寺、鼓浪屿、土楼、湄洲岛等。随着经济社会的发展，福建省马拉松也像雨后春笋般不断生长，有厦门马拉松、福州 12 小时超级马拉松、福清 12 千米马拉松、漳浦六鳌沙滩半程马拉松、海沧天竺山半程马拉松、海峡两岸女子马拉松、三沙山地马拉松等赛事。在中国田径协会注册的马拉松赛事，2015 年举办了 4 场，参赛规模 5 万多人；2016 年举办了 17 场，有 15 万人参加了比赛；2019 年举办了 286 场马拉松及路跑赛事，半程及以上的马拉松赛事 53 场，参赛人数达到 70 多万。有着"中国最美赛道"的厦门马拉松，是中国马拉松的金牌赛事，也是马拉松行业的一根标杆。每年的厦门马拉松赛，吸引境内外 8 万多名选手参赛以及数十万人从世界各地来厦观赛，有力地提升了城市品位以及国际影响力，也给当地带来巨大的经济效益。

研究发现（见表 6-22、6-23 和 6-24），影响福建省马拉松赛事动力因素的综合排序为群众体育（B3）、基础设施（B1）、文化环境（B8）、财政投入（B5）、竞技体育（B4）、政策效应（B6）、自然资源（B7）、经济实力（B2）。与前文实证研究中全国 31 个省（自治区、直辖市）马拉松赛事的发展动力影响因素的综合排序基本一致，虽然一些指标排序方式了变化，但是总体上看排在前四位的均为基础设施（B1）、群众体育（B3）、文化环境（B8）、财政投入（B5）。福建省马拉松赛事发展动力要素的排序为拉动力（A2）、推动力（A3）、支持力（A1）、约束力（A4），与实证研究结果完全一致。从评价等级结果看，在大动力区上的影响因素有 2 个，分别为群众体育和基础

设施；在中动力区上的影响因素有3个，分别为文化环境、财政投入、竞技体育；在小动力区上的影响因素有3个，分别为政策效应、自然资源、经济实力。动力要素在大动力区上的为拉动力，在中动力区上的为推动力和支持力，在小动力区上的为约束力。从福建省马拉松赛事发展动力机制运行状态看，综合动力值为70.6，动力机制运行状态一般，说明福建马拉松赛事虽然不断增加，但是各动力因素还未能为福建省马拉松赛事的发展提供更多的动力支持，还需要政府给予更多的财政投入用于发展地区体育事业，也需要更进一步挖掘和利用各城市的自然资源、文化环境等因素，打造具有地区特色的品牌马拉松赛事。

表6-22 福建省马拉松赛事发展动力影响因素计算结果

指标	动力指数	权重系数	动力值
基础设施（B1）	70.91	0.63	44.67
经济实力（B2）	57.44	0.37	21.25
群众体育（B3）	87.03	0.59	51.35
竞技体育（B4）	82.08	0.41	33.65
财政投入（B5）	70.00	0.52	36.40
政策效应（B6）	57.23	0.48	27.47
自然资源（B7）	63.54	0.43	27.32
文化环境（B8）	66.77	0.57	38.06

表6-23 福建省马拉松赛事发展动力要素计算结果

指标	动力指数	权重系数	动力值
支持力（A1）	65.93	0.24	15.82
拉动力（A2）	85.00	0.28	23.80
推动力（A3）	63.87	0.27	17.25
约束力（A4）	65.38	0.21	13.73
综合动力值（中高—福建）		70.60	

表6-24 福建省马拉松赛事发展动力评价标准

	小动力	中动力	大动力
影响因素	政策效应、自然资源、经济实力	文化环境、财政投入、竞技体育	群众体育、基础设施
动力要素	约束力	推动力、支持力	拉动力
综合动力	运行状态一般（70.60）	—	—

三、中热点区案例——河南省马拉松赛事动力机制分析

河南省是中华民族与中华文明的主要发祥地之一，中国古代四大发明中的指南针、造纸术、火药三大技术均发明于此。历史上先后有 20 多个朝代建都或迁都河南，诞生了洛阳、开封、安阳、郑州、商丘等古都，是中国古都数量最多最密集的省区。河南文物古迹众多，旅游资源丰富。截至 2021 年年底，河南省共有 A 级旅游景区 580 处，其中，有 5 项 24 处世界文化遗产。河南是中国第一人口大省、第一农业大省、新兴工业大省和劳动力输出大省。河南是中国重要的经济大省，2022 年国内生产总值继续位居中国第五位、中西部首位。近些年，河南省的体育事业得到了蓬勃发展，不仅全民健身氛围日渐浓厚，全民参与体育健身的意识显著增强，健身硬件设施建设日趋完善，为群众体育事业的发展提供了有力保障，而且竞技体育硕果累累，培养了一大批全国知名的优秀运动员。近些年，河南省充分利用武术和太极文化的丰厚资源，促进了体育产业与文化、旅游等产业的融合发展，使群众体育和竞技体育事业蓬勃发展。随着群众体育和竞技体育事业的发展，河南省马拉松赛事也得到一定的发展，其中比较著名的赛事为郑开国际马拉松赛和漯河环沙澧国际半程马拉松赛，其中郑开国际马拉松赛，从 2007 年首次举办的 5 600 人参赛，到 2019 年第二十一届有来自 30 个国家和地区 5 万人参赛，经历了从量变到质变、从稚嫩到成熟的蜕变过程。在中国田径协会注册的马拉松赛事，2015 年举办了 3 场，参赛人数为 3.5 万；2016 年举办了 6 场，参赛人数 8 万多人；2019 年全省共举办马拉松及路跑赛事 230 场，参赛人数达到了 50 多万。

研究发现（见表 6-25、6-26 和 6-27），影响河南省马拉松赛事动力因素的综合排序为基础设施（B1）、文化环境（B8）、群众体育（B3）、财政投入（B5）、自然资源（B7）、政策效应（B6）、竞技体育（B4）、经济实力（B2）。与前文实证研究中全国 31 个省（自治区、直辖市）马拉松赛事的发展动力影响因素的综合排序基本一致，虽然一些指标排序发生了变化，但是总体上看排在前四位的均为基础设施（B1）、文化环境（B8）、群众体育（B3）、财政投入（B5）。河南省马拉松赛事发展动力要素的排序为拉动力（A2）、推动力

(A3)、支持力（A1）、约束力（A4），与实证研究结果完全一致。从评价等级结果看，在大动力区上的影响因素有 2 个，分别为基础设施和文化环境；在中动力区上的影响因素有 3 个，分别为群众体育、财政投入、自然资源；在小动力区上的影响因素有 3 个，分别为政策效应、竞技体育和经济实力。动力要素在中动力区上的为拉动力、推动力和支持力，在小动力区上的为约束力。从河南省马拉松赛事发展动力机制运行状态看，综合动力值为 69.2，动力机制运行状态一般，说明河南马拉松赛事虽然不断增加，但是各动力因素还未能为河南省马拉松赛事的发展提供更多的动力支持，还需要政府在政策和财政投入上给予更多的支持，进一步开展群众体育工作，充分发挥群众体育在推动马拉松赛事发展中的积极作用，依靠河南省悠久的历史文化和自然资源，打造更多的马拉松优质品牌赛事。

表 6-25 河南省马拉松赛事发展动力影响因素计算结果

指标	动力指数	权重系数	动力值
基础设施（B1）	76.21	0.63	48.01
经济实力（B2）	64.53	0.37	23.88
群众体育（B3）	65.52	0.59	38.66
竞技体育（B4）	69.07	0.41	28.32
财政投入（B5）	67.24	0.52	34.96
政策效应（B6）	64.97	0.48	31.19
自然资源（B7）	74.86	0.43	32.19
文化环境（B8）	71.76	0.57	40.90

表 6-26 河南省马拉松赛事发展动力要素计算结果

指标	动力指数	权重系数	动力值
支持力（A1）	71.89	0.24	17.25
拉动力（A2）	66.98	0.28	18.75
推动力（A3）	66.15	0.27	17.86
约束力（A4）	73.09	0.21	15.35
综合动力值（中热点 - 河南）		69.22	

表 6-27　河南省马拉松赛事发展动力评价标准

	小动力	中动力	大动力
动力要素	政策效应、竞技体育、经济实力	群众体育、财政投入、自然资源	基础设施、文化环境
影响因素	约束力	拉动力、推动力、支持力	—
综合动力	运行状态一般（69.22）	—	—

四、中低热点区案例——山西省马拉松赛事动力机制分析

山西省位于黄河中游东岸、华北平原西面的黄土高原上，是中华民族发祥地之一，因居太行山之西而得名。山西省被誉为"华夏文明的摇篮"，素有"中国古代文化博物馆"之称。山西省总面积 15.67 万平方千米，人口 3 647.96 万。东有太行山，西有吕梁山，山区面积约占全省总面积的 80% 以上。近些年，山西省群众体育、竞技体育、体育场地等方面得到了快速发展。截至 2016 年，全省共有体育场地 63 715 个，用地面积 7 156.15 万平方米，场地面积 4 698.90 万平方米。其中，室内体育场地 2 422 个，场地面积 118.44 万平方米；室外体育场地 61 293 个，场地面积 4 580.46 万平方米。平均每万人拥有体育场地 17 个，人均体育场地面积 1.29 平方米。截至 2015 年，山西省有专职教练员 658 人，等级运动员 1 399 人，竞技体育俱乐部 152 个，运动项目管理从业人员 916 人。山西省马拉松运动赛事数量也得到了一定的提升，在中国田径协会注册的马拉松赛事，2015 和 2016 年每年均举办 3 场，每年参赛规模 5 万人左右；2019 年山西省举办了马拉松及路跑赛事 150 多场，参赛人数达到了 40 多万人。山西省马拉松赛事中最著名的为太原国际马拉松赛，太原国际马拉松赛自 2010 年起，到 2019 年已成功举办 10 届，累计吸引了近 30 个国家和地区的逾 50 万人次参赛。2019 年，晋升为国内第十场马拉松"双金赛事"。2020 年，太原国际马拉松赛获得 2019 年最具影响力马拉松赛事排行榜第 11 名。

研究发现（见表 6-28、6-29 和 6-30），影响山西省马拉松赛事动力因素的综合排序为基础设施（B1）、群众体育（B3）、文化环境（B8）、财政投入

(B5)、自然资源(B7)、竞技体育(B4)、政策效应(B6)、经济实力(B2)。与前文实证研究中全国31个省(自治区、直辖市)马拉松赛事的发展动力影响因素的综合排序基本一致,虽然一些指标排序发生了变化,但是总体上看排在前四位的均为基础设施(B1)、文化环境(B8)、群众体育(B3)、财政投入(B5)。山西省马拉松赛事发展动力要素的排序为拉动力(A2)、推动力(A3)、支持力(A1)、约束力(A4),与实证研究结果完全一致。从评价等级结果看,在大动力区上的影响因素有3个,分别为基础设施、群众体育和文化环境;在中动力区上的影响因素有3个,分别为财政投入、竞技体育和自然资源;在小动力区上的影响因素有2个,分别为政策效应和经济实力。动力要素在动力区上的为拉动力,在中动力区上的为推动力和支持力,在小动力区上的为约束力。从山西省马拉松赛事发展动力机制运行状态看,综合动力值为74.76,动力机制运行状态良好。

  山西省马拉松赛事在不断发展过程中,基础设施、群众体育、文化环境对马拉松赛事的发展起到重要的促动作用。2014年山西省人均城市道路面积为10.66平方米,到2019年增加到13.52平方米,6年间增加了26.8%;公共交通车辆运营数在2014年为6 609辆,到2019年增加到8 153辆,6年间增加了23.4%;道路面积在2014年为10 312万平方米,到2019年为15 039万平方米,6年间增加了45.8%。这些城市基础设施建设为城市举办大型社会活动,尤其是马拉松赛事起到重要的支持作用。山西省的群众体育中,艺术表演团体机构数从2014年的342个,发展到2019年的456个;公共图书馆读者数从2014年的373.93万人次,发展到2019年的830.29万人次。教育经费投入额度也大幅度增加,从2014年的3 328 404万元,增加到2019年的7 036 233万元,6年间增加了52.7%。但同时我们也应该看到,山西省的政策效应、自然资源和经济实力因素对马拉松赛事发展的支持程度还比较小。因此,山西省要全面贯彻落实国家提出的各种体育产业和群众体育发展的各种政策文件,使之更好地促进体育产业和群众体育事业的发展,同时还要结合山西省的自然资源,发挥自然优势和特色,进而带动马拉松赛事数量、规模和质量的提升。

表 6-28　山西省马拉松赛事发展动力影响因素计算结果

指标	动力指数	权重系数	动力值
基础设施（B1）	78.71	0.63	49.58
经济实力（B2）	71.90	0.37	26.60
群众体育（B3）	78.44	0.59	46.28
竞技体育（B4）	83.75	0.41	34.34
财政投入（B5）	75.39	0.52	39.20
政策效应（B6）	55.48	0.48	26.63
自然资源（B7）	81.18	0.43	34.91
文化环境（B8）	73.49	0.57	41.89

表 6-29　山西省马拉松赛事发展动力要素计算结果

指标	动力指数	权重系数	动力值
支持力（A1）	76.19	0.24	18.28
拉动力（A2）	80.62	0.28	22.57
推动力（A3）	65.83	0.27	17.78
约束力（A4）	76.79	0.21	16.13
综合动力值（中低热点—山西）		74.76	

表 6-30　山西省马拉松赛事发展动力评价标准

	小动力	中动力	大动力
动力要素	政策效应、经济实力	财政投入、竞技体育、自然资源	基础设施、群众体育、文化环境
影响因素	约束力	支持力、推动力	拉动力
综合动力	—	运行状态良好（74.76）	—

五、低热点区案例——宁夏回族自治区马拉松赛事动力机制分析

宁夏回族自治区是中华文明的发祥地之一，位于"丝绸之路"上，历史上曾是东西部交通贸易的重要通道，作为黄河流经的地区，这里同样有古老悠久的黄河文明。宁夏回族自治区土地面积 6.64 万平方千米，人口总数 661.54 万，地处祖国西北腹地，地小物博而山河壮美，回汉共处其风情迥异。独特的环境、悠久的历史，造就了类型多样的自然景观资源和丰富多彩而又富有鲜明特色的文化资源。宁夏回族自治区在中国田径协会注册的赛事逐年增多，从 2010 年开始宁夏举办了"中国沙漠马拉松万人徒步穿越大赛"，依

托沙漠和草原资源，中外马拉松爱好者挑战人类极限穿越大漠，横跨两大自治区看草原美景，体验深度沙漠探险的意境。从 2015 年开始由中国田径协会、甘肃省体育局、酒泉市人民政府共同主办的酒泉国际戈壁超级马拉松，每年吸引 1 万多名中外马拉松爱好者前来参赛。比赛路线沿途有戈壁、丹霞、沙丘、雅丹、盐碱地、湿地、湖泊等地貌，途经火石峡、天罗城、明盐墩烽火台遗址、李陵碑遗址等标志性地点。其中，最著名的赛事为宁夏黄河金岸（吴忠）国际马拉松赛，自 2010 年成功举办之后，赛事不断升级，2013 年赛事被授予"银牌赛事"称号，每年吸引了大约 3 万多名运动员参加比赛。宁夏回族自治区在 2017 年举办首届"丝绸之路"宁夏·银川国际马拉松赛，且在赛事期间，银川市多个旅游景区对选手提供多次优惠，参赛总人数达 2.1 万，观众人数达 60 余万。

研究发现（见表 6-31、6-32 和 6-33），影响宁夏回族自治区马拉松赛事动力因素的综合排序为群众体育（B3）、基础设施（B1）、文化环境（B8）、竞技体育（B4）、自然资源（B7）、财政投入（B5）、政策效应（B6）、经济实力（B2）。与前文实证研究中全国 31 个省（自治区、直辖市）马拉松赛事的发展动力影响因素的综合排序相比，出现了很大的变动。主要变化在财政投入（B5）的动力值排序下降，竞技体育（B4）和自然资源（B7）的动力值排序上升。宁夏回族自治区马拉松赛事发展动力要素的排序为拉动力（A2）、推动力（A3）、支持力（A1）、约束力（A4），与实证研究结果完全一致。从评价等级结果看，在大动力区上的影响因素有 1 个，为群众体育；在中动力区上的影响因素有 2 个，分别为基础设施和文化环境；在小动力区上的影响因素有 5 个，分别为竞技体育、自然资源、财政投入、政策效应和经济实力。动力要素在大动力区上的为拉动力；在小动力区上的为推动力、支持力和约束力。从宁夏回族自治区马拉松赛事发展动力机制运行状态看，综合动力值为 67.08，动力机制运行状态为一般。

宁夏回族自治区马拉松赛事的数量、规模和质量在不断发展过程中，主要是群众体育因素对马拉松赛事的发展起到重要的促动作用。同其他省份相比较，基础设施、文化环境和自然资源因素对马拉松赛事发展的动力支持程度在增加。近些年，宁夏回族自治区持续加强群众体育工作，在公共体育服务体系建设方面，全民健身组织网络基本形成，社会体育组织和群众体育赛事数量和质量得到大幅提高，公共体育场地设施较大幅度增加，全民健身指导和志愿服务队伍不断壮大，多种形式的科学健身指导服务惠及城乡居民。这些促进了全民健身意识的增强，有越来越多的居民参与到体育锻炼中来，为宁夏回族自治区马拉松赛事的发展提供了强劲的拉动力。《宁夏回族自治区全民健身实施计划（2021—2025年）》于2021年12月颁布实施，目标到2025年，宁夏回族自治区经常参加体育锻炼人数有较大增长，全区经常参加体育锻炼的人数占总人口比例达到38.5%以上，公共体育场地设施提档升级；全区人均体育场地面积达到3.15平方米以上，城市社区"10分钟健身圈"覆盖率达到95%以上，农村行政村级体育场地设施提档升级全覆盖；健身设施供给更加多样，设施维护和运营管理水平不断提高。

近几年，宁夏回族自治区依托得天独厚的沙漠资源，大力开发关于沙文化的体育运动休闲模式。截至2019年，宁夏连续举办了13届沙漠体育运动休闲大会，在休闲运动大会上依托沙漠足球、沙漠高尔夫、沙漠长跑、沙漠铁人三项等形式开展沙漠探险、沙漠旅游等文化活动，每年都吸引大量的国内外游客前来参加，得到社会各界广泛的赞誉。除了开展沙文化体育休闲运动外，还把当地的民族风俗、自然资源与体育运动品牌有机融合起来，发展特色的体育休闲产业，推动当地社会和经济建设不断快速发展。在基础设施建设方面，2014年宁夏人均城市道路面积为17.35平方米，到2019年增加到23.16平方米，6年间增加了33.5%；交通车辆运营数在2014年为2 382辆，2019年增加到3 475辆，6年间增加了45.8%；每万人拥有公共交通车辆在2014年为9.36台，2019年增加到13.17台；道路面积在2014年为3 889万平方米，2019年为6 376万平方米，6年间增加了63.9%。这些城市基础设施建设为城市举办大型社会活动，尤其是马拉松赛事起到重要的支持作用。在文化环境建设方面，近几年艺术表演团体机构数40个左右；公共图书馆读者数从2014年的163万人次，发展到2019年的281万人次；教育经费投入额度也大幅度增加，从2014年的70 2612万元，增加到2019年的1 697 964万元，6年间增加了140%。在自然资源方面，草原总面积截至2019年为3 014.07千公顷，其中可利用的草原面积

2 625.56 千公顷；截至 2019 年自然保护区为 9 个，国家级自然保护区面积 46.0 万公顷。但同时我们也应该看到，宁夏回族自治区的财政投入、政策效应和经济实力因素对马拉松赛事发展的支持程度还比较小。因此，宁夏回族自治区要全面贯彻落实国家提出的各种体育产业和群众体育发展的各种政策文件，加大财政对体育事业发展的财政投入，促进体育产业和体育事业的快速发展，充分发挥群众体育在推动马拉松赛事发展中的积极作用，同时还要结合宁夏回族自治区的自然资源，发挥自然优势和特色，进而带动马拉松赛事数量、规模和质量的提升，打造优质马拉松品牌赛事。

表 6-31　宁夏回族自治区马拉松赛事发展动力影响因素计算结果

指标	动力指数	权重系数	动力值
基础设施（B1）	64.25	0.63	40.48
经济实力（B2）	52.97	0.37	19.60
群众体育（B3）	92.14	0.59	54.36
竞技体育（B4）	75.30	0.41	30.87
财政投入（B5）	55.55	0.52	28.89
政策效应（B6）	55.85	0.48	26.81
自然资源（B7）	70.20	0.43	30.19
文化环境（B8）	61.97	0.57	35.33

表 6-32　宁夏回族自治区马拉松赛事发展动力要素计算结果

指标	动力指数	权重系数	动力值
支持力（A1）	60.08	0.24	14.42
拉动力（A2）	85.24	0.28	23.87
推动力（A3）	55.69	0.27	15.04
约束力（A4）	65.51	0.21	13.76
综合动力值（低热点—宁夏）		67.08	

表 6-33　宁夏回族自治区马拉松赛事发展动力评价标准

	小动力	中动力	大动力
动力要素	竞技体育、自然资源、财政投入、政策效应、经济实力	基础设施、文化环境	群众体育
影响因素	推动力、支持力、约束力	—	拉动力
综合动力	运行状态一般（67.08）	—	—

第七章　中国马拉松赛事发展动力机制优化与完善

第一节　时间维度发展动力机制完善与优化

通过前文在时间维度上的实证研究和案例分析，可以看出马拉松赛事在不同年度的发展与地区基础设施、经济实力、群众体育、竞技体育、财政投入、政策效应、自然资源、文化环境等8个影响因素呈一定的正相关关系，且具有显著性意义，平均复相关系数为0.546。说明这8个影响因素在不同年度上，对促进中国马拉松赛事的发展均具有重要的意义。同时，在时间维度上的实证研究和案例分析还发现，影响中国马拉松赛事发展的动力因素所提供的动力支持程度，按其动力值排在前四位的为群众体育、文化环境、基础设施、财政投入；排在后四位的为竞技体育、政策效应、自然资源、经济实力。从动力等级划分看，在实证研究中，2014—2019年的6年间，群众体育一直处于大动力区中；基础设施在大动力区上出现了4年；财政投入和文化环境在大动力区上出现了3年。在对北京市马拉松赛事发展案例分析中也发现，基础设施、文化环境、群众体育处于大动力区中。处于小动力区的因素，在实证研究中发现，政策效应、自然资源、经济实力3个因素基本都处于小动力中；在案例分析中处于小动力区的为自然资源、竞技体育和经济实力3个因素。从以上分析可以看出，群众体育、基础设施、财政投入、文化环境4个因素对中国马拉松赛事发展提供较大的动力支持，而政策效应、自然资源、竞技体育、经济实力4个因素对中国马拉松赛事发展提供较大的动力支持相对较小。

基于在时间维度上对中国马拉松赛事发展动力影响因素的分析结果，在中国马拉松发展进程中，要保证中国马拉松赛事健康持续的发展，就要对中国马拉松赛事发展的影响因素进行完善与优化。

一、促进群众体育、体育产业与区域经济的协调发展

全民健身事业是全体国民增强体魄、健康生活的基础和保障，人民群众的身体健康是实现全面小康的重要方面。群众体育事业在提高人民群众身体素质和健康水平，促进人的全面发展；丰富人民群众精神文化生活，推动经济社会和谐发展；提升国家民族综合实力，倡导相关领域融合发展等方面都有着不可替代的作用。党的十八大以来，全民健身事业已经上升为国家发展战略，国家把全民健身作为人民追求幸福生活的重要举措。对于群众体育事业的发展，国家政府提出了一系列新思想、新论断、新认识，做出了一系列新决策、新部署、新要求，以全民健身上升为国家战略作为重大机遇，不断地发展群众体育事业，把群众体育工作提升到新的高度。通过加大对群众体育事业的财政投入，提高体育场地资源和体育产品的有效供给，让越来越多的人参与到体育锻炼中来，使体育人口比例不断地提高。国民健康管理理念正在尝试将资金从"病后医疗"领域引导到"病前健身"领域，国民的需求从物质层面逐渐转向精神层面，竞技娱乐、健康锻炼等精神文化方面的消费需求逐渐增强，越来越多的人开始积极参与多元化的体育运动赛事，群众体育作为中国马拉松赛事发展的重要拉动力，为马拉松在中国的快速发展提供了良好的契机和基础。因此，我国各省（自治区、直辖市）需要把群众体育工作放在经济社会发展的大背景下来认识和策划，放在实现中华民族伟大复兴中国梦的历史进程中来认识和开展，放在建设体育强国的战略目标中来把握和推进。切实把全民健身列为各级政府和相关部门的工作内容，真正把全民健身从体育系统格局上升为国家战略格局，实现跨界整合、融合发展。通过广泛开展全民健身运动，进一步做好群众身边的健身场地、健身组织和健身活动工作，促进群众体育健康发展，不断满足人民群众日益增长的体育需求，进一步提高人民身体素质和健康水

平。通过广泛开展群众性体育健身活动和赛事，助力推动体育产业和区域经济的协调发展，不断满足人民群众日益增长的体育需求，进一步促进体育产业和区域经济的发展速度，为中国马拉松赛事的发展提供必要的基础条件，中国马拉松赛事才能在赛事规模、赛事质量和组织管理水平上取得实质性的发展，甚至向更高、更优质的方向发展。

二、促进马拉松赛事走向商业化和市场化

在对2014—2019年中国马拉松赛事发展动力因素的研究中发现，政府财政投入对中国马拉松赛事的发展给予了重要的动力支持。尤其在2014年之前，举办马拉松赛事更多的靠政府支持，由各地政府拨款扶持举办马拉松赛事，市场化运营程度较低，即便是2014年国家"新政"出台后，甚至有一些城市举办的马拉松赛事，有9成经费都是政府财政拨款，城市经济发达程度越低，财政占的比例越高。据媒体报道，北京马拉松、厦门马拉松等知名赛事，自2014年以来，除去必要的交通管制、安保、医疗等措施，几乎没有让政府直接投入任何财政拨款，所有的资金来源于报名费和赞助商。就目前中国的马拉松赛事来说，商业赞助和政府支持依旧是主要的两大支柱，当然随着马拉松的市场化和商业化的不断发展，商业赞助将逐渐占据大部分赛事运营方的收入，实现真正的赛事自负盈亏运营模式。中国田径协会于2015年取消赛事审批，放宽赛事准入条件，简化准入程序，激发社会力量办赛的积极性，这对马拉松运动的发展是个重大利好政策，鼓励群众性体育赛事向社会开放。这将有利于推动马拉松赛事投资主体多元化和运营市场化，进一步激发市场活力，促进马拉松赛事的商业化和市场化发展。

三、利于文化环境和自然资源打造精品马拉松赛事

研究发现，城市基础设施对中国马拉松赛发展的动力支持较大，相对来讲，文化环境和自然资源的动力支持程度较小。城市的基础设施建设是政府主导下的惠民工程，其规模和水平相对稳定，建设周期较长。马拉松赛事的

发展应以现有基础设施为平台，充分挖掘城市文化环境因素和自然资源因素，将马拉松升级为赛事文化，打造成一项有深厚内涵、全民参与，集城市形象营销、休闲体育旅游等为一体的融合运动项目。中国的马拉松已迈入全面"升级"的关键时期，赛事数量和参赛规模的增长不是赛事得以健康发展的根本保障，由赛事文化和赛事内涵所反映出的赛事质量才是马拉松赛事健康发展的决定因素。马拉松在中国的井喷时代，在全民健身的强大需求和健康产业的强力助推下，应该融入更多的城市文化内涵和自然资源元素，才会展现出无穷的魅力。

除了经济条件外，地区的文化环境和自然资源是影响举办马拉松赛事的原因之一。马拉松赛事属于室外项目，对文化环境和自然资源的要求较高，赛程也比一般赛事长很多。因此，马拉松赛事呈现出一种社会经济发展水平越高，气候条件越好，赛事数量越多，东部多、中西部次之，随着海拔高度的增加赛事越少的趋势。另外，受气候条件的影响，南方赛事举办周期比北方长，这也是造成北方赛事数量低于南方的原因之一。中国马拉松赛事几乎囊括全年的每个月份，正因为我国南北气候有所差异，各地区能避开不适宜的举办时间，其余的时间串联起来就能形成较为完整的时间安排上的赛事循环。北京马拉松与厦门马拉松两者借此特点就可形成春秋交替，南北呼应之势。这种一方面避免了赛事的过度集中，能够提供较好的宣传机会；另一方面，提供了更多的参与机会，参赛者可以合理地根据自己的时间选择马拉松赛事，也为城市旅游发展提供了很好的契机。

随着人民生活水平不断提高，竞技娱乐、健康锻炼等精神文化方面的消费需求逐渐增强，马拉松赛事的有效供给问题已成为赛事健康发展的关键问题，目前能够融入城市文化内涵和自然资源元素，并有一定影响力的原创性马拉松赛事还显得十分不足。这就需要推进马拉松赛事领域供给侧结构性改革，要找准办赛定位、明确赛事发展文化内涵。从2019年的很多场马拉松赛事可以看到，无论是在赛事设置、赛道选择、奖牌、服装以及诸多视觉系统的设计上，都融入了更多的地区文化内涵。北京马拉松从天安门起跑，跑向鸟巢和水立方之间的奥林匹克景观大道，逾42千米的赛道，将千年古都和奥运城市的特色浓缩，成为众多中国跑者的首选赛事。腾冲国际半程马拉松虽然仅举办了第三届，但其将翡翠融入奖牌的设计，赛道穿越和顺古镇，田原风光与蓝天白云下的高原，使跑者在美丽的大自然和中华悠久的文化海洋中徜徉。兰州马拉松沿着黄河奔跑的主题，也使其在这一年几百场的马拉松赛事中，显示出独特的价值。

四、积极落实国家政策，促进群众体育和社会经济的发展

从研究中发现，国家政策还未对马拉松赛事的发展起到应有的作用，这是由于一些政策是在2014年才开始陆续出台，新政颁布时间较短，作用还未全面体现出来。调查显示：2010年时中国马拉松赛事只有29场，而2016年，全国马拉松赛事已经达到了323场，2019年马拉松赛事激增到了1828场。虽说马拉松赛事场次每年都会有一定数目的递增，但近两年出现暴涨的情况却是一个不争的事实。追溯源头，2014年是中国马拉松赛事增长速度的分水岭，因为这一年国务院颁布了《关于加快发展体育产业促进体育消费的若干意见》（即46号文件）。在国家政策影响下，产生了这场"全民马拉松"的风暴。因此，各省（自治区、直辖市）要全面贯彻学习、落实国家提出的各种体育产业和群众体育发展的各种政策文件，按照本地区体育产业发展目标切实做好各项体育工作，尤其是具有雄厚群众基础的马拉松赛事工作，各地区应给予足够的重视，为实现我国2025年体育产业总规模要超过5万亿元的目标作出贡献。

第二节 空间维度发展动力机制完善与优化

通过前文在空间维度上的实证研究和案例分析，可以看出马拉松赛事在不同的发展热点区上，其基础设施、经济实力、群众体育、竞技体育、财政投入、政策效应、自然资源、文化环境8个影响因素对马拉松赛事的发展均呈一定的正相关关系，且具有显著性意义，平均复相关系数为0.402，说明这8个影响因素在不同发展热点区上，对于促进中国马拉松赛事的发展均具有

重要的意义。同时,通过对空间维度上的实证研究和案例分析还发现,影响中国马拉松赛事发展的动力因素所提供的动力支持程度,按其动力值排序在前四位的为群众体育、基础设施、财政投入、文化环境;排在后四位的为竞技体育、政策效应、自然资源、经济实力。从赛事发展动力等级划分看,在实证研究和案例分析中均发现,在高热点区和中高热点区处于大动力区的影响因素较多,其因素为基础设施、财政投入、文化环境和群众体育4个因素;在中热点区、中低热点区和低热点区处于大动力区的影响因素相对较少,其因素为基础设施和群众体育。高热点区的赛事发展动力综合值相对较高,低热点区的赛事发展动力综合值相对较低。基于在空间维度上对中国马拉松赛事发展动力影响因素的分析结果,在中国马拉松发展不同热点区上,需要对中国马拉松赛事发展的影响因素进行完善与优化。

一、发挥多因素协同优势,打造大型知名城市马拉松赛事

研究发现,目前国内的马拉松赛事从载体上大致可以分以下七类:第一类是城市马拉松,该类别赛事数量最多,往往以城市冠名;第二类是山地马拉松,该类赛事一般为马拉松越野赛居多;第三类是水体马拉松,该类赛事主打湖泊、江河自然资源;第四类为古镇马拉松,该类赛事以著名的古镇为载体;第五类为草原马拉松,该类赛事以草原为载体;第六类为沙漠马拉松,该类赛事以沙漠、戈壁为载体;第七类为垂直马拉松,该类赛事选择在标志性建筑内进行比赛。

马拉松赛事发展较高的热点区,大多集中在经济较发达的东部地区,包括北京、天津、河北、辽宁、上海、江苏、浙江、福建、山东、广东和海南等省(直辖市)。对于东部地区来说,举办马拉松比赛可以进一步地提升城市品位与国际影响力。这些地区马拉松赛事发展综合动力较大,其中群众体育、基础设施、财政投入和文化环境因素对马拉松赛事的支持程度较高。在马拉松赛事发展较高的热点区上,凭借群众体育、基础设施、财政投入、文化环境和自然资源等因素的优势,重点打造大型知名城市马拉松赛事。

(1)要发挥群众体育、基础设施、财政投入和文化环境因素这些因素之

间的协同作用，充分发挥城市基础设施和财政投入的支持力度，利用群众体育事业发展平台，结合城市的特色文化，不断扩大马拉松赛事规模，提升赛事水平，积聚人气，从而打造国际知名马拉松赛事品牌。例如，北京马拉松赛事的路线设置，从天安门开跑，途径金融街、学府路、中关村，最终结束在奥林匹克公园景观大道，赛事举办时间更是金秋最美时节，既享美景又览北京的经济、文化与科技标志性地点；上海马拉松赛道途经外滩、东方明珠、上海大剧院、东方明珠、复兴公园、龙华寺等地；新街口、夫子庙、玄武湖、总统府、中山陵等各级各类自然人文景观都是南京马拉松比赛路线的一部分。各地的马拉松赛道沿途经过城市地标、名胜古迹，兼顾人文景观和赛道条件，从而吸引更多的人参加马拉松赛事。厦门国际马拉松从 2003 年举办第一届，到 2019 年短短的十几年时间，在国内和国际上影响力不断扩大，已发展成与北京马拉松齐名的南北两大著名马拉松赛事。厦门国际马拉松赛，2019 年带来直接经济效益 3 亿多，带动经济效益达 5 亿多，十多年来给厦门带来的直接营业收入累计高达 15 亿元。厦门具有良好的基础设施，蓬勃发展的群众体育事业，再加上高度发达的财政实力，结合城市的文化环境和得天独厚的地理优势，凭借美丽的马拉松赛道、高水平的赛事组织、独特创意的赛事内容，成为厦门闪光的城市名片。再如，2012 年开始举办广州国际马拉松赛，是由国际田联和国际马拉松及公路跑协会备案的中国高水平马拉松赛，2013 年被中国田径协会评选为银牌赛事，被国际田联公认为是当今世界马拉松赛最美赛道之一。赛道主要沿珠江两岸设置，集中展示了珠江两岸最具岭南特色的人文风情、最具羊城历史的风景名胜和自然资源，最具时尚气息的现代文化潮流。

（2）马拉松赛事发展较高的热点区不仅群众体育、基础设施、财政投入和文化环境等因素发展程度较高，而且体育产业、旅游产业、运动康复、训练设施和体育培训等相关产业也具有较高的发展规模和水平，可以将这些因素与马拉松赛事融合发展、相互协调、相互促进，使马拉松赛事朝更加多元化方向发展。随着马拉松赛事数量、参赛规模和水平的不断提升，更多的参赛者不再只关注马拉松赛事本身，还开始关注马拉松产业辐射的旅游、装备、康复、训练等其他行业。马拉松赛事除了在运营和技术上不断完善，同时在娱乐产业、健康产业等相关产业上也会产生更加紧密的联系，会诞生更多新的行业来链接因马拉松市场发展而产生的产业需求。从近几年的北京马拉松赛事可以看到，马拉松＋城市旅游、马拉松＋路跑培训、马拉松＋体育用品、马拉松＋康复医疗等发展内涵模式，已不断彰显出来，在促进相关产业发展的同时，也促进了北京马拉松赛事的发展。井喷时代的中国马拉松，给赛事组织、装备、培训、运动恢复、营养补给等体育产业带来了巨大的生机与活力，已初步形成了以其为核心，整合休闲旅游、人文景观等产业要素的大文化、大健康产业链，成为推动马拉松赛事发展的重要因素。

（3）虽然东部地区整体上经济发展水平较高，但是也有一些小城市经济水平相对较低，一些小城市具有得天独厚的自然资源和历史文化资源优势，这些城市要结合当地的自然资源、历史文化等因素进行综合考量，围绕当地最具特色的元素进行马拉松赛事规划。结合小城市的山体资源、水体资源以及古镇特色文化打造相应的山地马拉松、水体马拉松及古镇马拉松赛事。例如，浙江宁波宁海岔路乡镇山地马拉松，被誉为中国最美的乡镇山地马拉松，赛道起终点均为岔路镇干坑村乾溪山庄，途中既有养生之地葛洪炼丹处——学士坪，又有明代大旅行家走过并留有诸多描述的徐霞客古道；既有红色的平溪会师纪念处和山洋革命根据地，又有绿色的浙东大峡谷；既有陡峭刺激的大短柱，又有平缓舒适的山间小道。每年吸引一万多名马拉松爱好者来挑战极限、亲近自然，在比赛中与独特景点比肩而行，欣赏如画如诗的风景，空气清新，宛如游走于世外桃源，让身心获得极大放松。马拉松比赛的举行，吸引了众多媒体争相报道，让宁波海岔路小镇打响了全国知名度，随之而来的是更多的关注度。浙江文成马拉松精英赛是充分挖掘赛事形式，精心设计比赛路线的原创性赛事，对比赛选手成绩和数量都有一定要求。而此次赛事最大的特点是全程采用滨水赛道，一路沿文成县城泗溪河奔跑，视线所及，多为溪水潺潺、群山环抱、绿木苍郁的山水景致。赛事的成功举办，堪称一次出色的厚植文化内涵的城市营销，文成主打生态休闲旅游产业，这与马拉松等体育赛事绿色、低碳的理念相近。将在更广的范围内提升文成的知名度和美誉度。

二、发挥单因素独特优势，打造中小型精品马拉松赛事

从马拉松赛事的举办数量上不难看出，经济发展好的地区举办的次数越多，马拉松赛也越会带动赛事举办地经济、旅游、文化等各种产业的发展。马拉松赛事与当地经济发展二者相辅相成，正逐渐成为一种文化符号、城市名片。马拉松赛事的不断发展带动了当地经济进而又刺激了马拉松赛事的举办，正因如此每个区域的赛事数量均有增长，并且赛事不断延伸至西北区，尤其是甘肃、青海、新疆近些年举办的马拉松赛事数量逐年增加。马拉松赛事发展较低的热点区，大多集中在经济相对落后的西部地区，包括甘肃、青海、宁夏、新疆、云南、贵州、西藏等省（自治区）。而对于西部地区，尤其是西部一些小城镇来讲，举办一场符合地区特色的中小型精品马拉松比赛，可以成为一个绝好的宣传和营销的机会。这些地区马拉松赛事发展综合动力相对较小，基础设施和群众体育因素对马拉松赛事发展的支持程度较高，而其他因素对马拉松赛事发展的支持程度较低，马拉松赛事发展动力综合值也相对较低。

（1）在马拉松赛事发展较低的热点区上，自然资源和人文环境对马拉松赛事的支持力度也较低，因此，在低热点区，应重点挖掘西部地区自然资源和人文环境因素。西部地区虽然没有像东部地区具有发达的城市基础设施建设、雄厚的财政实力和蓬勃发展的群众体育事业等基础，但是西部地区地广人稀，具有得天独厚的自然资源和历史悠久的文化传统。这些地区有丰富的山体、水体、草原、戈壁等自然资源，同时还拥有众多的历史古镇文化资源。因此，这些省、自治区、直辖市可以重点依靠这些独特的资源，举办山地马拉松、水体马拉松、古镇马拉松、古镇马拉松和沙漠马拉松等赛事。目前西部地区的一些城市盲目跟风，照搬其他城市举办的马拉松赛事，自身的条件和实力还不能支撑由几万人参与的马拉松赛事。但是，种种短板意味着马拉松赛事有调整的可塑性和诸多发展方向。西部地区举办马拉松在路线的选择，赛事的内涵等方面要区别于东部地区，避免与东部地区赛事同质化，应该要定位好自己的特色，体现个性化和差异化，将城市自身的文化内涵和自然资源因素真正融入赛事之中。例如，环青海湖马拉松赛事以青海湖命

名，打造了只有 1 万多人参加的中小型的马拉松赛事。截至 2019 年青海湖马拉松赛已经连续举办了 17 届，赛事更融合了 10 千米体验赛段和体育 + 旅游的新概念，新增赛后定制旅游内容，赛道穿越环青海湖北岸无人区的沙丘、草甸、湿地等多路况，风景和环境差异性大的地区，通过运动加旅游的方式深入了解环青海湖周边的自然、人文和历史，挑战高海拔地区户外运动的身体极限，通过赛事使参与者领悟互助、健康、环保的理念；云南保山市腾冲马拉松赛事没有追求参赛规模，而是精心将城市的特色和马拉松比赛结合起来，借助腾冲得天独厚的自然资源，深度挖掘腾冲自然资源和文化环境，赋予赛事独特内涵，提升赛事整体品质，吸引马拉松爱好者参赛的同时，还可以游览古城、泡温泉，让其享受这种生态生活。还有就是腾冲马拉松赛事的奖牌设计下了很大功夫，将腾冲的文化内涵很好的融入其中。

（2）在马拉松赛事发展较低的热点区上，基础设施和群众体育等因素对马拉松赛事发展的支持程度较高，西部地区的省会城市基础设施建设相对完整，群众体育等因素开展得比较好，财政实力也具有一定的规模，因此，西区地区的省会城市可以发挥这些优势，并结合当地的自然资源和文化环境因素，打造中型以上的城市马拉松精品赛事。例如，甘肃省兰州国际马拉松创办于 2011 年，是由中国田径协会、甘肃省体育局、兰州市人民政府共同主办的一项赛事，至今已连续举办了六届。2011 年被评为"中国田径协会马拉松金牌赛事"，2012 年升格为全国积分赛，并于 2013 年被国际田联授予"铜牌赛事"称号，成为西北地区独具魅力的马拉松赛事。西安城墙国际马拉松比赛作为世界上独一无二的在古城墙上举行的马拉松，是西安目前最具国际影响力的体育盛事，从 1993 年开始以来，截至 2019 年已成功举办了 27 届，已逐渐发展成为深受海内外长跑爱好者喜爱的重要体育赛事。2003 年西安城墙国际马拉松赛被中国国家体育总局、中国文化和旅游局命名为"全国体育旅游金牌项赛事"。银川于 2017 年举办首届"丝绸之路"宁夏·银川国际马拉松赛，赛事的举办进一步推动了银川市全民健身运动的开展，对于进一步宣传和展示银川独特的自然风光、人文景观，让各国来宾和运动员深切的感知银川，扩大银川的城市影响力，提升城市内涵有着重要意义。重庆国际马拉松赛于 2012 年开始举办第一届，已成为中国西部首个国际全程马拉松赛事，也是中国西部沿长江母亲河奔跑的第一个赛事。总之西部地区要依靠自身得天独厚的自然资源和文化资源优势，并以此为载体抓住自己的品牌特色，挖掘赛事与赛事之间的差异性，将马拉松融入自然资源与文化中去，同样会打造出精品的马拉松赛事，才能真正赢得口碑效应，传播城市品牌，为促进地区经济和体育事业的发展贡献力量。

第八章　中国马拉松赛事发展问题与路径

第一节　中国马拉松赛事发展问题审视

一、马拉松赛事同质化现象严重，缺乏创新性

马拉松作为一项长跑运动项目，具有比赛场地开放性、参赛人员包容性的魅力，开放和包容的特点吸引了众多长跑爱好者加入马拉松赛事当中。毫无疑问，内容丰富、形式多样的赛事可以吸引更多的马拉松爱好者关注赛事并积极报名参赛。但由于比赛场地开放性的特征，导致马拉松成为一项对办赛场地要求不高的赛事，这同时意味着赛事场地不具有局限性，任何地方都可以举办一场马拉松赛事。而正因如此，任何一项马拉松赛事在创办之时为了赛事的成功，都会提出要打造最具特色马拉松赛事的目标，如最佳补给、最美赛道、最人性化服务等。但在赛事的实际举办过程中，许多赛事本身所认为的特色并不具有很大的差异性，时间长远之后，连这些所谓的特色都向同质化方向发展。

在部分具有显著性特色的城市之中，中国马拉松赛事主要是围绕城市特色来举办的，但仍然存在许多城市缺乏显著性城市特色，并且没有结合本土风情，但看中了马拉松赛事的火热，跟风办赛，缺乏办赛经验，盲目复制其他热门赛事流程热点，缺乏自己城市独有的特性，这就导致了马拉松赛事的同质化现象趋向严重，限制了马拉松赛事向着差异化、多样化与特色化的方向发展，也束缚了马拉松赛事文化挖掘的深度及整个赛事产业发展的活力程度。

在竞赛组织上，国内马拉松赛事多是由中国田协和当地政府或体育局协同

合作主办，由于主办方并没有发生变化，导致马拉松形式上几乎没有变化。在国外，著名马拉松赛事主办方是多元化的，根据赛事的需求有不同的组织形式，如社会团体主办和体育公司主办。虽然国内和当地政府主办这种形式在组织比赛上会更有效率，层层分级，调动资源和执行命令上会更有优势。但随着马拉松赛事的快速发展，马拉松赛事举办比赛次数井喷式上升，在面对一些细节上难免出现问题，服务质量降低，因此，需要赛事主办方在竞赛组织上寻找新的方向，以期在马拉松赛事上满足高质量、多元化、有特色的要求。

从赛事项目类型上来说，现在急剧增加的赛事数量对赛事内容也是一种挑战，会出现赛事项目愈发雷同，赛道几乎不变，这种"换名不换芯"的情况。即便利用当地特色，创意方法过于雷同也会给跑者带来重复感，失去参与马拉松赛事的乐趣。因此，马拉松赛事的举办应在地域环境充满特点的地方，再与当地特色相结合，不断创新，保证马拉松赛事各地独有的活力。马拉松赛事现如今遍及全国，经济发展较好的城市举办马拉松次数越多，一个城市的马拉松赛事越多，越容易出现赛道上的重合，如具有不同主题的赛事"郑开马拉松""郑汴双塔马拉松"，即便有"红色马拉松"的加持，但也只是简单地停留于场地不同，其中"郑开大道—金明广场—大梁路—西洒大街"重合率极高，其实质核心并没有发生变化，缺乏真正的体验性产品。

马拉松赛事发展至今，已经相当于一个城市名片，能清晰地展示出当地文化经济的内涵，很多知名的马拉松赛事和当地文化、地标融合成为更具有代表性的马拉松赛事，愈发成为向外界展示输送当地特色的标志，实际上在我国的大部分马拉松赛事执行过程中并不能完美融合当地特色和文化内涵，加上缺少基本的积淀和有经验的、创意能力较强的赛事运营团队，各种差异性的理念也往往流于形式，导致我国体育赛事的趋同性越发严重，也导致跑者和观众们的体验疲劳，损害了马拉松赛事市场的经济利益，对马拉松赛事的未来发展也会带来不利影响。

二、参赛者规则意识薄弱，整体素质有待提升

马拉松运动传承着坚忍不拔、坚强不屈的体育精神，具有塑造健康体魄、

传播社会文化、推动经济发展的作用。马拉松运动的精神在于挑战自我、超越极限，而在一场具有运动精神的比赛里，所有的运动员、裁判员以及观众都应该尊重比赛、尊重规则，所有的参与者都在统一的规则下比赛，这才是公平竞争，最后得到的结果才问心无愧。马拉松赛事赛程长，参赛人员多，对比赛的组织管理工作都是不小的挑战，也会被一些参赛者钻了空子。国内马拉松赛事在监管上还有许多的问题，这也导致了替跑、作弊、伪造号码布等现象频发，这些现象都体现出参赛者的赛事规则意识薄弱和整体素质不高。在2016年厦门国际半程马拉松赛事中，一名非专业运动员在到达终点后突发心脏骤停，抢救无效死亡，经查证此人并不在参赛者名单中，是顶替了同事的号码参加的比赛，赛前主办方没有审查到位发现替跑现象导致了意外的发生，事件发生后厦马主办方再次对参赛人员进行审查，又发现30名替跑违规的选手，对他们逐一做了禁赛处罚；在2018年深圳南山半程马拉松赛事上，出现多人穿过绿化带，从道路一侧跨越到另一侧"抄近道"的违规行为，组委会发布公告对240名涉及替跑和"抄近道"人员进行处罚；在2019年上海国际马拉松赛事中，出现替跑并利用交通工具的情况，最后处罚结果为违规人员终生禁赛；2021年徐州马拉松赛上，张某的替跑者跑出了该年龄组第一的成绩，最终成绩取消，被禁赛三年。

马拉松线下赛事参与的人数众多，一般赛事考虑到赛事组织管理的可行性，为了保障赛事的安全与参赛者的体验感，都会限制参与人数，这种现象就导致了热爱马拉松的跑者一票难求、摇不到号、报不上名，也因此滋生出一条灰色产业链，"黄牛"借此出售号码布、提供伪造号码布等服务，扰乱赛事组织秩序。2020年西安马拉松赛事结束后，参赛选手查询自己的赛场照片发现出现了一个与他一模一样的号码布，套牌者用去年参赛的号码布改一个字母加入进了这场赛事，最终组委会对套牌者采取终生禁赛的处罚；2018年深圳南山半程马拉松赛事上除了"抄近道"现象，还有18人用伪造的号码布参与比赛，均受到组委会的处罚。

马拉松作为一场体育盛宴、一种文化活动，是体育爱好者的聚集地，马拉松赛事的兴起吸引了许多跑步爱好者的目光，与此同时，赛事组织方设置了高额奖金奖励期望吸引马拉松运动员参赛，增强赛事的宣传力度，促进马拉松赛事的发展，最终导致部分参赛者缺乏正确参赛动机，采取了非正当手段以提高比赛成绩，忽视了赛事上的规范性。

因为缺乏专业的赛事监管制度和手机运动 App 的局限性，线上赛的作弊现象则更为明显，线上马拉松赛事是根据运动 App 来判定参赛者路程及成绩的，运动 App 只能划定运动轨迹，不能确认参赛者是否为本人，替跑者通过带着报名者手机或者登录其账号的方式就可完成替跑；运动 App 中没有比赛时全程录像功能，因此也不能确定参赛者是否借助了工具进行参赛；运动 App 特有的暂停功能也对线上马拉松赛事的公平性有所影响，不能判定参赛者取得成绩中是否有所休息，来提高自己的参赛成绩。正因为线上赛事作弊手段频发，线上赛事取得的成绩的真实性还有待考证，我国线上马拉松的政策不足，监管体系也不健全，线上作弊事件可能还要持续一段时间。除了在赛事规则上选手们的敬畏心不足，一些选手的个人素质也有待提高。在一些马拉松赛事中，由于主办方卫生保障落实不到位，许多选手因内急沿途随地小便，还有马拉松赛后留下的遍地垃圾，尽管都有主办方的原因在，但也从侧面说明参赛者整体素质不高。

三、赛事安全保障不严谨，医疗服务水平参差不齐

中国马拉松赛事虽然处于高速发展时期，但是许多管理经验、人员配置、认知水平以及相关方面措施还不完善，马拉松赛事也呈现出赛事质量参差不齐、管理阶层混乱的现象。赛事主办方的统筹管理水平缺乏专业性，赛事运营管理人员紧缺使得赛事在举办过程及结束后问题、错误层出不穷。赛事组织的不专业、赛事保障的不严谨会导致马拉松赛事事故频发的现象，尤其是涉及参赛者身体安全问题时，据国际体育组织统计，平均每 5 万名马拉松长跑者中会有 1 人死于心脏病突发，就是我们俗称的猝死。生命危险的发生无疑在很大程度上减少了参赛人员的数量，压制了赛事管理安排的多样性发展，阻碍了中国马拉松赛事发展进程，给中国马拉松积极健康发展带来了负面影响。马拉松赛事运动强度大、赛程长，很容易诱发潜在的心脑疾病，由此可见马拉松也算是一项高危运动，因此在举办马拉松赛事的时候在公共安全和

医疗保障方面要做足准备。

意外突发事件时反应能力弱、后勤保障不足、协调能力差，赛程中参赛者突发猝死情况应该作为马拉松运动中不可避免的风险控制，纳入马拉松运动保障中去，应预先做好赛事保障人员思想工作，提前做好应急预案，时刻关注参赛者运动情况；马拉松作为一项室外运动，赛事主办方应时刻注意天气变化，高温低温天气对参赛者都有影响，如 2019 年上海国际马拉松就出现了因高温天气导致的猝死事件；2018 年上海国际马拉松出现了集体失温的情况，赛前运营商，因未能及时将天气风险信息传达给参赛者，当地政府并未作好决策，天气预警缺位；2021 年 5 月甘肃山地马拉松遭遇极端天气，由于比赛地形复杂，大部分参赛者并未在第一时间得到支援，甚至失联，救援组织展开营救已经错过了最佳救援时间，参赛者基本都出现了失温的症状，21 名参赛者因此丧命，这场比赛伤亡率高达 16.86%。因此，气温的监测对运动员的健康至关重要。

参赛人员身体状况评估不足。虽然马拉松赛前竞赛规程中会明确参赛者身体状况要求，但在此要求下仍部分参赛者并不清楚自己的体能情况，贸然参加并不适合自己的长距离耐力跑，造成马拉松赛事中的意外损伤事件频发。进一步来说，参赛者清楚自身情况，这也仅仅是参赛者自身对身体状况进行的自我评定，缺乏专业的医疗检查。尤其是一些短距离的马拉松赛事，主办方非专业组织、办赛经验少，缺乏对参赛人员应有的身体检查意识，极易在跑步阶段出现运动员身体损伤的现象。特别是线上赛事，线上赛事是参赛者自己准备补给和寻找合适的跑步场地，不像线下赛事一样全程都有医护人员在旁，如果遇到身体不适不能及时对自己进行检查评估，也不会自救措施，自身安全问题难以保障。另外线下赛事的比赛场地是自己寻找的，这一点还有隐晦的交通安全含在其中，极易发生交通安全事故，存在着很大的风险。

马拉松举办地医疗服务水平参差不齐。医疗安全保障才是整个马拉松赛事里最重要的一环，每一项体育运动都伴随着众多潜在的运动损伤，因此马拉松赛事背后的医疗队伍组织建设不可忽略。除了猝死这种比较严重的事故外，马拉松赛事常常还会出现扭伤、中暑、低血糖、肌肉痉挛、关节疼痛等问题，专业的医疗水平、专业的医护团队在处理这些病痛上问题不大，但是部分办赛经验少的主办方,从当地医疗中心抽调出的临时小组组成医疗团队,这些临时医疗小组不足以应对马拉松赛事中出现的大数量受伤人员的处理。参赛人员众多,当受伤的人数多起来而临时医疗组又经验不足时,难免会手忙脚乱。此外,由于医疗保障人员的不固定,导致城市马拉松赛事医疗保障经验持续不足,而每一场马拉松赛事的举办都需要组建新的临时医疗小组,无法形成学习的闭环。

四、马拉松赛事组织标准不规范,监管体系不健全

2017年,国家体育总局印发了《关于进一步加强马拉松赛事监督管理的意见》,规定由各地方运动主管部门对相应行政区划内的马拉松赛事活动进行监督管理,而目前与国内竞赛的合作则主要属于以当地政府+地方运动机构的合作模式开展的,地方的体育主管部门受地方政府部门管理,体育主管部门对比赛进行的监督就属内部操作,政府既是办赛者也是比赛监督者的角色,因此政府无法对比赛进行真正客观公平的监管。

中国马拉松赛事中政府协调治理的制度建设落后与中国马拉松赛事发展的速度,主要体现在:一是政策的决策者们之间缺乏沟通,导致政策缺乏权威性和执行力;二是制度与政策的缺失容易导致某些领域或方面缺乏明确的界定、限制和规范,从而导致出现监管治理的盲区。

中国马拉松赛事发展中,缺乏公共服务的一致标准,统一办赛设置规格,管理部门对马拉松赛事提供的公共服务还不够清晰,业余无经验的主办方一味照搬热门城市办赛套路,导致越来越同质化,细节处理不到位,容易发生一些意外事件,加上经验不足处理方法不正确不及时变得愈发严重。信息服务政策也需要落实到位,赛前办赛、参赛指南、选手报名,赛后成绩查询汇总整个体系的一个公共平台没有建立。目前,中国还没有关于马拉松项目与科技相结合的具体政策。总的来说,提高政策支持的针对性是今后制定马拉松政策的关键之一。

赛事政策不光体现在服务、组织和人才培养等相关要求和倡议上,还应该得到真正的落实,加上一定的处罚性政策,这才能展示出赛事领导者对马拉松赛事改革监督管理的决心。2019年青岛马拉松,由于马拉松测赛事丈量员

私下接受了组委会的其他任职邀请，没有乘坐导向车正确引导路线，没有在关键位置做好引导工作，导致肯尼亚选手在最后300米偏离正确的方向，幸好没有影响排名，也没有造成人员伤亡。另一方面，根据中国田径协会发布的有关规范性文件，没有查找到指引车在何时离开赛道、测量员是否应全程乘坐指引车以及指引车的引导的重要位置和有关路线的规定。此外，深圳半程马拉松的"抄近路"的现象，还体现出马拉松赛事中缺乏信用体系。马拉松项目管理体系建设滞后，阻碍了安全、有序的高质量发展马拉松项目的进程。

另外，中国马拉松赛事的监督政策多集中于赛前的人员核实及办赛设计上，针对赛中和赛后的监管监督政策明显少于赛前，每个机构监督职责归属不清楚，政府、主办方、体育部门职能设置不清晰，这几者之间的合作机制不明确，赛后监督部门的综合评价机制尚未建立，赛事综合评价的指导作用尚未充分发挥。因此，推行监督管理制度，制定政策措施要全面，把赛中和赛后的监督作为制定政策的重点。

中国马拉松赛事"融资难，融资贵"，发展越发商业化，缺少马拉松精神，因此赛事规划方在进行宣传时要作出正确的运营政策引领，在避免马拉松赛事过度的商业化的同时应积极与金融领域合作、打开新的发展思路。虽然说2015年中国田径协会取消了赛事审批权，但在办赛流程上一系列的审批手续并无简化，马拉松赛事涉及交通、气象、医疗等各种领域，在与他们的合作交涉上没有获得田协或者政府的赛事相关函件，不愿给予支持，导致马拉松赛事办赛的流程并未得到实际简化。中国马拉松赛事的发展不能一味地追求赛事数量和规模的增加，质量也要跟得上，没有针对性的政策和处罚措施会影响中国马拉松赛事的发展进程。

五、马拉松赛事专业人才缺失，人才培训机构匮乏

任何事情的发展都离不开专业人士的指导，经过专业人士的指导，整个体系就会变得更加规范和专业，马拉松赛事也逃不开这样的定理。发达国家的体育产业一直处在行业前列，经过了长时间的发展，他们有着更强大的管理系统、运营团队和服务人士，形成了一系列完整的产业发展链。而我国体

育产业正处于缺少专业的赛事组织团队、运营人士，在对志愿者等人的培训上面也有所不足。马拉松赛事对专业人士的要求极高，除了需要了解马拉松赛事外，还需要对马拉松赛事的整个运营管理体系都有所涉猎。

对于马拉松专业人士的培训，2016年中国田径协会、上海体育学院和北京中迹体育管理有限公司共同创办了马拉松学院，以提升整体办赛水平和办赛安全，并普及健康跑步理论知识，截至2020年完成培训4 000余人，但是这4 000多人对我国处在喷井式发展的马拉松赛事数量和人次面前不过是杯水车薪。马拉松学院培训班中理论培训课程相对较多更多的都停留在书本知识上，多采取"以比赛代替训练"和"观察"的形式，实践培训相对不足，国际人才交流和引进方面仍处于探索的初级阶段，由此可见中国马拉松赛事专业人士有着巨大的缺口。2023年4月，中国马拉松学院举办路跑赛事医疗体系构建与急救管理专题线下培训班，除了组委会推荐的赛事总监、赛事医疗急救负责人及相关工作人士外，要求各认证赛事至少派1人参加，但最多只限3人；2018年参与中国马拉松339场认证赛事的运营公司共有189家，其中有100家参与了竞赛组织培训，受中国田径协会马拉松学院的培训率仅占53.76%，可见我国对专业人才培养实在是难以跟上赛事发展的步伐。

马拉松赛事的发展动力是创新，而创新的实质是人才的培养。马拉松赛事体系庞大，囊括了赛事组织、运营、保障等方方面面，从赛前赛事的推广运营、营销、报名程序、赛前报道、身体素质判定，再到比赛的过程中，选手的补充物资到路线的规划、医疗保障，最后是赛后场地的收尾，都需要专业人士进行跟进设计与管理，也需要专业人士向下级进行培养与培训，如对志愿者要进行一定程度上的赛事规则培训，以免出现拽停参赛者，或者递国旗等现象的发生。马拉松赛事市场相关人士不足，未能得到良好的宣传运营效果，同时中国马拉松赛事符号精神不清晰，导致参赛群众缺乏竞赛精神和个人素质。目前全国各马拉松赛事几乎没有设立培养标准化管理人才的机构，标准化的管理与专业人才缺失，导致难以对整个马拉松体系进行整合，对马拉松赛事质量的提高缓慢；同时专业人才的缺少，更多的赛事组织者盲目模仿马拉松赛事，创意创新不足，导致中国马拉松赛事同质化现象严重。因此，加快中国马拉松赛事专业性人士的培训十分重要。一要提高对马拉松这项运动项目的理论认知；二要建立马拉松人才培养网，给想进入马拉松行业的人才提供平台；三要出台相应的培训考核标准。

六、马拉松赛事品牌赛事较少，品牌赛事效应有待提升

体育赛事品牌的本质是以体育赛事为核心产品，是运动员在体育竞赛过程中表现出来，并为大众、媒体和企业所接受的一种独特的文化内涵符号。通过创新促进体育品牌的发展，通过相应的手段提升品牌的效应，提高消费者意识，增添附带效益。在经济快速发展的今天，体育赛事也经历了品牌化的过程，成为商品化的产物。为了在经济高速发展的新时代永久的生存下去，体育赛事需要通过利润驱动和市场竞争的影响来与其他企业一样创造属于自己的品牌。体育赛事品牌建设的主要功能和作用是提高群众对体育赛事的兴趣和参与程度，提高群众对体育赛事的重视程度，深入实施与全民健身深度融合的国策，促进"终身体育"理念的形成。在原有的基础上，吸引投资者获得更多的资金和赞助，提高赛事的知名度，增加体育市场份额，从而吸引更多的观众群体的长期支持。中国马拉松以其高外观、高质量的赛道与服务和高标准的保障，使其专业的比赛、认可度和意识不断增强。

与此同时，随着马拉松宣传平台的不断扩大和报道的日益普及，媒体的认知越来越清晰，活动的影响力不断增强。然而，中国马拉松的品牌建设还有待于进一步探索。一方面，中国马拉松比赛起步较晚，迄今为止连续进行10多场马拉松赛事较少，难以形成规模和品牌效应。另一方面，马拉松赛事的组织者可以在赛道设置、奖牌、参赛者服装等方面的设计中融入当地特色，但同质化的情况还偏多。"同质化"是指同一类别中不同品牌在性能、外观、定位、营销手段等方面相互模仿的现象。"同质化"现象会使产品本身没有特色，与其他产品没有区别，使产品的内容和定位重复，失去特色，降低用户体验，使产品陷入低端竞争，不利于品牌的发展。

我国马拉松赛事是一种特殊的体育赛事产品，在组织、内容、营销和品牌内涵等方面存在"同质化"问题，严重影响了我国马拉松产业的发展效率。原因如下：一是由于竞赛品牌支撑的核心竞争力，即赛事整体竞争水平没有

明显提高，缺乏品牌影响力；马拉松赛事主要在城市举行，伴随着需求的增加和市场的扩大，流水线赛事的生产数量激增，无论赛事能否融入城市发展和当地社会需求，失去个性风格，淡化赛事特色，很难给人们能够留下深刻的印象。二是由于赛事品牌的传播功能没有得到充分发挥，不能最大限度地发挥平面媒体、电视媒体和网络媒体的媒介整合效应。缺乏举办城市的文化特色，缺乏有效的创新使用户获得多样化的观赏体验，缺乏品牌吸引力。因此，我们应该提高马拉松赛事品牌的发展质量。

七、马拉松赛事竞赛保障体系不健全，赛事安全事故频发

运动竞赛管理中不可缺少的一项工作任务是竞赛保障系统的设计和实施，中国田径管理中心于2017年9月发布了《关于加强全国田径项目活动安全稳定工作的通知》，其中明确指出："在全国田径项目比赛、训练、培训等活动中，各主办、承办单位应建立安全工作领导小组，对其举办的各类活动，尤其是交通安全、食品安全、赛事组织安全等方面进行全面的梳理和排查，并对其进行安全检查，确保活动的各环节和各部分连贯顺畅。"为运动员提供优质的竞赛保障服务，不仅是为了确保运动员的安全，也是为了实现马拉松的可持续发展而必不可少的一项工作，更是为了对赛事的规划、筹备、实施、监控以及收尾等各项活动起到规范和指引的作用。马拉松赛事保障体系可划分为赛前、赛中、赛后3个模块，由6个部分组成，分别是管理体制保障、人力资源保障、赛事管理保障、市场营销保障、后勤保障、信息资源保障。首先，当前中国马拉松赛的安全保障体系还处于制度实施的阶段，缺少对安全保障体系的宏观设计。在管理体制保障层面无法理清与运营商、支持单位之间的权责分配问题，无法处理好"放权""监督""辅助"之间的关系。在风险管理方面主要是考虑到了运动伤害风险，而无法兼顾财务风险保障、场地器材设施风险保障、事件风险保障、信息风险保障、违规违纪风险以及环境风险方面的内容。竞赛营销工作停留在赛事宣传与推广上，尚未针对性地开发出竞赛延伸品，满足更多运动员、现场观众的消费需求，提高赛事组委会、活动区域的营运收入。其次，马拉松赛事组织管理模式和运行机制有待

完善，各部门缺乏有效协调，导致保障工作效率低。虽然目前中国马拉松运动组织机构已经初步建立，但其运行机制还有待完善。在实际运营过程中，组委会与执委会的协调沟通效率不高，特别是在一些重要节点的时候，出现衔接不畅或协调不及时的情况。这一方面是由于部分组委会工作人员思想观念和专业素质水平不高，对马拉松运动的理解和认识不够；另一方面则是由于部分赛事组织机构、运营企业之间缺乏有效沟通和联系，这就会导致二者之间的工作衔接出现问题。马拉松赛的竞赛保障工作是一项系统工程，涉及诸多方面的工作内容，需要调动大量的人力、物力、财力资源，有目的、有计划、相互协调、相互配合地开展工作，才能保证竞赛活动顺利开展。在走访调查过程中笔者发现，部分马拉松赛组委会一方面未处理好与运营商、支持单位之间的权责关系，导致运营商、支持单位在开展工作的时候，缺乏主导权，缺少与相关部门和人员的沟通机制，甚至是缺乏对相关部门、人员的领导力，致使很多工作不能顺利进行。马拉松赛事组委会、仲裁委员会、执委会内部各岗位、各部门之间虽然也存在各种形式的协调会，但由于涉及的组织管理任务太复杂，而且安排的部门以及各个部门内部细分的小型管理组织也太多，单纯某几个部门之间数次的协调会，很难解决特定部门、特定组织所遇到的一些细节性的问题。最后，部分赛事工作人员素质低和观众服务能力不足问题明显。当前，国内马拉松赛事运营企业仍然处于起步阶段，大部分的企业在组织架构上没有设置专门的赛事运营部门或岗位，中国马拉松赛工作人员主要来自机关单位、协会指派、社会机构、志愿者四个部分，其中"志愿者"在整个服务队伍中占有较大规模。虽然赛事运营企业成立了专门的工作团队和服务队伍，但由于缺乏系统的理论知识、管理经验和市场意识以及专业化的培训与考核机制，导致部分志愿者仍然表现出明显的专业素质低、没有经过系统培训、服务工作不到位、缺乏有效的考核激励机制等问题，具体表现在其面对一些运动损伤之类的紧急情况的时候，无法做出快速而有效的应对措施；面对复杂或繁重工作任务的时候，存在一些不满甚至是抵触情绪，无法尽职尽责地开展志愿服务工作。这显然会影响到马拉松赛事保障工作质量。马拉松赛事委会所设计和实施的保障体系主要是围绕着运动员所展开的，所涉及的对观众、媒体工作人员的服务保障工作则比较少，从而导致一系列因服务不到位而造成的问题。

八、马拉松赛事赞助商行业结构不合理，赞助稳定性较差

赛事赞助在马拉松赛事快速发展过程中起着举足轻重的作用，并逐渐引起了赛事经营者、媒体和企业的重视。虽然中国马拉松赛事的火热已经引起了众多赞助商的注意，但也暴露出一些问题。体育用品和食品饮料几乎是马拉松比赛的必需品，而中国马拉松比赛的赞助商结构却没有合理地反映出来。与此形成鲜明对比的是赞助市场相对成熟的美国。如今美国对马拉松赛事的赞助如火如荼。根据IEG（International Events Group）公司最近的一项研究显示，各大公司在耐力运动项目上的赞助费每年都在上升，以引起更多有健身意识的成人的注意。美国赞助商投资在马拉松体育赛事的费用逐年增长。赞助商品牌表现最为活跃的品牌是佳得乐（运动饮料），其次是啤酒、摄影、医疗机构、保险、运动装备、运动食品、保健品、快递、汽车等。从赞助商行业分布来看，最有可能为耐力型体育赛事提供赞助的是运动装备，接下来依次为非酒精饮料，保健品，食品，医药，保险，酒业，摄影，酒店。总体上看，美国的赞助商更多的是参与了这次活动，而在金融和地产方面，几乎没有什么参与。其次，赞助人的产业结构也比较均衡，不存在某一产业过于集中的情况。从赛事运营的观点来看，如果双方的匹配度比较高，那么赞助商和赛事之间的黏性就会得到提升，而相对均衡的行业分布也会极大地减少赛事对某一行业的依赖性，这也有利于控制行业因素给赛事运营带来的风险。

中国的马拉松赛赞助商还有很长的路要走。第一，马拉松赛事的赞助商和投资商分成了两派。不同区域的比赛受到的对待也不一样，比赛赞助商在各大城市的比赛规模上也表现出了两极分化。一线和二线城市，都是最受欢迎的比赛，赞助商比较多，很少有名额。对于三、四线城市来说，除了极少数的几个特殊项目之外，其他的项目都很难吸引到赞助，经常会出现入不敷出的情况，尤其是新赛事。第二，中国马拉松赛事赞助稳定性较差。从目前的马拉松赛赞助商来看，大部分的赞助商都是昙花一现，很

少有长期合作的,很多比赛,都需要不断的更换赞助商。冠名商的频繁变动,对赛事的平稳发展,以及对企业形象的提升,都是不利的。这一方面是因为我们国家的赞助商们追求短期利益的赞助理念,另一方面也是因为我们国家缺乏高质量的赛事资源,所以只有几个发展时间比较长、级别比较高、影响力比较大的赛事可以得到长期的赞助合作。而长久而稳固的合作,不仅对活动的可持续发展,对公司的品牌形象也有很大的帮助,可谓是一种双赢。国外马拉松大满贯赛事每个背后都有强大的赞助商支持,并且很多都是合作几十年的国际知名企业。例如,波士顿马拉松赛有38年,约翰·汉考克财务公司是它最长的赞助商,阿迪达斯也是34年的赞助商。一个企业的品牌建设并非一朝一夕之功,而是一个长期的过程。因此,在选择赞助马拉松赛的时候,虽然也预示着不会有立竿见影的效果,但却可以从与顾客的互动交流中,首先树立起品牌形象,建立起品牌信任。从长远来看,这将有利于提高公司的知名度,提高公司的盈利水平。第三,马拉松赛事实物赞助变现难度大。而商业赞助,不仅是马拉松运动的生存之本,更是马拉松运动的一项重要资源。但因其层次的不同,其赞助方式也各不相同。一般来说,一、二级赞助商都会拿出一笔不小的赞助费,而且大部分都是现金,是运营商的首选。但如果是三、四等赞助商,他们的赞助费就会低很多,而且往往都是以现金、实物、甚至是纯实物的形式来进行。对于那些不太出名的比赛而言,赞助方式主要是以实物形式进行,而能够动用的资金非常有限,这就成了比赛运作中的一个难题,因为太多的实物赞助不仅不能产生收入,反而会增加库存、物流、人力等方面的费用,增加了比赛运作的负担。就马拉松赛事而言,实物赞助的往往都是饮料、食物等快消品,而这类商品的体验成本往往很低,但很难实现盈利,因此对运营商而言,这类商品的确是"索然无味,弃之可惜"。但现在的问题是,运营商们的盈利能力受到了限制,而他们又缺乏一个可以用实体进行盈利的平台,这是迫切需要解决的问题。

第二节 中国马拉松赛事创新发展路径

一、促进马拉松赛事数字化转型

1. 数字经济的发展

随着新一轮信息技术产业的深入推进，以数字经济为代表的新兴产业成了科技发展的新动能，同时引领着中国经济快速增长。解决人民群众健身休闲的需求与不平衡不充分发展间的矛盾，减少全民健身公共服务体系构件中对于依托"实体运动消费"的体育场馆而言，既是挑战，也是推动数字化、智慧化转型的重要机遇。2015年12月，习近平总书记在第二届世界互联网大会开幕式上提出，要进一步推进"数字中国"建设。2017年，在政府工作报告中首次写入数字经济，数字经济正式成为了国家战略。2021年，《中华人民共和国国民经济和社会发展第十四个五年规划和2035年远景目标纲要》将"加快数字化发展 建设数字中国"作为独立篇章，在文件中进一步明确，要加快数字经济建设，推进各产业数字化转型。中国数字经济发展白皮书指出，2020年我国数字经济规模达到39.2万亿元，其中产业数字化占数字经济比重的80.9%，已经成功带动中国经济持续健康增长并成为核心发展动力。争取2035年，在国民经济支柱性产业中出现体育产业发展身影，推动体育产业实现规模更大、市场更活、供给更多，结构更加优化促进体育消费愈加旺盛，全面推进现代化体育强国建设。体育应抓住数字化转型新变局、新机遇，建设更具有竞争力的现代体育产业体系，培育新的增长极，借助全球数字化时代的浪潮，提升全民生活、生命质量的数字化体育产业的新征程。当下，我国体育事业正处于关键期，人民群众体育需求多元重叠，所以要加速推动体育数字化转型，而体育数字化转型有助于体育产业范围经济的显现。从横向来看，数字化转型使体育产业与文化、医疗、康养、旅游、传媒等产业间更加融合，协同融合的难度也大幅降低，体育产业辐射面越来越宽广、产业形态越来越丰富。从纵向看，数字化转型的平台也让中小微型体育企业开辟了全新的生存空间，在数字化转型的平台中，可以给用户带来全新的数字体育产品与多样化的服务。数字化转型有助于推动体育产业规模经济的形成。如在数字技术的支持下，体育赛事的受众群体发生变化，已不再局限于比赛场地的物理空间，而是能够以较低的边际成本实现观众规模的几何级数增长，且越多观众参与到赛事观赏中，增加的边际成本越可"忽略不计"。近几年，随着数字技术应用范围的不断延伸，全民健身、教育培训、休闲健身等多个体育产业细分领域的数字化规模正逐渐凸显，数字化转型越来越深入，其数字化转型范围越来越多元，体育产品与用户规模越来越庞大，体育产业价值越来越广阔，体育消费者需求也就更好地被满足。随着《关于加快发展体育产业促进体育消费的若干意见》和《全民健身计划（2016—2020年）》的出台，人们的体育消费需求与健身意识越来越高。

2. 马拉松赛事数字化转型发展潜力

体育赛事数字化转型实质是指以数字技术为基础，将云计算、大数据、物联网等科技禀赋有机融入体育赛事中，转变传统赛事运作模式，利用现代数字技术对大众体育赛事产业链上下游各环节进行数字化转型、升级和再造的过程。依托数字体育平台对体育赛事精准供给，满足体育消费需求，进而提升体育赛事的办赛效率，全面提高体育赛事服务质量，帮助体育产业高质量发展。从体育大国走向体育强国，要大力发展大众健身、竞技体育等方面的运动项目，增强全民健身素质素养，是体育与人的根本所在。在当前数字化时代，科技强体战略已经成为实现我国大众体育强国梦的必由之路与历史必然。鉴于此，无论是从宏观层面、微观层面还是中观层面来看，这都意味着必须大力推进我国体育赛事数字化转型。众所周知，马拉松赛事具有很强的开放性、包容性、群众性和参与性，是一个专业运动员和业余选手同台竞技的项目，是全球最有魅力和吸引力的跑步类比赛。从市场规律出发，有需求者就会有生产者，对于马拉松赛事来说，有马拉松爱好者，就会有主办者。随着马拉松赛事的影响力和关注度日益提升，其赛事数量得到迅猛发展。在2015年国务院"放管服"政策的大力支持下，中国田径协会全面贯彻落实相关政策，对马拉松赛事取消了审批过程，鼓励并动员社会各界人士积极参与马拉松赛事，共同推动马拉松赛事在中国的发展。目前，马拉松已发展成为中国最受欢迎、最具有影响力的品牌赛事之一,并逐渐呈井喷式发展的态势。因此,中国马拉松赛事呈现赛事数量稳步增长,赛事类型更加丰富,赛事影响力持续增加和赛事布局逐渐优化等发展特征。通过举办马拉松赛事引发媒体记者的报道,增加城市和景点的曝光率,带动旅游、餐饮、住宿等行业的发展;能收取赞助费和报名费,拉动区域经济,带动全民健身。因此,举办马拉松赛事对推动数字经济发展有着巨大的潜力。

3. 马拉松赛事数字化转型发展思路

马拉松赛事数字化转型的成功案例就是通过线上马拉松的运营。与传统的马拉松相比,线上马拉松打破了参赛城市场地限制的缺点,线上马拉松可以在任何场所进行,无论是室内场地还是室外场地进行马拉松,在确保安全及遵守交通规则的情况下,不分昼夜,无速度要求。参加线上马拉松不需要到达比赛的城市,直接用手机悦跑等App完成该线上马拉松所需要的千米数,即可获得该线上马拉松平台的完赛纪念奖牌或电子完赛证书。受到新冠疫情的影响,自2020年2月份起全世界的体育赛事都陷入了停滞阶段。在来势汹汹的新冠疫情影响下,世界经济受到重大冲击,许多国内外的重大体育赛事被迫撤销甚至延期、公共健身场所关停,本如火如荼的马拉松赛事,也陷入了停顿阶段。我国的马拉松产业同样遭受严重打击,受到疫情的影响,大量的马拉松赛事推迟或者停办,很多马拉松跑者陷入了"无马可跑"的境地。直到2020年10月,疫情之后国内的首场"双金"赛事太原马拉松才顺利举办。太原马拉松不仅名额有限,而且大众项目只限山西籍的跑者参加,严格的参赛条件限制了很多跑者。线下马拉松赛事受到疫情的影响无法开展,线上马拉松赛事开始受到更多的关注,2020年5月起有关于线上马拉松赛的文件相继发布。2020年5月中国田径协会发布了《中国田径协会关于开展线上马拉松等跑步活动的指导意见》为线上马拉松赛事的发展提供指导,促进了线上马拉松赛事规范发展。2020年9月中国田径协会又发布了《中国田径协会关于积极推动开展"跑遍中国"线上马拉松系列赛的通知》,通知中明确提出于2020年10月起在全国范围内开展"跑遍中国"线上马拉松系列赛,打造"跑遍中国"系列赛IP。中国田径协会有关于线上马拉松文件的发布,意味着线上马拉松越来越受到重视，参与线上马拉松的人群会进一步地增加。

运动 App 是目前跑者参与线上马拉松的主要渠道，运动 App 线上马拉松赛事推广有 App 内部推送、微博推送以及公众号推送三种方式。跑者目前了解线上马拉松赛事主要是通过 App 内部推送，微博和公众号进行推送的相关线上马拉松赛事较少，可以把微博和微信公众号的粉丝数量利用起来进行线上马拉松赛事推广，拓宽线上马拉松赛事推广渠道。运动 App 可以通过页面对线上马拉松赛事进行宣传，这样跑者更容易获取线上马拉松参与信息，此外还可以通过通知弹窗来进行相关线上马拉松赛事的推广。

线上马拉松运营主体的盈利主要包括商业赞助、购买奖杯和衍生产品，以及线上线下赛事合作举办三种方式。跑者对于线上马拉松的相关产品进行付费，马拉松运营主体便可以从中获得收益。线上马拉松赛事报名人数通常在 10 万人以上。因此衍生消费对线上马拉松运营主体的盈利极为重要，要进一步加大衍生产品的设计与营销，促使更多参赛人员进行衍生消费，增加运营平台盈利，推动线上马拉松赛事活动的举办。

在新冠疫情开始的第一年，相对于没有参加线上马拉松的跑者，参加线上马拉松多的跑者他们的跑量基本可以维持不变或是增加，这体现了在疫情期间跑步参赛机会减少的情况下，线上马拉松对于跑者参赛需求的弥补作用。同时研究结果显示线上跑者参与线上马拉松的数量越多，他们的个人年收入和家庭年收入越低，说明线上马拉松对经济水平的要求不高，能够满足不同经济水平跑者的参赛需求。女性跑者平均参与线上马拉松数量高于男性，这说明女性更愿意参加线上马拉松赛事，线上马拉松运营方可以根据这一特点制定更加能够吸引女性参与的主体赛事，促进她们线上马拉松的参与。

二、提升马拉松赛事品牌质量

1. 建立多样化的赛事体系，提供更丰富的赛事产品供给

近几年来，随着我国马拉松运动的快速发展，极大地促进了城市的发展，参加马拉松成为人们追求更好生活的一种方式。而在这其中，有一个现

象是最引人注意的,那就是体育从数量上的爆发,到比赛与城市的融合,再到质量上的提升。比如北京国际马拉松,经过40余年的发展,已经成为业界最熟悉的"北京马拉松",除此之外,上海马拉松,杭州马拉松,厦门马拉松等,都是以自己的城市命名的。这些赛事的共同特点是,马拉松作为一项体育赛事既提高了自身的知名度高,城市的知名度也提高了,赛事与城市共存、共发展的融合现象也随之产生。例如,上海马拉松由于其赛事的知名度与城市的知名度共存,在2020年成功入选国际田联旗下的"白金标赛事",成为典型的赛事与城市融合的先驱。由此可见,马拉松运动在我国发展的阶段性变化,体现了新时代下可持续发展的未来。而对于这一情形,学界鲜见相关研究,其形成机制不明朗,特别是关于马拉松和城市融合的评价更是无从知晓。马拉松比赛以全程及半程为主,比赛地区涵盖我国31个省(自治区、直辖市)。从这一点上,我们可以看到,中国的马拉松比赛无论在数量上,还是在规模上,都呈现出一种繁荣的态势,而且参赛人群也呈现出多元化的趋势。如果想要强化赛事产品的供给,提升赛事的品质,那么首先,要按照"优化布局,错位发展"的原则,对马拉松赛事进行合理的布局,从赛事项目和类型等多个层面,打造出多样化的赛事体系,让人民群众对参与或观赏马拉松赛事的多元化需求得到满足。其次,依托地方特色体育小镇和体育旅游度假区,打造一批体育盛事产业载体;把体育比赛作为一个合作的平台,对比赛装备、比赛策划、比赛推广、比赛媒体、比赛纪念品等相关的产业集群进行培育和发展。最后,对有示范性作用的重大活动进行引导,并与国家发展战略相结合,推动我国特色活动的发展,对马拉松活动进行差别化运营,以满足不同人群的不同需求,既可以激发跑手、观众的热情,又可以对参赛人群的年龄结构进行一定的优化,从而推动马拉松活动的高质量发展。

2. 促进产业融合发展,实现赛事综合效益

随着时代的进步,马拉松运动已成为一种多元文化的综合性运动,它的出现为当地的经济增长提供了强有力的支撑。通过紧密结合各类产业,构建完备的产业链,实现专业化、高效率的运营,这一切都成为当前资本市场的热门话题。我国马拉松运动和马拉松赛事整体呈现健康、稳定、蓬勃发展的局面。拉动城市经济发展的马车无疑需要多辆,现今的中国城市经济发展当然少不了马拉松赛事这辆马车。马拉松运动在我国发展的阶段性变化,彰显了新时代下可持续发展的潜力。相关产业捆绑式发展,完善整条产业链,专业化、经济化将是接下来城市马拉松的发展方向,也是整个资本市场关注的焦点。

第一,发展多样化的马拉松赛产业。兴旺发达的马拉松赛体育事业。扶持一批具有自主品牌、有创新能力、有竞争力的企业,鼓励这些企业在赛事运营、智能装备、市场营销、体育旅游等领域进行创新,并积极发展个性化定制和灵活的服务。以各种途径引导和发展有特色的马拉松运动系列。创建一批有国际知名度和全国影响力,并有不同特点的体育活动品牌。加强马拉松赛社团组织的建设。坚持以社会化和市场化为导向,加速马拉松赛会从政府机构中分离出来,推进马拉松赛会依法独立运作。利用马拉松社团组织,为马拉松运动的普及,搭建马拉松交流的平台,为公路跑步爱好者提供服务。强化对马拉松运动社会组织的管理与扶持,指导各类体育社会组织按照法律和章程规范运作,增强活力,培育多形式、多层次的马拉松运动协会或俱乐部,鼓励和支持创建示范跑团。

第二,打造马拉松+产业的新模式。创造出马拉松比赛的新元素,让马拉松赛事带动餐饮、旅游、交通、零售等相关产业的蓬勃发展,持续发展马拉松+科技、马拉松+旅游、马拉松+健康、马拉松+休闲等新的产业发展形式,加快推动马拉松与科技、文化、传媒、会展、培训、医疗、保险、旅游、互联网等相关产业的产业融合。推动马拉松与科技、旅游、健康、休闲、文化等产业的深度融合,建立马拉松+产业联动机制。强化对马拉松+互联网产业的规划,将移动互联网技术与马拉松赛事的运营管理进行密切地结合起来,创造出一种推动线上线下马拉松的良性互动、协调有序发展的良好新局面,将上下游企业的资源整合起来,共同构建出一个马拉松运动产业的新生态圈。

第三,为使马拉松赛的"外溢"效应得以发挥,探索产业融合发展的新模式。因为马拉松比赛本身就具有强大的社会背景,所以,要提高马拉松比赛的娱乐性,可以让马拉松比赛在衍生产品、跨界消费、商业赞助等多个层面上的综合效益得以更好地发挥。根据马拉松运动的发展规律，构建并探讨了马拉松运动与其他产业相结合的发展模式与发展道路。积极推进马拉松与文化、旅游、卫生、通信等产业的深度融合，建立马拉松+的跨学科发展新格局，将相关产业资源进行有效整合，打造马拉松运动发展的全新生态圈，持续释放马拉松运动的外溢效应。

深入挖掘马拉松赛的文化内涵，形成一个开放的发展融合系统。利用马拉松赛事多类型的优势和它所带来的广泛参与度，对参与者的赛事体验和情感体验进行重点关注，从而达到情感共鸣和主客共享的目的，将赛事文化与城市风貌、人文特色在内涵上进行深度融合，进一步突出赛事体验、文化体验、旅游体验和情感体验，它们相互交织渗透、跨界关联，最终形成一个更加开放融合的产业体系。

第四，促进产业链的延伸。中国的马拉松赛市场正在成长。产生一批影响力大、带动性强的龙头企业，以及一批富有创新活力的中小企业，最终形成一批赛事运营、马拉松俱乐部、运动App、户外运动产品等产业链品牌。所以，要加强马拉松赛事运营与城市产业发展、宣传与推广之间的关系，加强政府、媒体与马拉松赛事运营机构、跑步协会、跑团之间的沟通，将马拉松赛事经济做大做强，推动马拉松培训业、马拉松装备制造业、马拉松技术服务业、马拉松传媒业等相关产业的发展。

第五，将马拉松赛的元素融入特色小镇。采取"政府搭台、企业协会唱戏、市场化运作"的模式，在运动休闲特色小镇的建设中，将马拉松元素融合进去，促进地方经济的转型升级。将马拉松运动项目和地方特色的优势充分发挥出来，创造出集训练体验功能、体育赛事功能、健身休闲功能、产业孵化功能、旅游及文化展示等多功能于一体，具有定位明确、内容丰富、文化内涵鲜明的马拉松运动产业新生态。在建设马拉松特色小镇的过程中，要遵循世界著名体育小镇的规律特征，坚持世界标杆，跨越发展，实现马拉松特色小镇的可持续繁荣定位与战略路线图，搭建起一个可以影响全局的高端平台，将区位优势以及区域产业聚集发展的优势充分发挥出来，促进区域全面协调和高质量发展。

3. 突出赛事文化特质，提高赛事品牌的"曝光率"

马拉松早已超出了简单的体育赛事范畴，它所展现出来的是一个国家或者一个城市的文化风貌以及区域特色，拥有着非常强烈的文化属性。比如说，在不同的马拉松赛事中，运营主体在赛事报名和支付系统中提供了便利快捷的服务，以及使用多种方式的功能，让跑者们获得了不一样的体验，这也是体现赛事文化的一个方面。第一，可以将马拉松赛的举办与当地的地理特征和历史文化相结合，开发出一种有当地特色的马拉松赛文化。在不同城市的马拉松中，赛道路线设计具有各自的特点，并展现出各自的魅力，或者是有江河湖泊海洋，或者是有路桥寺庙，这让跑者们既有获得感，又有成就感，还能将赛事的差异性文化特色凸显出来。第二，在赛事流程规划、吉祥物、奖牌等方面，应充分反映出马拉松本身的比赛特点及举办地的文化。第三，将自身的特点与区域资源以及其他方面的优势相结合，创造出有明显识别度的品牌比赛，持续提升比赛的影响力。就拿北京国际马拉松来说，赛道上既有天安门和紫禁城，又有长安街的现代大道和北大清华，更有中关村和奥林匹克公园。在"注意力"经济的时代，高曝光度就是高观注度，网络媒介创造了一种新的信息传递方式，从而引起了媒介内容与广告营销方式的重大变化。带来了前所未有的流量，因此应该借助互联网媒体平台，充分发挥新媒体的作用，有效的选择符合自身品牌定位的媒体，开展线上线下活动营销，利用大数据、区块链等网络技术元素，促进赛事品牌与赞助品牌的广泛传播。目前不少赛事出现同质化现象，主办方可以根据不同的细分人群进行更细致的赛事划分，如推出亲子跑、女子跑等创新形式，吸引更多圈层的跑者参加。马拉松赛事的纪念品、衍生品也有很大的发挥空间，主办方每年推出不同款式的高颜值文化衫，达到一定级别的跑者可以获得纪念品。2018年杭州马拉松赛由中央电视台和浙江电视台联合全程航拍直播，国内外50多家电视台、200多家媒体对赛事进行转播和全方位立体宣传报道，塑造了杭州"江南水乡"的形象，在全球目光的关注下，杭州马拉松赛事日益成为杭州走向世界的一张镀金名片。在这个互联网高速发展的时代，网络与自媒体的力量逐渐超过平面媒体和电视台的传播力量。人际传播、体育名人和形象代言人的传播力量也很大，每次重要马拉松赛事都会邀请外国籍知名运动员参赛，在提升品牌传播的同时还增加了参与者参赛的激情。马拉松赛事庞大的宣传效应，自然吸引各方赞助商投入其中，尤其是对中国市场感兴趣的赞助商。马拉松赛事影响的扩大和数量的增加，刺激消费需求，推动当地旅游、餐饮、娱乐、服务、酒店、交通等产业增长，由此引发投资和消费的几何效应，为城市的繁荣发展注入动力和营养。

4. 建立赞助效果评估体系，提升赞助主体的竞争性

马拉松比赛的赞助商是多个因素共同作用的产物，因此，在组织比赛时，必须对各种影响因素进行全面的分析。一个有效且切实可行的赛事赞助评估体系，不仅可以为赞助商做出策略营销的判断和选择提供帮助，同时对于赛事方的赞助选择也有着非常重要的作用。赞助方对于赛事无形资产的选择会对其品牌价值提升效果产生影响，一个合理的赞助效果评估体系可以帮助赞助商选择合适的赛事无形资产，还可以帮助赛事组织方选择合适的赞助商，进一步推动赞助双方的品牌延伸，最终实现双赢。市场是市场经济的基本规则，它是以市场为导向的，目前，中国的马拉松比赛主要还是以当地政府为主，而市场机制还不够完善。

目前，有关赛事无形资产交易的市场规范还没有形成，这势必会导致资源配置的无效率或者是利益受损。与此同时，在赞助市场呈现出两极分化的趋势的同时，赞助商对品牌赛事的竞争也变得更加激烈。所以，必须要将市场机制的作用发挥出来，将赞助市场主体的积极性调动起来，完善市场信用体系，为市场的自由竞争和优胜劣汰机制创造一个良好的环境，从而推动赞助市场有序发展。赛会无形资产的买卖主要通过赞助商的方式进行，而在此过程中，赛会受到赛会无形资产供需关系的影响，因此办赛事主体应充分利用市场规律，改变赛事无形资产的供求关系，充分发挥赞助商主体作用，创造有利条件促进赞助商之间的良性竞争，最终促进赛事无形资产规模的有序扩张，保证赛事无形资产的持续增值。

三、完善马拉松竞赛保障体系

1. 竞赛组织保障体系

第一,构建主体明确、组织结构清晰、部门分工清楚的竞赛组织保障体系。由于马拉松赛事的开展涉及多方面保障内容,需要分工明确、相互配合的竞赛组织系统,才能保证各项工作顺利进行并且达到高质量地实施,因此,竞赛组织保障体系是马拉松赛事竞赛保障体系的首要组成部分。从宏观角度来说,马拉松竞赛组织分为社会管理型、政府管理型以及结合型三大类,"社会管理型"即是由社会上专业的赛事运营公司负责策划、组织和实施,"政府管理型"则是由政府部门负责统筹竞赛策划、组织与运营工作,而"结合型"也是由政府负责赛事运营工作,由社会单位给予支持和帮助,二者合力共同推动赛事运营工作的开展。各赛事主办方在获得竞赛主办权之后,首先是要确定运营方式,随后再从中观层面将竞赛组织分为"组委会""仲裁委员会""竞赛委员会"三大块,最后再从微观层面安排各部门下面的主任、副主任、委员以及新闻宣传部、赛道部、后勤保障部等部门的负责人和工作人员。由此形成一个运营主体明确、组织结构清晰、部门分工清楚的组织体系,保证各项工作乃至整个赛事都拥有明确的责任主体。

第二,构建体育赛事运作管理的基础性模式。分为以下两个层面:管理机制和协作机制。我国的城市化脚步近些年在大步迈进,城市路跑赛事数量不断增加。尽管赛事的种类和数量增加,但是具体的运作模式和管理方式尚且落后,存在诸多问题,如针对性不强,协调性不明确,主办者之间存在着巨大差异等,这些都影响着城市马拉松赛事的公共安全。因此,设立良好的协调机制对解决城市马拉松赛事公共安全问题有着积极的关键作用。

协调各项赛事资源是举办城市马拉松赛事的关键。一方面可以看出城市各部门相互协作。现阶段,我国城市马拉松赛基本上都是依靠政府牵头,且由政府来协调社会各部门资源共同举办赛事,另一方面,如果没有政府作为赛事的支撑,赛事各方面的组织与管理工作便无法有效的开展下去。有利就有弊,我国城市马拉松赛事在政府部门的统筹管理下,又不能得到充分的自由发展，赛事资源的利用有很大的局限性，由此可见，我国城市马拉松在赛事管理即资源调配方面存在着进退两难的境地。这就导致我国城市马拉松赛事在组织与服务工作方面存在着一定的不足，需要今后的进一步完善与改进。

在赛事组织运行方面，需要建立稳定的赛事运行管理组织，进行多方协调是必不可少且至关重要的。马拉松赛事的成功举办需要各个部门的协调配合，例如波士顿的马拉松赛事，其各个部门间形成了良好的沟通，各部门连接紧密且工作能力和效率高。社会组织高度发达，自发形成了专业的团队，这有效地避免因信息传递有误而造成的各项公共安全问题。因此应当加强组织机构间的协调能力，并提高各部门自身水平。

2. 专业人才培养体系

第一，加强马拉松赛事专业人才的科学管理。随着我国马拉松赛事的快速发展，不少运营公司开始向马拉松赛事领域进军。举办赛事需要强大的团队支持。相关赛事企业也应不断扩大运营团队的规模。对具有足够资源和丰富经验的高级运营和管理专业人才的需求是巨大的，"办赛容易，运营困难"已成为马拉松赛事运营的重要难题，高水平运营管理专业人才的短缺在中国马拉松赛事发展的道路上已形成了阻碍。马拉松赛事涉及大量人力资源的投入，而这些人力资源来自不同的领域，其责任意识与专业素质参差不齐，因此如何加强对人力资源合理有效的开发、利用和科学管理显得尤为关键，对马拉松赛事运营管理专业人才的培养和引进是马拉松赛事的重点任务。结合马拉松赛事特征，其人力资源分为内部管理者、外部合作者、竞赛实施者与竞赛产品消费者四个部分，根据赛事运营模式的不同，各类人力资源的角色也呈现出鲜明的差异，以政府主导型的竞赛运营模式为例，其内部管理者主要是政府单位工作人员，外部合作者是各类支持单位、服务机构，竞赛实施者则是基层工作人员，而竞赛产品消费者则是运动员、观众、媒体工作人员等等。在确定系统化的组织体系之后，赛事组委会应首先明确各个单位、部门负责人，在这之后，一方面要求负责人必须吸纳责任意识强、工作能力突出、专业素质高的人员作为部门工作人员，对于志愿者更是要加强对其责任意识、工作能力、专业素质的考察，吸引优秀志愿者的参与；另一方面则需要加强对部门工作人员的赛前培训、赛中监督、赛后评估工作,督促其积极主动地参与竞赛服务工作,努力提高其工作质量和效率。

第二,提升马拉松赛事人才培养的专业化水平。充分发挥中国马拉松学院在人才培养、研究、赛事组织、大众马拉松训练指导等方面的作用,使之成为培养优秀体育人才特别是马拉松人才的重要基地。发挥行业协会、高等院校、社团俱乐部和企业等各类力量,利用多样化教育资源,多方位开展马拉松人才培养。建立行业人才数据库,积极通过知识共享、交流、培训等传播马拉松及跑步赛事管理、科学健身及训练的知识、提升行业人员素质。加强与国外马拉松高水平国家、地区以及企业的合作,推动马拉松人才的国际化培养,打造更多国际田联金标赛事,吸引境外大众参赛者参与中国境内的马拉松赛事,实现马拉松人才培养的国际化和赛事的国际化。

第三,打造具有文化品牌和特色的马拉松市场。一方面政府需要加大对现有人才的培养力度;另一方面,要加强与外省的交流与合作,特别是与一些具有体育旅游专业技术专业的人才培养基地和户外运动专业培养基地的交流与合作。同时,政府加强和引导省内高校建立一些培养相关体育运动专业人才的专业学科,支持他们开展学术研究活动,加强省内的人才队伍建设。

3. 后勤服务体系

马拉松赛事涉及赛前、赛中、赛后过程中的物资配给、食宿安排、车辆保障、人员接待等诸多方面的工作,因此需要统一化的后勤服务机构来提供针对性的后勤服务工作。马拉松竞赛保障体系中的后勤服务保障分为赛前后勤服务保障、赛中后勤服务保障以及赛后的后勤服务保障三个方面。其中,"赛前后勤服务保障"需要提前谋划运动员的食宿、运动员运输服务、比赛开幕式方案、现场的设计、路线的规划、服务点和配套资源的安排、人力资源的保障等方面的工作;"赛中后勤服务保障"是指在比赛过程中需要提供运动饮料、纯净水、食品、卫生间、药物资源、医疗设备、救援车辆、收容车辆等方面的工作;"赛后后勤服务保障"是指在比赛结束之后需要回收物资、清扫场地等等。这既是马拉松竞赛保障系统内不可或缺的工作,也是支撑其他各项服务保障工作顺利实施的重要因素。

马拉松比赛的赛前准备是关系整个赛事顺利进行的前提,赛道的设计、志愿者培训和赛道的清理等方面都是不容忽视的,每个细节都要充分考虑。如果举行的赛事不在市区,而在偏远的郊外或者景区,一定要提前提供交通信息及停车信息。赛后一定要做好周到的服务,提醒运动员随时注意自身身体反应,参赛者也可以在赛事终点处寻找专业的放松按摩服务站,给自己做一个全面放松。同时,组委会应仔细监测每个完赛者的身体状况,并加强审查。赛后提供一些景区导游,也可以达到放松的效果,是提高赛事知名度的好选择。

4. 风险管理机制

风险管理是对马拉松竞赛过程中可能出现的各类风险因素进行评估、预防、应急处理的活动。在我国,对于风险管理理论的研究起步较晚,在 20 世纪 70 年代初引进项目管理理论和方法时,并没有同步引进项目风险管理。到 1987 年,清华大学郭仲伟教授的《风险分析与决策》一书的出版,才标志着我国风险研究由引进翻译向自主研究转变。

这一工作第一应明确风险管理内容的多样性,其中涉及人员风险保障、财务风险保障、场地器材风险保障、事件风险保障以及信息风险保障等等;第二则应注重风险管理过程的科学性与规范性,借鉴竞赛风险管理理论和模型,各竞赛组委会应结合自身场地、竞赛时间、运动员对象、观众对象、媒体工作人员对象实际情况,搜集风险管理背景资料,包括竞赛内部、外部状况分析,确定风险评估种类,建立风险评估标准(后果标准、可能性标准、风险值),随后从环境、转备、人为三个层面,采用户外事故模型进行风险识别;第三是采用已有的风险控制手段、控制情况下事故发生时所面临的状况、事故发生的规律进行风险分析,明确各类风险的原因、控制方法与扩散风险类型;第四是按照风险可能性大小、严重性大小、收益与风险的对比、安全控制的力度,实施绝对风险评估和剩余风险评估;第五是制定风险管控方案,包括监控风险管理计划、监控风险控制方法、监控风险控制进程、记录和修正监控风险管理计划等等;第六是要针对应急事件实施应急管理,重点在于物质资源的配置、人员的安排、流动车辆的安排等方面。

项目风险管理是指识别和分析风险，建立、选择和管理解决风险的可选方案的组织方法。其目标是控制和处理项目风险，防止和减少损失，保证项目的顺利进行。其中最主要有两点，一是防范，二是干预。风险管理不是一个孤立的分配给风险管理部门的项目活动，而是健全的项目管理过程中的各个方面，可以运用许多系统工程的管理技术。

在管理风险时，管理层需要评估事件所面临的风险，采取措施来降低最危险的风险。风险管理的过程是持续的，要求对风险进行持续识别、评估、处理、监控和复核。尽管将风险管理看成线性过程最为方便，但实际上是一个圆形过程，在这个过程中，管理者会应用监控及复核所产生的反馈结果来改进风险的识别、评估、处理过程。

5. 赛事协调机制

体育赛事运作管理的协作机制包括赛事主体之间的协作、体育赛事运作管理主体之间的协作、体育赛事运作管理主体与其他相关利益主体之间的协作。在体育赛事运作过程中，各相关主体按照一定的准则相互制约，共同协调管理。目前，我国已构建起体育赛事运作管理的协作机制。我国的城市化也在大步迈进，城市路跑赛事数量不断增加。尽管赛事的种类和数量增加，但是相关安全问题也日益突出，在具体的运作模式和管理方式尚且落后，存在针对性不强，协调性不明确，主办者之间存在着巨大差异等，都影响着城市马拉松赛事的公共安全。这些不良的影响会产生诸如安全问题、交通事故、环境污染等公共问题，也成了各地政府所面临的一道难题。因此设立良好的协调机制对解决城市马拉松赛事公共安全问题有着积极作用和促进作用。在赛事组织运行方面：建立稳定的赛事运行管理组织进行多方协调是至关重要的。马拉松赛事的成功举办需要各个部门的协调配合。相关的各个部门虽然能够通过明确的责任分工，有针对性地进行相关的工作，但是在协调与配合却存在着一定的问题和不足。从整个赛事开展的情况来看，特别是涉及赛事服务细节的问题，一旦出现将会影响赛事正常进行的事故，这就造成了整个赛事运行的阻力，从事导致整个赛事质量的下降。因此应当加强组织机构间的协调能力，且提高各部门自身水平。马拉松赛事在举办过程中的信息沟通保障主要分为人际沟通与组织沟通两个方面。首先，组委会应建构起一套常态化的内部沟通机制，并建立一个专门的内部协调小组，负责加强各部门之间的沟通与交流活动，提高部门工作质量和效率，避免出现上文所提到的部门间沟通不畅、工作懈怠之类的问题。其次，马拉松赛组委会需要加强竞赛现场的通信设计，保证各物品供给点、医疗点、救护站、休息点、食宿地点、组委会、裁判委员会、竞赛委员会之间形成顺畅的信息沟通渠道，以提高各部门的工作质量，尤其是增强对突发事件的处理效率。

四、优化马拉松赛事发展环境

1. 优化马拉松赛事的人文环境

马拉松赛事环境一方面是指确定组织与环境之间的关系，并在实施过程中识别、分析并妥善处理这些关系；另一方面则是指微观层面运动环境的规划与设计情况，以保证马拉松赛的顺利进行。首先，组委会在策划、组织、开展马拉松赛过程中，应系统分析经济社会环境、国际环境、政策法规环境以及技术装备环境情况，由此制定符合现实环境实际情况的保障工作方案。其次，组委会需要按照相关规定和要求，合理规划竞赛现场的路线，并且要通过开幕式、闭幕式等方式营造出热烈的运动氛围，以增强运动员、观众、媒体工作人员的参赛体验，塑造良好的竞赛品牌形象。

马拉松赛是一个城市将其魅力展现给国家和世界，延伸城市形象、打造城市品牌的重要载体。一次成功的马拉松赛，是宣传城市最好的方式之一，也能展现这个城市的魅力。大部分的马拉松都是在一条有着丰富自然景观的道路上进行的，这也是现代马拉松的魅力之源，没有什么能比在一座城市里跑上一场马拉松更快、更真实地体会到这座城市的精髓，以杭州马拉松为例，其赛程主要是沿西湖、黄龙洞、柳浪闻莺、南屏晚钟、三潭印月等名胜，以及龙井茶场、钱塘江风景区等进行，被誉为全球最美的马拉松赛程。高度凝练的都市人文景观，让数以万计的参加者，用他们的双足，丈量着古老的文化和现代文明的沉甸甸和繁荣。这也是为什么马拉松能够始终保持着世界上最好的体育项目的缘故。扬州鉴真国际马拉松赛，就是因为它的主题和旅游资源的特殊性，所以在比赛的时候，它可以吸引数万人到扬州参赛，并在附近消费，从而促进了当地旅游业的迅速发展。马拉松赛事组委会在组织开展马拉松运动的过程中，要充分考虑到对参赛者的人文关怀，在赛前做好充分的宣传，营造出一种紧张的氛围，增加赛道两侧的观众人数，使赛事成为城市中心的聚光灯，并使其成为当地人民的骄傲。在赛事之后，在赛跑上与选手进行交流，呼吁和建议。在比赛中应该在赛道上加强对选手人文关怀的力度，如观众的加油呐喊，以及多种团体形式的声势助威等，让参赛者即便是在恶劣的气候条件下，也能充满干劲。

2. 完善赛道硬件设施环境

交通发达程度是基本条件。重大运动事件与群众体育活动的交通组织，其核心是在保证短时间内满足高水平交通需求的前提下，最大限度地减少对环境的冲击与资源的浪费。在马拉松比赛过程中，跑步者的赛道体验感对马拉松比赛的可持续性有很大的影响。马拉松赛事由于赛道涉及城市的主干道路，交通管制和纾解是非常重要的，如果交通管制不到位，会引发市民的不满、交通堵塞以及交通事故。这方面可以借鉴英国交通管制的措施。组委会通过与各交通管理部门进行合作，商议公路开放和封闭路段的时间。公共交通公司增加服务来应对比赛日交通压力。实时发布运动员经过的路段信息，避免扎堆。道路管制方面，组委会应当与沿线商家和居民建立起良好的关系，设立戒严区，安排固定停车场。人员管制方面，对工作人员的证件以及健康信息进行严格的审查，进出车辆做好登记。赛后道路恢复以及城市马拉松参与人员疏散的管控。道路恢复应当分时分段进行，减小赛后压力。马拉松志愿者配合工作人员进行群众疏散，安排运动员有序离开。总之，良好的交通管理体系是成功举办马拉松赛事的基础。

医疗服务是马拉松赛事服务的重点。在马拉松赛前应提前做好马拉松赛事服务宣传工作和完善相关的医疗保障措施，构建城市马拉松赛事多元化救援体系，保障赛中如遇突发状况的医疗服务措施，以上措施能够在一定程度上降低马拉松赛事事故的发生率，最大限度地保证参赛者的安全，使马拉松赛事能够在医疗保障非常完备的情况下顺利进行。由于马拉松赛赛程较长，为方便选手在赛程中使用方便，需在跑道两侧增设紧急设施；应该加大对于赛段后程的医疗力量，让志愿者们能够对基本的急救知识有更多的了解。办赛方可以在赛道两旁设置醒目的安全标语，并指明最近急救点的位置，或者进行简易的急救常识，增加后程赛道两旁的急救处，避免在危险发生时，不能第一时间进行救援。马拉松参赛运动员在比赛的过程中，都需要补充相应的水分和能量，所以，赛事主办方需要在赛道沿线设置适当数量的饮水站，来确保运动员能够获得足够的水和能量。因此赛事举办方需在赛道沿途设置适当数量的饮水站，以保证运动员饮水和补充能量等问题。

完善跑道中间标志的设置和比赛标志的设置。主要是用来在赛场上传递消息。为参加者提供及时、有效、准确的资讯，是标志设计的首要任务。因此应该适当调整标识的高度，字体的大小等问题，这样在竞赛中遇到意外的情况时，就不会影响到选手的信息获取。在原有的环境保护的基础上，制定出与赛事特点相适应的保护措施，对赛道沿途补给站外的杂物乱扔进行优化，对与赛事有关的设施以及对其进行监督。

3. 建立马拉松赛事气象预警机制

随着马拉松运动赛事的普及度逐渐提高，马拉松相关心脏骤停以及心源性猝死的情况使人们越来越重视。除了参赛者个人因素、赛程设置与选择、急救保障工作部署恰当与否等因素外，气象预警也尤为重要，做好气象预警能尽可能避免公共安全问题的出现。众所周知，气候是影响马拉松赛的重要因素。这是一项非常耗费体力的运动。一个没有进行大量运动的成人，即使是在最好的天气情况下，也很难承受42.195千米的长跑；如果遇上高温、低压、高湿度、强风、强雨，即使是受过良好训练的运动员，也难以承受。天气对马拉松比赛的影响很大。因为这一项目是所有体育运动中体力消耗最大的。即使在最好的天气条件下，未经过大运动量锻炼的普通成年人也难以胜任42.195千米长途奔跑；若遇到高温、低气压、高湿度或大风大雨，训练有素的运动员也吃不消。影响马拉松赛事进行的主要因素包括风速、气温、空气质量。气象部门在针对气象进行预警时应做到：（1）建立先进的气象预报技术保障体系进行全方位的气象监测。加强气象卫星、新一代多普勒雷达、区域自动气象站等资料的监测和应用，运用精细化预报、预警业系统，制作不同层次需求的服务产品，建立快速、覆盖面广的气象信息发布体系，建立"精细、贴身、互动"的气象服务体系，提高气象服务的满意度，为赛事活动的成功举办提供准确及时的气象保障服务。另外，建立观测台，实施每分钟自动气象观测，对城市马拉松赛道设置温度、湿度、降水、风的监测仪，高空无人机等自动气象观测设备。（2）播报准确精细化的预报预警。引进大型赛事气象服务系统，创新马拉松天气预报服务系统，每日更新7天之长的气象预测，提高对强降雨，低温，大雾及其他对赛道有较强影响的气候预测能力。（3）及时周到的个性化服务。为赛道和重点活动场馆提供精细化预报，为不同人群需求提供相应的气象服务产品，在官网、公众号等平台提供比赛期间天气实况，完善手机短信发布平台、小区广播系统，利用电视、广播、报纸等公共媒体和公共设施，提供公共天气信息服务。

参 考 文 献

[1] 石春健，魏香明，郑振国. 我国城市马拉松赛事定位研究 [J]. 北京体育大学学报，2016，39（10）：18-25.

[2] 孙高峰. 马拉松现象对城市文化的影响及理性审视 [J]. 北京体育大学学报，2018，41（4）：38-43.

[3] 李晓霞. 全民健身视角下马拉松热现象之价值透析 [J]. 广州体育学院学报，2017，37（6）：28-30.

[4] 张晓琳. 我国马拉松赛事热现象的价值解析 [J]. 沈阳体育学院学报，2016，35（4）：118-122.

[5] 杨毛元. 我国马拉松"感性"背后的"理性"思考 [J]. 广州体育学院学报，2018，38（6）：58-62.

[6] 李在军. 冰雪产业与旅游产业融合发展的动力机制与实现路径探析 [J]. 中国体育科技，2017（7）：56-62.

[7] 沈立，倪鹏飞，张洋子. 中国城市经济竞争力提升的动力机制 [J]. 城市问题，2019（3）：51-59.

[8] 姚冠新，边晓雨，何勇. 低碳经济视角下农村物流系统动力学模型构建及仿真研究 [J]. 软科学，2018（2）：60-66.

[9] 陆文聪，胡雷芳，祁慧博. 知识密集型产业集群发展动力机制模型构建：基于人力资本集聚的视角 [J]. 科技进步与对策，2018（5）：71-74.

[10] 张现成. 大型体育赛事举办与改善民生的耦合路径 [J]. 北京体育大学学报，2015，38（1）：25-30.

[11] 陈佩杰. 全民健身与全民健康深度融合的内涵、路径与体制机制研究 [J].

体育科学，2018，38（5）：27-41.

[12] 钟秉枢.全民健身国家战略的提出与体育休闲健身产业的发展 [J].体育科学，2015（11）：19-23.

[13] 鲍明晓."十三五"我国体育发展战略研究 [J].上海体育学院学报，2016，40（2）：1-6.

[14] 陈尔洁.中国马拉松赛事对城市发展影响的研究 [D].北京：北京体育大学，2014：49-52.

[15] 石红阳.我国马拉松赛事开展现状分析与发展对策研究 [D].郑州：河南大学，2013：23-26.

[16] 沈珂珂.北京马拉松赛事运作及战略定位研究 [D].北京：北京体育大学，2012：56-58.

[17] 刘璐.马拉松跑者参赛动机、休闲效益与幸福感之间的相关关系的研究：以 2016 厦门马拉松赛为例 [J].吉林体育学院学报，2016（6）：70-76.

[18] 刘国永.全面深化群众体育改革的思考 [J].体育科学，2015（8）：3-7.

[19] 仇军.群众体育发展的困境与出路 [J].体育科学，2016，36（7）：3-9.

[20] 刘国永.十三五时期全民健身事业发展的思考 [J].北京体育大学学报，2016，9（10）：1-11.

[21] 刘琦.我国山地马拉松运动竞赛保障体系研究 [D].郑州：河南大学，2018.

[22] 宋建超.马拉松赛事赞助与品牌价值提升研究 [D].天津：天津体育学院，2022.

[23] 谢罡.城市马拉松赛道景观质量、城市形象与参赛者重游意愿关系研究 [D].上海：上海体育学院，2021.

[24] 张辉，赵臣，罗建英，等.马拉松赛事和城市的融合评价研究：以民众涉入度为调节变量 [J].中国体育科技，2023，59（3）：97-105.

[25] 王相飞，康益豪，延怡冉.马拉松赛事对举办地城市形象影响的实证研究：基于马拉松跑者的新视角 [J].武汉体育学院学报，2020，54（3）：20-27，33.

[26] 郭伟，秦子婷，曾根纯也.城市文化背景同质条件下京都马拉松赛事对西

安马拉松赛事发展的启示[J].成都体育学院学报,2019,45(5):73-79.

[27] 余倩.马拉松赛事对城市形象影响的研究[D].陕西:西安体育学院,2020.

[28] 孙志伟.经济增长与文化基因:城市马拉松的现实追求与实践进路:以扬州鉴真马拉松为例[J].体育学研究,2020,34(6):28-35.

[29] 陈玉萍,刘嘉毅,郭修金.基于马拉松赛事导向下的城市意象构建研究:以上海国际马拉松为例[J].沈阳体育学院学报,2022,41(1):115-121.

[30] 陈美儒.城市马拉松赛事形象对举办城市形象的影响研究[D].成都:西南财经大学,2020.

[31] 覃雪芹.中国城市马拉松热的冷思考:基于城市马拉松赛事组织价值实现[J].南京体育学院学报(社会科学版),2017,31(1):35-41.

[32] 张晓琳.我国马拉松赛事同质化问题及其消解[J].天津体育学院学报,2022,37(1):113-118.

[33] 李国强,王若楠,徐浩然,等.我国马拉松赛事发展动力机制模型构建与实证研究[J].沈阳体育学院学报,2021,40(2):67-76.

[34] 陈玲.马拉松赛事对传播城市形象影响的实证研究[D].南昌:南昌大学,2020.

[35] 王进.基于扎根理论的中国马拉松赛事赞助市场影响因素研究[J].体育与科学,2021,42(1):98-105.

[36] 王建超,刘俊一."马拉松跑现象"助力我国城市文化发展的作用与策略[J].体育文化导刊,2020(11):52-57.

[37] 郤双泽,关景媛.结构功能主义视角下当前我国马拉松运动发展研究[J].沈阳体育学院学报,2019,38(6):50-54,96.

[38] 许春蕾.中国城市马拉松赛事旅游效应测度与创新发展[J].上海体育学院学报,2020,44(9):24-33.

[39] 张辉,罗建英,白晓洁,等.马拉松赛事文化和城市居民幸福指数的关系:基于本地赛事参与者的调查[J].中国体育科技,2020,56(6):32-39,61.

[40] 郑伟,吕和武,雷正方,等.中国及外国学者关于马拉松的研究分析及启示[J].首都体育学院学报,2020,32(5):468-475.

[41] 姜鑫. 马拉松文化促进城市经济发展研究 [J]. 体育文化导刊, 2020 (1): 93-99.

[42] 彭萌, 刘涛, 宋超. 共生理论下马拉松赛事与城市文化协同发展研究 [J]. 体育文化导刊, 2019 (6): 12-17.

[43] 杨琳, 许秦. 基于场域理论的国际马拉松赛与城市形象传播策略研究 [J]. 湖南大学学报（社会科学版）, 2019, 33 (4): 147-152.

[44] 杨梅, 陆志勇. 马拉松赛事"四力"传播效应对赛事核心竞争力的影响研究 [J]. 中国体育科技, 2020, 56 (6): 46-55.

[45] 唐佳兴, 刘平. 大众化马拉松风潮的自我超越致趣解析及其启示 [J]. 沈阳体育学院学报, 2019, 38 (1): 46-51.

[46] 魏少华. 社交媒体"话题"功能与大众体育的多元化传播: 以马拉松微信公众号传播为例 [J]. 郑州大学学报（哲学社会科学版）, 2018, 51 (2): 148-153, 160.

[47] 孙志伟. 经济增长与文化基因: 城市马拉松的现实追求与实践进路: 以扬州鉴真马拉松为例 [J]. 体育学研究, 2020, 34 (6): 28-35.

[48] 王相飞, 康益豪, 延怡冉. 马拉松赛事对举办地城市形象影响的实证研究: 基于马拉松跑者的新视角 [J]. 武汉体育学院学报, 2020, 54 (3): 20-27, 33.

[49] 覃雪芹. 中国城市马拉松热的冷思考: 基于城市马拉松赛事组织价值实现 [J]. 南京体育学院学报（社会科学版）, 2017, 31 (1): 35-41.

[50] 杨淑敏, 宋兆铭, 祝良. 北京国际马拉松赛事的社会效益分析: 以2011年北京国际马拉松赛为例 [J]. 体育研究与教育, 2014, 29 (2): 31-33.

[51] 陈珊, 邹文华, 刘月玲. 中国马拉松赛事与国际马拉松大满贯赛事网站内容比较研究 [J]. 上海体育学院学报, 2012, 36 (4): 54-57.

[52] 陈丹. 上海马拉松赛事的发展现状与对策研究: 以上海国际马拉松赛为例 [J]. 体育科研, 2017, 38 (2): 28-32, 43.

[53] 胡刚, 陈清. 马拉松赛事对城市发展的影响研究: 以厦门马拉松赛为例 [J]. 体育科技文献通报, 2020, 28 (2): 141-142, 144.

[54] 李谐. 马拉松赛事医疗保障服务体系现状分析和思考: 以太原国际马拉

松赛为例 [J]. 当代体育科技，2020，10（22）：247-249.

[55] 贾磊，聂秀娟，袁伟. 马拉松赛事发展与旅游城市品牌建设关系研究：以黄山市歙县马拉松为例 [J]. 黄山学院学报，2019，21（5）：85-89.

[56] 杨婕. 我国城市马拉松赛与地方产业互动机制研究：以无锡市国际马拉松赛事为例 [J]. 湖北经济学院学报（人文社会科学版），2019，16（12）：24-26，30.

附　　录

附录1：
《我国马拉松赛事发展动力评价指标体系构建》
专家咨询问卷（第一轮）

尊敬的专家：

您好！目前该课题团队正在进行《我国马拉松赛事发展动力评价指标体系构建》的分析。本问卷在借鉴已有研究成果，并进行充分理论分析的基础上，初步构建了我国马拉松赛事发展动力评价指标体系框架。该体系框架可能还有存在一些问题，希望通过您的帮助来完善该体系框架。您的建议或意见仅用于该论文的学术探讨，非常感谢您的指导与帮助！

一、个人基本情况（把选项填在括号里）

1.您所在的单位：_____。

2.您的性别？（　　）

A.男　　B.女

3.您的职称？（　　）

A.教授　　B.副教授　　C.讲师　　D.其他

4.您的学术研究方向？（　　）

A.体育教育训练学　　B.体育人文社会学

C.运动人体科学　　　D.民族传统体育学

二、评价指标体系适合度

我国马拉松赛事发展动力评价指标体系架构，共包含 4 个一级指标，10 个二级指标，49 个三级指标。请您根据以下四个判断依据来对各指标打分，依据：（A）与研究目的的切合度；（B）属于上一级指标所属性；（C）统计数据可获取性；（D）与其他同级指标重复性。（请您在相应的数字下划"√"，表示您的赞同程度。1=非常不适合，2=较不适合，3=一般，4=比较适合，5=非常适合）。

1. 一级指标的适合度

一级指标	适合程度					修改建议或增补内容
	1	2	3	4	5	
支持力						
拉动力						
推动力						
约束力						

2. 二级指标的适合度

一级指标	二级指标	适合度					修改建议或增补内容
		1	2	3	4	5	
支持力	基础设施						
	经济实力						
	体育产业						
拉动力	群众体育						
	竞技体育						
	体育场地						
推动力	财政投入						
约束力	自然资源						
	教育水平						
	文化环境						

3. 三级指标的适合度

一级指标	二级指标	三级指标	适合度					修改建议或增补内容
			1	2	3	4	5	
支持力	基础设施	城市道路总面积（平方米）						
		人均城市道路面积（平方米）						
		全年公共交通客运总量（万人）						
		年末实有公共汽车营运车数（辆）						
		每万人拥有公交车数（辆）						
		年末实有出租车数（辆）						
支持力	经济实力	地区生产总值（亿元）						
		人均生产总值（元）						
		城镇居民人均可支配收入（元）						
		人均居民消费支出（元）						
		居民消费水平						
		全社会固定资产投资额（亿元）						
	体育产业	体育产业从业人员数（个）						
		体育工作管理机构数（个）						
		体育彩票销售额（亿元）						
		体育产业增加值						
		第三产业增加值						
		体育事业经营收入（亿元）						
拉动力	群众体育	社会体育指导员数（人）						
		体育社会组织数（个）						
		社区健身俱乐部数量（个）						
		社区健身俱乐部会员数（个）						
		国民体质监测站点数（个）						
		国民体质监测受测人数（人）						
	体育场地	体育场地面积（平方米）						
		体育场地数（个）						
		体育器材数（个）						
	竞技体育	体育俱乐部数（个）						
		运动项目管理人员数（人）						
		体育运动学校在校生数（人）						
		等级运动员数（人）						
		专职教练员数（人）						
		优秀裁判员数（人）						

(续表)

一级指标	二级指标	三级指标	适合度					修改建议或增补内容
			1	2	3	4	5	
推动力	财政投入	人均地方财政投入（万元）						
		群众体育财政投入（万元）						
		竞技体育财政投入（万元）						
		体育场地设施投入（万元）						
	政策效应	体育产业增加值						
		第三产业增加值						
约束力	自然资源	人均绿化面积（平方米）						
		建成区绿化覆盖率（%）						
		园林绿化面积						
		A级旅游景区数（个）						
		国家级生态示范区数（个）						
	教育水平	教育经费投入（元）						
		普通高校教师数（人）						
		普通高校在校生数（人）						
	文化环境	每万人拥有的影剧院数（个）						
		文化产业增加值（%）						
		体育文化娱乐业投资（亿）						
		公共图书馆读者数（人）						
		每万人公共图书馆藏书（册）						

问卷填写完毕，再次感谢您的填答，祝您身体健康，万事如意！

附录2：
《我国马拉松赛事发展动力评价指标体系构建》专家咨询问卷（第二轮）

尊敬的专家：

您好！目前该课题团队正在进行《我国马拉松赛事发展动力评价指标体系构建》的分析。本问卷在第一次专家调查结果的基础上，对相关指标进行了修改和补充，该评价指标体系可能还会有一定的问题，希望通过您的帮助来完善该体系。您的建议或意见仅用于该论文的学术探讨，非常感谢您的指导与帮助！

一、个人基本情况

1. 您所在的单位：_____。

2. 您的性别？（   ）

A. 男　　B. 女

3. 您的职称？（   ）

A. 教授　　B. 副教授　　C. 讲师　　D. 其他

4. 您的学术研究方向？（   ）

A. 体育教育训练学　　　B. 体育人文社会学

C. 运动人体科学　　　　D. 民族传统体育学

二、评价指标体系适合度

我国马拉松赛事发展动力评价指标体系架构，共包含4个一级指标，8个二级指标，32个三级指标。请您根据以下四个判断依据来对各指标打分，依据：（A）与研究目的的切合度；（B）属于上一级指标所属性；（C）统计数据可获取性；（D）与其他同级指标重复性。（请您在相应的数字下划"√"，表示您的赞同程度。1=非常不适合，2=较不适合，3=一般，4=比较适合，5=非常适合）。

1. 一级指标的适合度

一级指标	适合程度					修改建议或增补内容
	1	2	3	4	5	
支持力						
拉动力						
推动力						
约束力						

2. 二级指标的适合度

一级指标	二级指标	适合度					修改建议或增补内容
		1	2	3	4	5	
支持力	基础设施						
	经济实力						
拉动力	群众体育						
	竞技体育						
推动力	财政投入						
	政策效应						
约束力	自然资源						
	文化环境						

3. 三级指标的适合度

一级指标	二级指标	三级指标	适合度					修改建议或增补内容
			1	2	3	4	5	
支持力	基础设施	人均城市道路面积（平方米）						
		全年公共交通客运总量（万人）						
		每万人拥有公交车数（辆）						
	经济实力	地区生产总值（亿元）						
		人均生产总值（元）						
		人均居民消费支出（元）						
		居民消费水平						
拉动力	群众体育	社会体育指导员数（人）						
		体育社会组织数（个）						
		社区健身俱乐部数量（个）						
		国民体质监测受测人数（人）						
		体育场地面积（平方米）						

(续表)

一级指标	二级指标	三级指标	适合度					修改建议或增补内容
			1	2	3	4	5	
推动力	竞技体育	体育俱乐部数（个）						
		运动项目管理人员数（人）						
		等级运动员数（人）						
		专职教练员数（人）						
	财政投入	一般财政投入（万元）						
		群众体育财政投入（万元）						
		竞技体育财政投入（万元）						
		体育场地设施投入（万元）						
	政策效应	体育产业增加值						
		第三产业增加值						
约束力	自然资源	建成区绿化覆盖率（%）						
		城市绿地面积						
		旅游景区数（个）						
		国家级生态示范区数（个）						
	文化环境	教育经费投入（元）						
		普通高校教师数（人）						
		普通高校在校生数（人）						
		体育文化娱乐业投资（亿）						
		公共图书馆读者数（人）						
		每万人公共图书馆藏书（册）						

问卷填写完毕，再次感谢您的填答，祝您身体健康，万事如意！

附录3：
《我国马拉松赛事发展动力评价指标体系构建》专家咨询问卷（第三轮）

尊敬的专家：

您好！目前该课题团队正在进行《我国马拉松赛事发展动力评价指标体系构建》的分析。本问卷在前二次专家调查结果的基础上，对相关指标进行了修改和补充。请您就问卷的最终设计结构和指标选取进行综合判断，同时，对各级指标用来评价马拉松赛事发展动力的重要程度进行打分。您的建议或意见仅用于该论文的学术探讨，非常感谢您的指导与帮助！

一、个人基本情况

1. 您所在的单位：_____。

2. 您的性别？（　　）

A. 男　　B. 女

3. 您的职称？（　　）

A. 教授　　B. 副教授　　C. 讲师　　D. 其他

4. 您的学术研究方向？（　　）

A. 体育教育训练学　　B. 体育人文社会学

C. 运动人体科学　　D. 民族传统体育学

二、评价指标体系适合度

我国马拉松赛事发展动力评价指标体系最终包含4个一级指标，8个二级指标，26个三级指标。（请您在相应的数字下划"√"，指标重要程度，1=非常不重要，2=较不重要，3=一般重要，4=比较重要，5=非常重要）。

1. 一级指标的重要程度既效度评价

一级指标	指标重要程度				
	1	2	3	4	5
支持力					
拉动力					
推动力					
约束力					

您认为一级指标设计上是否合理？（　　）

A. 非常合理　　B. 比较合理　　C. 合理

D. 比较不合理　　E. 非常不合理

要补充说明_____。

2. 二级指标的效度评价

一级指标	二级指标	指标重要程度				
		1	2	3	4	5
支持力	基础设施					
	经济实力					
拉动力	群众体育					
	竞技体育					
推动力	财政投入					
	政策效应					
约束力	自然资源					
	文化环境					

您认为二级指标设计上是否合理？（　　）

A. 非常合理　　B. 比较合理　　C. 合理

D. 比较不合理　　E. 非常不合理

要补充说明_____。

3. 三级指标的效度评价

一级指标	二级指标	三级指标	指标重要程度				
			1	2	3	4	5
支持力	基础设施	人均城市道路面积（平方米）					
		每万人拥有公交车数（辆）					
	经济实力	地区生产总值（亿元）					
		人均生产总值（元）					

（续表）

一级指标	二级指标	三级指标	指标重要程度				
			1	2	3	4	5
拉动力		居民消费水平					
	群众体育	社会体育指导员数（人）					
		体育社会组织数（个）					
		国民体质监测受测人数（人）					
		体育场地面积（平方米）					
	竞技体育	体育俱乐部数（个）					
		运动项目管理人员数（人）					
		等级运动员数（人）					
		专职教练员数（人）					
推动力	财政投入	一般财政投入（万元）					
		群众体育财政投入（万元）					
		竞技体育财政投入（万元）					
		体育场地设施投入（万元）					
	政策效应	体育产业增加值					
		第三产业增加值					
约束力	自然资源	建成区绿化覆盖率（%）					
		城市绿地面积					
		旅游景区数（个）					
	文化环境	教育经费投入（元）					
		普通高校在校生数（人）					
		体育文化娱乐业投资（亿）					
		公共图书馆读者数（人）					

您认为三级指标设计上是否合理？（　　）

A. 非常合理　　B. 比较合理　　C. 合理

D. 比较不合理　　E. 比非常不合理

要补充说明_____。

问卷填写完毕，再次感谢您的填答，祝您身体健康，万事如意！

附录 4：
2014—2019 年我国马拉松赛事发展动力三级指标动力指数

2014 年马拉松赛事发展动力计算结果（三级指标）

三级指标		关联度	权重系数	动力指数
人均城市道路面积（平方米）	（C1）	0.684 3	0.61	41.74
每万人拥有公交车数（辆）	（C2）	0.614 9	0.39	23.98
地区生产总值（亿元）	（C3）	0.614 2	0.43	26.41
人均生产总值（元）	（C4）	0.630 3	0.36	22.69
居民消费水平（元）	（C5）	0.625 2	0.21	13.13
社会体育指导员数（人）	（C6）	0.806 2	0.14	11.29
体育社会组织数（个）	（C7）	0.815 8	0.31	25.29
国民体质监测受测人数（人）	（C8）	0.817 5	0.19	15.53
体育场地面积（平方米）	（C9）	0.719 1	0.36	25.89
等级运动员数（人）	（C10）	0.889 0	0.18	16.00
专职教练员数（人）	（C11）	0.880 5	0.16	14.09
体育俱乐部数（个）	（C12）	0.852 8	0.31	26.44
运动项目管理人员数（人）	（C13）	0.884 2	0.35	30.95
竞技体育财政投入（万元）	（C14）	0.604 5	0.20	12.09
体育场地设施投入（万元）	（C15）	0.631 0	0.29	18.30
群众体育财政投入（万元）	（C16）	0.620 6	0.27	16.76
一般财政投入（万元）	（C17）	0.637 8	0.24	15.31
第三产业增加值（亿元）	（C18）	0.635 8	0.41	26.07
体育产业增加值（亿元）	（C19）	0.601 9	0.59	35.51
旅游景区数（个）	（C20）	0.612 2	0.44	26.94
城市绿地面积（平方米）	（C21）	0.594 6	0.21	12.49
建成区绿化覆盖率（%）	（C22）	0.635 5	0.35	22.24
体育文化娱乐业投资（亿）	（C23）	0.644 6	0.27	17.40
普通高校在校生数（人）	（C24）	0.654 6	0.24	15.71
教育经费投入（元）	（C25）	0.644 5	0.26	16.76
公共图书馆读者数（人）	（C26）	0.600 6	0.23	13.81

2015年马拉松赛事发展动力计算结果(三级指标)

三级指标		关联度	权重系数	动力指数
人均城市道路面积(平方米)	(C1)	0.643 8	0.61	39.27
每万人拥有公交车数(辆)	(C2)	0.586 4	0.39	22.87
地区生产总值(亿元)	(C3)	0.645 5	0.43	27.76
人均生产总值(元)	(C4)	0.627 9	0.36	22.60
居民消费水平(元)	(C5)	0.626 1	0.21	13.15
社会体育指导员数(人)	(C6)	0.874 6	0.14	12.24
体育社会组织数(个)	(C7)	0.814 3	0.31	25.24
国民体质监测受测人数(人)	(C8)	0.872 0	0.19	16.57
体育场地面积(平方米)	(C9)	0.778 7	0.36	28.03
等级运动员数(人)	(C10)	0.937 0	0.18	16.87
专职教练员数(人)	(C11)	0.913 8	0.16	14.62
体育俱乐部数(个)	(C12)	0.909 6	0.31	28.20
运动项目管理人员数(人)	(C13)	0.927 6	0.35	32.47
竞技体育财政投入(万元)	(C14)	0.776 4	0.20	15.53
体育场地设施投入(万元)	(C15)	0.813 8	0.29	23.60
群众体育财政投入(万元)	(C16)	0.805 2	0.27	21.74
一般财政投入(万元)	(C17)	0.824 4	0.24	19.79
第三产业增加值(亿元)	(C18)	0.637 5	0.41	26.14
体育产业增加值(亿元)	(C19)	0.598 2	0.59	35.29
旅游景区数(个)	(C20)	0.723 2	0.44	31.82
城市绿地面积(平方米)	(C21)	0.708 6	0.21	14.88
建成区绿化覆盖率(%)	(C22)	0.756 6	0.35	26.48
体育文化娱乐业投资(亿)	(C23)	0.788 0	0.27	21.28
普通高校在校生数(人)	(C24)	0.845 5	0.24	20.29
教育经费投入(元)	(C25)	0.855 4	0.26	22.24
公共图书馆读者数(人)	(C26)	0.826 6	0.23	19.01

2016年马拉松赛事发展动力计算结果（三级指标）

三级指标		关联度	权重系数	动力指数
人均城市道路面积（平方米）	（C1）	0.694 0	0.61	42.33
每万人拥有公交车数（辆）	（C2）	0.677 0	0.39	26.40
地区生产总值（亿元）	（C3）	0.717 6	0.43	30.86
人均生产总值（元）	（C4）	0.696 7	0.36	25.08
居民消费水平（元）	（C5）	0.696 3	0.21	14.62
社会体育指导员数（人）	（C6）	0.837 3	0.14	11.72
体育社会组织数（个）	（C7）	0.841 0	0.31	26.07
国民体质监测受测人数（人）	（C8）	0.843 9	0.19	16.03
体育场地面积（平方米）	（C9）	0.777 3	0.36	27.98
等级运动员数（人）	（C10）	0.868 1	0.18	15.63
专职教练员数（人）	（C11）	0.870 4	0.16	13.93
体育俱乐部数（个）	（C12）	0.842 1	0.31	26.11
运动项目管理人员数（人）	（C13）	0.854 7	0.35	29.91
竞技体育财政投入（万元）	（C14）	0.710 9	0.20	14.22
体育场地设施投入（万元）	（C15）	0.692 0	0.29	20.07
群众体育财政投入（万元）	（C16）	0.687 5	0.27	18.56
一般财政投入（万元）	（C17）	0.695 4	0.24	16.69
第三产业增加值（亿元	（C18）	0.705 9	0.41	28.94
体育产业增加值（亿元）	（C19）	0.723 2	0.59	42.67
旅游景区数（个）	（C20）	0.689 5	0.44	30.34
城市绿地面积（平方米）	（C21）	0.712 7	0.21	14.97
建成区绿化覆盖率（%）	（C22）	0.689 7	0.35	24.14
体育文化娱乐业投资（亿）	（C23）	0.691 6	0.27	18.67
普通高校在校生数（人）	（C24）	0.700 7	0.24	16.82
教育经费投入（元）	（C25）	0.703 0	0.26	18.28
公共图书馆读者数（人）	（C26）	0.682 5	0.23	15.70

2017年我国马拉松赛事发展动力计算结果（三级指标）

三级指标		关联度	权重系数	动力指数
人均城市道路面积（平方米）	（C1）	0.680	0.61	41.46
每万人拥有公交车数（辆）	（C2）	0.682	0.39	26.59
地区生产总值（亿元）	（C3）	0.732	0.43	31.48
人均生产总值（元）	（C4）	0.727	0.36	26.18
居民消费水平（元）	（C5）	0.727	0.21	15.26
社会体育指导员数（人）	（C6）	0.859	0.14	12.03
体育社会组织数（个）	（C7）	0.819	0.31	25.39
国民体质监测受测人数（人）	（C8）	0.838	0.19	15.92
体育场地面积（平方米）	（C9）	0.843	0.36	30.36
等级运动员数（人）	（C10）	0.882	0.18	15.87
专职教练员数（人）	（C11）	0.868	0.16	13.89
体育俱乐部数（个）	（C12）	0.848	0.31	26.30
运动项目管理人员数（人）	（C13）	0.869	0.35	30.42
竞技体育财政投入（万元）	（C14）	0.900	0.20	18.00
体育场地设施投入（万元）	（C15）	0.877	0.29	25.43
群众体育财政投入（万元）	（C16）	0.878	0.27	23.71
一般财政投入（万元）	（C17）	0.890	0.24	21.35
第三产业增加值（亿元	（C18）	0.740	0.41	30.32
体育产业增加值（亿元）	（C19）	0.728	0.59	42.96
旅游景区数（个）	（C20）	0.727	0.44	32.00
城市绿地面积（平方米）	（C21）	0.719	0.21	15.09
建成区绿化覆盖率（%）	（C22）	0.718	0.35	25.14
体育文化娱乐业投资（亿）	（C23）	0.729	0.27	19.68
普通高校在校生数（人）	（C24）	0.730	0.24	17.52
教育经费投入（元）	（C25）	0.727	0.26	18.91
公共图书馆读者数（人）	（C26）	0.705	0.23	16.21

2018年马拉松赛事发展动力计算结果（三级指标）

三级指标		关联度	权重系数	动力指数
人均城市道路面积（平方米）	（C1）	0.552 4	0.61	33.70
每万人拥有公交车数（辆）	（C2）	0.740 1	0.39	28.86
地区生产总值（亿元）	（C3）	0.640 1	0.43	27.52
人均生产总值（元）	（C4）	0.722 5	0.36	26.01
居民消费水平（元）	（C5）	0.704 7	0.21	14.80
社会体育指导员数（人）	（C6）	0.988 5	0.14	13.84
体育社会组织数（个）	（C7）	0.976 9	0.31	30.28
国民体质监测受测人数（人）	（C8）	0.987 3	0.19	18.76
体育场地面积（平方米）	（C9）	0.939 9	0.36	33.84
等级运动员数（人）	（C10）	0.948 5	0.18	17.07
专职教练员数（人）	（C11）	0.953 3	0.16	15.25
体育俱乐部数（个）	（C12）	0.906 4	0.31	28.10
运动项目管理人员数（人）	（C13）	0.954 9	0.35	33.42
竞技体育财政投入（万元）	（C14）	0.694 6	0.20	13.89
体育场地设施投入（万元）	（C15）	0.797 7	0.29	23.13
群众体育财政投入（万元）	（C16）	0.750 8	0.27	20.27
一般财政投入（万元）	（C17）	0.766 6	0.24	18.40
第三产业增加值（亿元）	（C18）	0.732 6	0.41	30.04
体育产业增加值（亿元）	（C19）	0.691 4	0.59	40.79
旅游景区数（个）	（C20）	0.790 7	0.44	34.79
城市绿地面积（平方米）	（C21）	0.762 5	0.21	16.01
建成区绿化覆盖率（%）	（C22）	0.832 7	0.35	29.14
体育文化娱乐业投资（亿）	（C23）	0.786 9	0.27	21.25
普通高校在校生数（人）	（C24）	0.815 4	0.24	19.57
教育经费投入（元）	（C25）	0.845 2	0.26	21.98
公共图书馆读者数（人）	（C26）	0.779 7	0.23	17.93

2019 年我国马拉松赛事发展动力计算结果（三级指标）

三级指标		关联度	权重系数	动力指数
人均城市道路面积（平方米）	（C1）	0.576 3	0.61	35.15
每万人拥有公交车数（辆）	（C2）	0.810 9	0.39	31.63
地区生产总值（亿元）	（C3）	0.737 5	0.43	31.71
人均生产总值（元）	（C4）	0.770 0	0.36	27.72
居民消费水平（元）	（C5）	0.776 3	0.21	16.30
社会体育指导员数（人）	（C6）	0.917 0	0.14	12.84
体育社会组织数（个）	（C7）	0.790 7	0.31	24.51
国民体质监测受测人数（人）	（C8）	0.900 9	0.19	17.12
体育场地面积（平方米）	（C9）	0.841 5	0.36	30.29
等级运动员数（人）	（C10）	0.967 6	0.18	17.42
专职教练员数（人）	（C11）	0.924 8	0.16	14.80
体育俱乐部数（个）	（C12）	0.917 0	0.31	28.43
运动项目管理人员数（人）	（C13）	0.970 5	0.35	33.97
竞技体育财政投入（万元）	（C14）	0.787 5	0.20	15.75
体育场地设施投入（万元）	（C15）	0.781 6	0.29	22.67
群众体育财政投入（万元）	（C16）	0.839 6	0.27	22.67
一般财政投入（万元）	（C17）	0.838 7	0.24	20.13
第三产业增加值（亿元	（C18）	0.829 9	0.41	34.03
体育产业增加值（亿元）	（C19）	0.776 1	0.59	45.79
旅游景区数（个）	（C20）	0.814 6	0.44	35.84
城市绿地面积（平方米）	（C21）	0.827 9	0.21	17.39
建成区绿化覆盖率（%）	（C22）	0.862 5	0.35	30.19
体育文化娱乐业投资（亿）	（C23）	0.785 1	0.27	21.20
普通高校在校生数（人）	（C24）	0.798 8	0.24	19.17
教育经费投入（元）	（C25）	0.873 8	0.26	22.72
公共图书馆读者数（人）	（C26）	0.793 6	0.23	18.25

附录5：
不同热点区马拉松赛事发展动力三级指标动力指数

低热点区马拉松赛事发展动力计算结果（三级指标）

三级指标	关联度	权重系数	动力指数
人均城市道路面积（平方米）（C1）	0.701 3	0.61	42.78
每万人拥有公交车数（辆）（C2）	0.699 2	0.39	27.27
地区生产总值（亿元）（C3）	0.698 5	0.43	30.04
人均生产总值（元）（C4）	0.701 8	0.36	25.26
居民消费水平（元）（C5）	0.701 0	0.21	14.72
社会体育指导员数（人）（C6）	0.697 5	0.14	9.77
体育社会组织数（个）（C7）	0.698 3	0.31	21.65
国民体质监测受测人数（人）（C8）	0.696 1	0.19	13.23
体育场地面积（平方米）（C9）	0.697 5	0.36	25.11
等级运动员数（人）（C10）	0.699 3	0.18	12.59
专职教练员数（人）（C11）	0.697 2	0.16	11.16
体育俱乐部数（个）（C12）	0.697 6	0.31	21.63
运动项目管理人员数（人）（C13）	0.700 3	0.35	24.51
竞技体育财政投入（万元）（C14）	0.699 3	0.20	13.99
体育场地设施投入（万元）（C15）	0.698 1	0.29	20.24
群众体育财政投入（万元）（C16）	0.699 9	0.27	18.90
一般财政投入（万元）（C17）	0.699 2	0.24	16.78
第三产业增加值（亿元）（C18）	0.698 3	0.41	28.63
体育产业增加值（亿元）（C19）	0.697 9	0.59	41.18
旅游景区数（个）（C20）	0.699 2	0.44	30.76
城市绿地面积（平方米）（C21）	0.699 6	0.21	14.69
建成区绿化覆盖率（%）（C22）	0.701 7	0.35	24.56
体育文化娱乐业投资（亿）（C23）	0.697 3	0.27	18.83
普通高校在校生数（人）（C24）	0.698 1	0.24	16.75
教育经费投入（元）（C25）	0.698 3	0.26	18.16
公共图书馆读者数（人）（C26）	0.698 2	0.23	16.06

中低热点区马拉松赛事发展动力计算结果（三级指标）

三级指标	关联度	权重系数	动力指数
人均城市道路面积（平方米）（C1）	0.770 0	0.61	46.97
每万人拥有公交车数（辆）（C2）	0.685 1	0.39	26.72
地区生产总值（亿元）（C3）	0.745 6	0.43	32.06
人均生产总值（元）（C4）	0.642 4	0.36	23.13
居民消费水平（元）（C5）	0.642 2	0.21	13.49
社会体育指导员数（人）（C6）	0.992 9	0.14	13.90
体育社会组织数（个）（C7）	0.946 5	0.31	29.34
国民体质监测受测人数（人）（C8）	0.987 2	0.19	18.76
体育场地面积（平方米）（C9）	0.896 6	0.36	32.28
等级运动员数（人）（C10）	0.918 5	0.18	16.53
专职教练员数（人）（C11）	0.946 6	0.16	15.15
体育俱乐部数（个）（C12）	0.808 6	0.31	25.07
运动项目管理人员数（人）（C13）	0.943 5	0.35	33.02
竞技体育财政投入（万元）（C14）	0.809 5	0.20	16.19
体育场地设施投入（万元）（C15）	0.699 3	0.29	20.28
群众体育财政投入（万元）（C16）	0.699 0	0.27	18.87
一般财政投入（万元）（C17）	0.838 3	0.24	20.12
第三产业增加值（亿元）（C18）	0.646 4	0.41	26.50
体育产业增加值（亿元）（C19）	0.620 4	0.59	36.60
旅游景区数（个）（C20）	0.703 4	0.44	30.95
城市绿地面积（平方米）（C21）	0.623 4	0.21	13.09
建成区绿化覆盖率（%）（C22）	0.789 1	0.35	27.62
体育文化娱乐业投资（亿）（C23）	0.730 8	0.27	19.73
普通高校在校生数（人）（C24）	0.721 1	0.24	17.31
教育经费投入（元）（C25）	0.678 8	0.26	17.65
公共图书馆读者数（人）（C26）	0.637 1	0.23	14.65

中热点区马拉松赛事发展动力计算结果（三级指标）

三级指标	关联度	权重系数	动力指数
人均城市道路面积（平方米）（C1）	0.711 7	0.61	43.41
每万人拥有公交车数（辆）（C2）	0.751 7	0.39	29.32
地区生产总值（亿元）（C3）	0.744 7	0.43	32.02
人均生产总值（元）（C4）	0.722 0	0.36	25.99
居民消费水平（元）（C5）	0.719 2	0.21	15.10
社会体育指导员数（人）（C6）	0.873 7	0.14	12.23
体育社会组织数（个）（C7）	0.893 7	0.31	27.70
国民体质监测受测人数（人）（C8）	0.812 1	0.19	15.43
体育场地面积（平方米）（C9）	0.762 3	0.36	27.44
等级运动员数（人）（C10）	0.794 2	0.18	14.30
专职教练员数（人）（C11）	0.801 2	0.16	12.82
体育俱乐部数（个）（C12）	0.797 6	0.31	24.73
运动项目管理人员数（人）（C13）	0.820 9	0.35	28.73
竞技体育财政投入（万元）（C14）	0.764 4	0.20	15.29
体育场地设施投入（万元）（C15）	0.766 9	0.29	22.24
群众体育财政投入（万元）（C16）	0.773 9	0.27	20.90
一般财政投入（万元）（C17）	0.796 4	0.24	19.11
第三产业增加值（亿元）（C18）	0.745 9	0.41	30.58
体育产业增加值（亿元）（C19）	0.706 4	0.59	41.68
旅游景区数（个）（C20）	0.733 4	0.44	32.27
城市绿地面积（平方米）（C21）	0.734 9	0.21	15.43
建成区绿化覆盖率（%）（C22）	0.753 0	0.35	26.36
体育文化娱乐业投资（亿）（C23）	0.753 6	0.27	20.35
普通高校在校生数（人）（C24）	0.616 7	0.24	14.80
教育经费投入（元）（C25）	0.739 9	0.26	19.24
公共图书馆读者数（人）（C26）	0.686 8	0.23	15.80

中高热点区马拉松赛事发展动力计算结果（三级指标）

三级指标	关联度	权重系数	动力指数
人均城市道路面积（平方米）（C1）	0.5011	0.61	30.57
每万人拥有公交车数（辆）（C2）	0.8007	0.39	31.23
地区生产总值（亿元）（C3）	0.5960	0.43	25.63
人均生产总值（元）（C4）	0.6935	0.36	24.97
居民消费水平（元）（C5）	0.7197	0.21	15.11
社会体育指导员数（人）（C6）	0.9869	0.14	13.82
体育社会组织数（个）（C7）	0.9540	0.31	29.57
国民体质监测受测人数（人）（C8）	0.9897	0.19	18.80
体育场地面积（平方米）（C9）	0.9276	0.36	33.39
等级运动员数（人）（C10）	0.8842	0.18	15.92
专职教练员数（人）（C11）	0.8267	0.16	13.23
体育俱乐部数（个）（C12）	0.6872	0.31	21.30
运动项目管理人员数（人）（C13）	0.7452	0.35	26.08
竞技体育财政投入（万元）（C14）	0.8026	0.20	16.05
体育场地设施投入（万元）（C15）	0.7995	0.29	23.19
群众体育财政投入（万元）（C16）	0.7154	0.27	19.32
一般财政投入（万元）（C17）	0.8175	0.24	19.62
第三产业增加值（亿元）（C18）	0.6569	0.41	26.93
体育产业增加值（亿元）（C19）	0.6172	0.59	36.41
旅游景区数（个）（C20）	0.6948	0.44	30.57
城市绿地面积（平方米）（C21）	0.8842	0.21	18.57
建成区绿化覆盖率（%）（C22）	0.7955	0.35	27.84
体育文化娱乐业投资（亿）（C23）	0.6586	0.27	17.78
普通高校在校生数（人）（C24）	0.6183	0.24	14.84
教育经费投入（元）（C25）	0.7827	0.26	20.35
公共图书馆读者数（人）（C26）	0.8183	0.23	18.82

高热点区马拉松赛事发展动力计算结果（三级指标）

三级指标		关联度	权重系数	动力指数
人均城市道路面积（平方米）	(C1)	0.503 1	0.61	30.69
每万人拥有公交车数（辆）	(C2)	0.848 4	0.39	33.09
地区生产总值（亿元）	(C3)	0.552 1	0.43	23.74
人均生产总值（元）	(C4)	0.830 8	0.36	29.91
居民消费水平（元）	(C5)	0.844 9	0.21	17.74
社会体育指导员数（人）	(C6)	0.982 2	0.14	13.75
体育社会组织数（个）	(C7)	0.961 1	0.31	29.79
国民体质监测受测人数（人）	(C8)	0.985 9	0.19	18.73
体育场地面积（平方米）	(C9)	0.924 2	0.36	33.27
等级运动员数（人）	(C10)	0.921 0	0.18	16.58
专职教练员数（人）	(C11)	0.870 0	0.16	13.92
体育俱乐部数（个）	(C12)	0.815 0	0.31	25.27
运动项目管理人员数（人）	(C13)	0.969 1	0.35	33.92
竞技体育财政投入（万元）	(C14)	0.882 6	0.20	17.65
体育场地设施投入（万元）	(C15)	0.931 1	0.29	27.00
群众体育财政投入（万元）	(C16)	0.921 5	0.27	24.88
一般财政投入（万元）	(C17)	0.951 1	0.24	22.83
第三产业增加值（亿元	(C18)	0.754 9	0.41	30.95
体育产业增加值（亿元）	(C19)	0.615 8	0.59	36.33
旅游景区数（个）	(C20)	0.706 5	0.44	31.09
城市绿地面积（平方米）	(C21)	0.654 7	0.21	13.75
建成区绿化覆盖率（%）	(C22)	0.838 4	0.35	29.34
体育文化娱乐业投资（亿）	(C23)	0.676 8	0.27	18.27
普通高校在校生数（人）	(C24)	0.669 6	0.24	16.07
教育经费投入（元）	(C25)	0.835 7	0.26	21.73
公共图书馆读者数（人）	(C26)	0.657 1	0.23	15.11

附录6：
北京市近五年马拉松赛事发展动力评价指标统计结果

北京市2014—2019年马拉松赛事发展动力三级评价指标数据

三级指标	2014年	2015年	2016年	2017年	2018年	2019年
人均城市道路面积（平米）	5.57	5.26	7.57	7.61	7.44	7.62
每万人拥有公交车数（辆）	14.24	22.38	23.43	24.39	24.84	24.58
地区生产总值（亿元）	14 113.58	16 251.93	17 879.4	19 800.81	21 330.83	23 014.59
人均生产总值（元）	75 943	81 658	87 475	94 648	99 995	106 497
居民消费水平（元）	24 982	27 760	30 350	33 337	36 057	39 200
社会体育指导员数（人）	35 346	32 727	42 309	36 553	29 265	45 522
体育社会组织数（个）	381	371	355	386	421	381
国民体质监测受测人数（人）	110 931	107 644	74 470	99 148	134 147	137 515
体育场地面积（平方米）	1 872 980	41 000	18 000	23 389	31 888	39 041
等级运动员数（人）	1 644	1 751	1 880	1 676	1 826	1 449
专职教练员数（人）	99	62	20	27	26	27
体育俱乐部数（个）	242	258	301	291	285	320
运动项目管理人员数（人）	2 026	2 063	1 860	1 663	2 149	2 103
竞技体育财政投入（万元）	13 118	13 244	21 266	21 096	17 005	25 321
体育场地设施投入（万元）	25 521	46 815	27 535	21 433	25 714	34 935
群众体育财政投入（万元）	14 800	11 759	13 841	15 877	24 703	22 920
一般财政投入（万元）	2 717.32	3 245.23	3 685.31	4 173.66	4 524.67	5 737.7
第三产业增加值（亿元）	10 600.84	12 363.18	13 669.93	15 348.61	16 627.04	18 331.74
体育产业增加值（亿元）	111.50	128.39	141.25	154.05	168.51	181.82
旅游景区数（个）	194	213	193	203	207	209
城市绿地面积（平方米）	6.27	6.35	6.55	6.84	6.84	8.13
建成区绿化覆盖率（%）	44.5	45.6	46.2	47.1	49.1	48.4
体育文化娱乐业投资（亿）	71.9	54.98	78.95	111.64	80.18	133.31
普通高校在校生数（人）	58.71	58.79	59.12	59.89	60.46	60.36
教育经费投入（元）	4 690 166	5 289 432	6 134 448	7 373 843	9 998 366	10 937 374
公共图书馆读者数（人）	775.47	726.25	864.77	1 033.39	1 145.83	1 263.94

北京马拉松赛事发展动力三级指标计算结果

三级指标		关联度	权重系数	动力指数
人均城市道路面积（平方米）	（C1）	0.750 7	0.61	45.79
每万人拥有公交车数（辆）	（C2）	0.763 4	0.39	29.77
地区生产总值（亿元）	（C3）	0.754 4	0.43	32.44
人均生产总值（元）	（C4）	0.746 4	0.36	26.87
居民消费水平（元）	（C5）	0.751 6	0.21	15.78
社会体育指导员数（人）	（C6）	0.752 2	0.14	10.53
体育社会组织数（个）	（C7）	0.750 0	0.31	23.25
国民体质监测受测人数（人）	（C8）	0.745 0	0.19	14.16
体育场地面积（平方米）	（C9）	0.670 4	0.36	24.13
等级运动员数（人）	（C10）	0.754 2	0.18	13.58
专职教练员数（人）	（C11）	0.693 0	0.16	11.09
体育俱乐部数（个）	（C12）	0.763 2	0.31	23.66
运动项目管理人员数（人）	（C13）	0.743 6	0.35	26.03
竞技体育财政投入（万元）	（C14）	0.768 7	0.20	15.37
体育场地设施投入（万元）	（C15）	0.705 5	0.29	20.46
群众体育财政投入（万元）	（C16）	0.734 8	0.27	19.84
一般财政投入（万元）	（C17）	0.764 1	0.24	18.34
第三产业增加值（亿元	（C18）	0.753 0	0.41	30.87
体育产业增加值（亿元）	（C19）	0.750 0	0.59	44.25
旅游景区数（个）	（C20）	0.737 4	0.44	32.45
城市绿地面积（平方米）	（C21）	0.739 8	0.21	15.54
建成区绿化覆盖率（%）	（C22）	0.738 7	0.35	25.85
体育文化娱乐业投资（亿）	（C23）	0.745 3	0.27	20.12
普通高校在校生数（人）	（C24）	0.735 7	0.24	17.66
教育经费投入（元）	（C25）	0.782 8	0.26	20.35
公共图书馆读者数（人）	（C26）	0.752 5	0.23	17.31